W0203123

Pilze Mitteleuropas

KOSMOS
NATUR
FÜHRER

Hans Haas

Pilze Mitteleuropas

Speise- und Giftpilze

Mit 80 farbigen Aquarellen von
Gabriele Gossner

Kosmos
Gesellschaft der Naturfreunde
Franckh'sche Verlagshandlung
Stuttgart

Umschlag von Georg Lechler unter Verwendung eines Fotos von Heinz Schrempp
Das Bild zeigt den Fliegenpilz **(Amanita muscaria)**
Mit 80 farbigen Aquarellen von Gabriele Gossner

Englische Ausgabe bei Burke, London

13. Auflage / 101.–112. Tausend
Franckh'sche Verlagshandlung, W. Keller & Co., Stuttgart / 1976
Alle Rechte, insbesondere das Recht der Vervielfältigung, Verbreitung und Übersetzung, vorbehalten. Kein Teil des Werkes darf in irgendeiner Form (durch Fotokopie, Mikrofilm oder ein anderes Verfahren ohne schriftliche Genehmigung des Verlages reproduziert oder unter Verwendung elektronischer Systeme verarbeitet, vervielfältigt oder verbreitet werden.
© 1971, 1975, Franckh'sche Verlagshandlung, W. Keller & Co., Stuttgart
Printed in Austria / Imprimé en Autriche / LH 14 dö
Kartonierte Ausgabe: ISBN 3-440-04207-3
Gebundene Ausgabe: ISBN 3-440-04208-1
Gesamtherstellung: Welsermühl, Wels

Vorwort

Weit über 2000 Arten ansehnlicher Pilze bevölkern Mitteleuropas Wälder und Fluren. Etwa 500 von ihnen dürfen als häufig gelten. Wer in das vielformige und bunte Reich der Pilze eindringen will, sollte mit dem Kennenlernen und Sammeln der häufigsten Speisepilze beginnen. Mit der Zeit wird er Schritt für Schritt seine Kenntnisse erweitern und festigen. Was er dazu braucht, sind genaue Beobachtung, unermüdliche Ausdauer und ein gutes Pilzbuch.

Wir legen hier den Pilzfreunden und allen, die es werden wollen, die „Pilze Mitteleuropas" in neugefaßter, einbändiger Ausgabe vor. Die nach Originalaquarellen von Gabriele Goßner in $^4/_5$ natürlicher Größe abgebildeten 80 Arten sind nach ihrer verwandtschaftlichen Zusammengehörigkeit angeordnet worden. Der den Tafeln gegenüberstehende Text hebt die kennzeichnenden Merkmale hervor, wobei die Eigentümlichkeiten des Vorkommens auf Grund jahrzehntelanger Untersuchungen des Verfassers besonders herausgearbeitet wurden. Ein kurzgefaßter Abschnitt über das Sammeln und Verwerten in der Küche schließt sich an. Er soll dem Pilzfreund erste Anleitung und Hilfe sein.

Neben der Zucht von Speisepilzen, vor allem von Zuchtchampignons, wird mancherorts auch die industrielle Verarbeitung der Pilzernten für Speise- und Futterzwecke betrieben. So hat es sich die Zentralstelle für Pilzforschung und Pilzverwertung bei der Deutschen Forschungsanstalt für Lebensmittelchemie in München unter der Leitung von Dr. Bötticher zur Hauptaufgabe gemacht, die Pilzverwertung methodisch auszubauen und die Konservierung zu verbessern.

Der Anfänger in der Pilzkunde wird im allgemeinen mit den deutschen Pilznamen auskommen. Viele Arten haben aber mehrere Namen, und oftmals dient derselbe Name für verschiedene Pilzarten. So heißt der Große Gelbfuß auch Schmierling, Kuhmaul und Schafsnase, während mit dem

Namen Butterpilz auch Goldröhrling und Schmerling bezeichnet werden. Wir haben uns in der Regel darauf beschränkt, nur einen deutschen Namen zu bringen. Einige Umbenennungen gegenüber der früheren Auflage dienen der Vereinheitlichung des Gebrauchs deutscher Pilznamen, in Angleichung an inzwischen erschienene Werke namhafter Autoren.

Wer weiter in die wissenschaftliche Pilzkunde, die Mykologie, eines der anziehendsten Teilgebiete der Botanik, eindringen möchte, kann allerdings ohne die lateinischen Namen nicht auskommen. Um dem Weiterstrebenden den Zugang zur wissenschaftlichen Beschäftigung mit der Pilzflora zu erleichtern, haben wir für jede im Buch aufgeführte Art den lateinischen Namen mit abgekürztem Autorenzitat angegeben. Von den klassischen Autoren der Mykologie im 18. Jahrhundert seien genannt: J. C. Schaeffer (Schff.), P. Bulliard (Bull.), C. H. Persoon (Pers.). Begründer eines umfassenden Systems der Pilze ist der bedeutendste Mykologe des 19. Jahrhunderts, Elias Fries (Fr.), der von 1794 bis 1878 lebte. Ihm folgten L. Quélet (Quél.) und G. Bresadola (Bres.), um nur zwei der hervorragendsten Mykologen Europas zu nennen. Die mykologische Forschung ist ständig im Fluß: Mikroskopische, mikrobiologische und mikrochemische Methoden werden erweitert und verfeinert; aus allen Erdteilen werden immer wieder neue Arten beschrieben, und zahlreiche Systematiker arbeiten an der Erweiterung und Verbesserung des natürlichen Systems der Pilze. Auf internationalen Kongressen werden die Regeln für die wissenschaftliche Namengebung erarbeitet und festgelegt. Wir können jedoch auf diese im Rahmen unseres Buches nicht eingehen.

Der Abschnitt „Giftpilze“ war dem Band II (Speisepilze) der früheren Auflage aus praktischen Gründen eingefügt und ist hier beibehalten worden, da er die im Tafelteil vorkommenden Giftpilze zusammenfaßt und durch einige weitere Arten ergänzt. Ihm folgt eine kurzgefaßte Darstellung der wichtigsten Tatsachen über Bau und Leben der Pilze. Auf Zeichnungen glaubten wir wegen des knapp bemessenen Raumes verzichten zu dürfen.

Der systematische Teil bringt eine Übersicht über die Gliederung des gesamten Pilzreiches, eine Anleitung zum Bestimmen der Ordnungen und Gattungen mit 8 Bestimmungsschlüsseln und die Kurzbeschreibungen von 554 Arten der in den voraufgehenden Schlüsseln aufgenommenen Gattungen. Es wurden die häufigsten und auffälligsten Arten ausgewählt. Unberücksichtigt blieben trotz ihrer Häufigkeit solche Arten, deren sicheres Kennenlernen ohne Mikroskop kaum gelingt, weil ihre äußeren Kennzeichen zu veränderlich oder gegenüber ähnlichen Arten zu wenig ausgeprägt sind. Immerhin enthält unsere Auswahl etwa ein Viertel der ansehnlicheren Pilzarten Mitteleuropas. Die Systematik der Agaricales wurde weitgehend der 2. Auflage von R. Singers „The Agaricales in modern taxonomy“ und die der Ascomycetes dem Werk von R. W. G. Dennis „British cup fungi and their allies“ angeglichen. Für die Blätterpilze konnte dank der Freundlichkeit ihres Verfassers die sehr übersichtliche Bestimmungstabelle von A. A. Pearson mit herangezogen werden.

Allen Fachkollegen, die mich durch Hinweise und Zusendungen unterstützten, gilt mein herzlicher Dank, ganz besonders aber meinem Freunde Dr. W. Neuhoff (†), dem Ehrenvorsitzenden der Deutschen Gesellschaft für Pilzkunde, der mir durch 4 Jahrzehnte hin in ständigem Erfahrungsaustausch wertvollste Hilfe in allen Fragen der Mykologie zuteil werden ließ.

Möge das Buch auch in seiner neuen Gestalt die so anziehende und rätselvolle Welt der Pilze erschließen helfen und ihren Freunden neue hinzugewinnen.

Stuttgart *Dr. H. Haas*

Inhalt

1. Steinpilz, Herrenpilz *Boletus edulis* Bull. ex Fr.

Familie: Röhrlinge *(Boletaceae)*

Kennzeichen: Der H u t dieses hochgeschätzten und begehrten Pilzes ist ganz zu Anfang weißlich, wird bald hellbraun und zuletzt leber-, nuß- oder schwarzbraun. Er kommt auch grau oder rotgetönt vor und erreicht oft 20 cm, bisweilen sogar 40 cm Breite. Die glatte oder feinrunzlige Oberhaut wird bei Regen etwas schmierig. Sie ist nur wenig abziehbar. Unter dem Hut erkennt man eine Schicht feinster R ö h r c h e n, die vom Hutfleisch verschieden und von ihm leicht abtrennbar ist. Die weißen Röhren und ihre feinen Mündungen erweitern sich mit der Zeit und werden gelblich bis olivgrün. Der S t i e l, zunächst rundlich und sehr derb, streckt sich später bis zu einer Länge von 30 cm. Seine weiße Farbe geht oft ins Bräunliche über. Dann tritt das feine, weiße Adernetz der oberen Stielhälfte deutlich hervor. Das F l e i s c h ist reinweiß, allenfalls unter der Huthaut etwas rötlich durchgefärbt. Es schmeckt roh angenehm nußartig. Blauverfärbung kommt nie vor.

Vorkommen: Der Steinpilz bildet seine Fruchtkörper, die von uns gesammelten Pilze, nur im Zusammenhang mit lebenden Waldbäumen, deren feinste Saugwurzeln mit dem Fadengeflecht des Pilzes eng verbunden leben. Sowohl Fichten und Kiefern als auch Buchen, Eichen und Birken sagen ihm zu. Schon im jungen Dickicht ist der Pilz manchmal massenweise anzutreffen. Auch im weiträumigen Altholz wie unter einzelnstehenden Parkbäumen fehlt er nicht. Massenernten kommen nur alle paar Jahre vor. Nach Trockenheit oder Kühle findet man bald nur noch von Maden durchsetzte Pilze. Sandige, allenfalls lehmige Böden mit saurer Rohhumusauflage werden bevorzugt. Reine Kalkböden meidet der Steinpilz. Oft zeigt der allbekannte Fliegenpilz mit seinem leuchtendroten, weißgetupften Hut dem Sammler die ergiebigsten Steinpilzplätze an. Der Steinpilz tritt vom Mai an auf.

Wert: Der Steinpilz, ein über jedes Lob erhabener Speisepilz, eignet sich für alle Arten der Zubereitung und Haltbarmachung. Wohlgeschmack und Ergiebigkeit machen ihn zu einem der wichtigsten Marktpilze.

Verwechslungen: Können vorkommen mit dem sehr bitteren, aber unschädlichen G a l l e n r ö h r l i n g, *Tylopilus felleus* (Bull. ex Fr.) Karst. Hut und Stiel sind mehr olivbraun, die Röhrchen werden fleischrosa, das Stielnetz ist viel gröber. Die kleinste Geschmacksprobe des unveränderlich weißen Fleisches entscheidet sofort. Von oben ähnlich sind einige Röhrlingsarten mit blutroten Röhrenmündungen. Ihr Fleisch verfärbt sich im Anschnitt rasch blau. Der Anfänger meide solche Rotporer (Hexen-, Schuster-, Satans- und Purpurröhrling). Abb. des Hexenpilzes Tf. 4; Abb. des Gallenröhrlings Tf. 2.

2. Gallenröhrling *Tylopilus felleus* (Bull. ex Fr.) Karst.
Familie: Röhrlinge *(Boletaceae)*

Kennzeichen: Im ganz jungen Zustand kann der Gallenröhrling sehr leicht für den Steinpilz (Tf. 1) gehalten werden. Der Braunfarbe des H u t e s ist aber doch ein leichter Olivton beigemischt, der S t i e l zeigt kräftigere Färbung und ein gut erkennbares, später viel gröberes Adernetz, als es der Steinpilz jemals besitzt. Mit dem Heranwachsen streckt sich der anfangs eiförmig gedrungene Stiel und wird keulig schlank. Es gibt aber auch knollige Formen. Mittlerweile haben die anfangs weißen Poren samt der Röhrchenschicht ihre charakteristische Fleischrosafarbe angenommen. Die Röhrchen verlängern sich, so daß sich das „Futter" der Hutunterseite vorwölbt. Das F l e i s c h ist reinweiß und sieht sehr appetitlich aus. Bei Druck oder Schnitt verfärbt es sich nicht im geringsten. Es schmeckt dagegen so bitter, daß die kleinste Kostprobe jeden Zweifel beseitigt. Immerhin gibt es gelegentlich Einzelstücke, die so gut wie mild sind.

Vorkommen: Vom Sommer an erscheint der Gallenröhrling mit Vorliebe auf sandigen, kiesigen, sogar torfigen Böden unter Nadelbäumen. Im reinen Laubwald wird er nicht gefunden. Merkwürdig ist die ungleiche Häufigkeit des Pilzes. Je nach dem Witterungsablauf des Jahres können massenhaft Gallenröhrlinge auftreten, wogegen dann die Steinpilze geradezu selten sind. In anderen Jahren ist es umgekehrt, ganz ähnlich wie beim Pfifferling und seinem geringwertigen Doppelgänger, dem „Falschen".

Wert: Wegen seiner abscheulichen Bitterkeit gänzlich ungenießbar! Auch ein einzelnes Stück, das versehentlich unter Eßpilze gerät, fällt durch seinen Gallengeschmack sofort in übler Weise auf.

Verwechslungen: Im Jugendzustand, wenn die Röhrchen noch weiß sind und der Stiel noch knollig und undeutlich genetzt ist, kann der Gallenröhrling leicht für einen jungen Steinpilz genommen werden. Es bleibt als sicherste Unterscheidung nur die Kostprobe übrig. Gewöhnlich stehen aber noch andere Exemplare, an denen die äußeren Merkmale besser entwickelt sind, in der Nähe. Beim S t e i n p i l z sind die gelblich, dann olivgrünlich werdenden Röhren ein sicheres Kennzeichen, wenn man zugleich auf die Unveränderlichkeit des Fleisches und die feine weiße Netzzeichnung auf dem oberen Drittel des Stieles achtet. Alle bei Bruch verfärbenden Röhrlinge geben damit schon zur Genüge zu erkennen, daß sie weder Gallen- noch Steinpilze sind. Nicht selten herrscht Standortsgemeinschaft mit dem M a r o n e n p i l z (Tf. 6). Die Farbenbeschaffenheit der Röhrenschicht und das Verhalten des Fleisches bei Anbruch unterscheiden beide Arten hinreichend, so daß eine Verwechslung kaum zu befürchten ist. Der olivfilzige Hut der Z i e g e n l i p p e, *Xerocomus subtomentosus* (L. ex Fr.) Quél., kann sehr entfernt auch einmal dem Gallenröhrling gleichen. Die gelben Röhren, der dünne, ungenetzte, höchstens ganz oben etwas gerippte Stiel, notfalls die Geschmacksprobe, sichern die Bestimmung.

3. Dickfußröhrling, Bitterpilz *Boletus calopus* Fr.

Familie: Röhrlinge *(Boletaceae)*

Kennzeichen: Diese Art gehört mit ihrem roten, gelb genetzten S t i e l und der besonders im Jugendzustand schön knolligen Stielform in die Verwandtschaft der rotporigen Röhrlinge (siehe Tf. 4). Die H u t farbe erinnert an die grauweiße des viel selteneren Satanspilzes, ist aber doch meist mehr olivgraubräunlich. Die R ö h r e n mündungen sind nie rot, sondern gelb und werden wie die Röhren selbst zuletzt olivgrün. Der Pilz ist berührungsempfindlich: Er wird bei Druck blau, am wenigsten die Hutoberfläche, am deutlichsten das F l e i s c h im Anschnitt. Das Blauen überzieht dabei die Schnittfläche nicht gleichmäßig, sondern bildet eine feine Marmorierung, eine Besonderheit, die an der Bruchstelle des umgelegten Exemplars unserer Tafel deutlich zu erkennen ist. Der streng säuerliche Geruch lädt nicht gerade zu einer Kostprobe ein. Sie würde unbefriedigend ausfallen, denn das Fleisch ist unangenehm bitter.

Vorkommen: Der Dickfußröhrling wird vorwiegend im Nadelwald gefunden, wo er schon im Sommer gruppenweise auftritt und sehr groß werden kann. Kleiner und mit dünneren Stielen findet man die Art im Laubwald. Das Schwergewicht seiner Verbreitung liegt offenbar in den Gebieten mit sandigen Böden. Die Laubwaldform auf Kalkboden kann so bedeutend abweichen, daß man sie ohne die zu beobachtenden Zwischenformen für eine andere Art halten könnte.

Wert: Der Pilz ist wegen seiner Bitterkeit ungenießbar. Giftige Eigenschaften sind ihm zwar schon zugeschrieben, aber nicht nachgewiesen worden.

Ähnliche Arten: Kümmerexemplare können sehr wohl für den R o t f u ß (Tf. 7) gehalten werden. Dieser hat aber kein Netz am Stiel, besitzt einen angenehmeren Geruch und schmeckt nie bitter. Die großen, hellen Formen können mit N e t z s t i e l h e x e n p i l z e n verwechselt werden. Die niemals roten Poren beim Dickfuß trennen beide Arten bereits zur Genüge. Im Buchenwald auf Kalk könnte der ähnliche Hutfarbe besitzende S a t a n s p i l z zur Verwechslung Anlaß geben. Die roten Poren und der gedrungene Wuchs sowie der ausgesprochen aasartige Geruch unterscheiden diesen hinlänglich. Leichter noch kann eine Verwechslung mit dem seltenen W u r z e l n d e n B i t t e r r ö h r l i n g , *Boletus albidus* Rocques, unterlaufen. Sein Hut ist silbergrau, das Rot fehlt nicht nur den Röhrenmündungen, sondern auch dem Stiel, und im Blauanlaufen und der Bitterkeit des Fleisches stimmen beide überein. Die Stielbasis ist spindelig verjüngt. Hierin weicht wiederum der ebenso seltene S i l b e r r ö h r l i n g , *Boletus fechtneri* Velen., ab, indem bei ihm der Stielgrund abgerundet, das Fleisch mild und nur leicht blau anlaufend ist. Im Silbergrau des Hutes und dem schönen Gelb von Stiel und Röhren kommt er dem Wurzelnden Bitterröhrling nahe. Im Gegensatz zu diesem ist aber der Silberröhrling eßbar und wohlschmeckend. Derartig seltene Pilzarten sollten jedoch lieber geschont werden.

4. Netzstieliger Hexenpilz *Boletus luridus* Schff. ex Fr.

Familie: Röhrlinge *(Boletaceae)*

Kennzeichen: Der polsterförmige H u t ist vorwiegend braunoliv bis olivocker, manchmal purpurn getönt, und hat feinen hellolivgelben Flaum. Die Röhrchenschicht ist gelb bis olivgrün, ihre Mündungen gehen von Orangegelb über Zinnoberrot nach Trübpurpur und werden bei Berührung sofort dunkeltintenblau. Zuletzt verschwindet das Rot fast ganz. Wie bei allen Röhrlingen kann man die Röhrenschicht leicht vom Hutfleisch lösen. Dann wird der mennig- bis orangerote Röhrenboden sichtbar. Der S t i e l ist auf dunkler rotem oder auch blasserem Grund mit einem roten Adernetz gezeichnet. Gegen den schmutzigroten bis purpurschwarzen Stielgrund hin geht es in grobe, verlängerte Maschen über. Ein Längsschnitt durch den Pilz zeigt, daß das F l e i s c h im Hut blaßrötlich, im Stiel gelblich und weiter abwärts dunkelrot getönt ist und binnen weniger Sekunden sich blau, später blaugrau verfärbt. Der frische, säuerliche Geruch ist nicht sehr ausgeprägt. Neben kleinen schmächtigen gibt es auch Stücke mit dickem Keulenstiel und bis zu 20 cm Hutbreite.

Vorkommen: Der mit vielen Abarten vorkommende Pilz erscheint ab Juni im Laubwald auf Kalkboden, selten in reinen Nadelbeständen, meidet bodensaure Orte, liebt aber grasige Waldstraßenränder, wo er unter einzelnen Birken oder Buchen zu wenigen gesellig vorkommt.

Wert: Von vielen Pilzfreunden und vor allem in Frankreich wird er als Eßpilz gesammelt und empfohlen. Unzureichend gekocht oder gar roh gegessen kann er aber zweifellos unangenehme Verdauungsstörungen hervorrufen. Der Anfänger meide alle netzstieligen Rotporer.

Verwechslungen: Alles, was rote Röhrenmündungen und blau anlaufendes Fleisch besitzt, heißt bei oberflächlichen Pilzsuchern „S a t a n s p i l z". Der ansehnliche und gewichtige echte *Boletus satanas* Lenz hat helleren, grauweißen Hut mit olivlichen Beimengungen und leuchtend blutrote Poren. Der Stiel, rein rot mit gelber, genetzter Spitze, fällt durch seine knolligklumpige Form auf. Ein Verwesungsgeruch ist schon dem jungen Pilz eigentümlich. Das blasse oder gelbliche Fleisch verfärbt sich nur leicht blau. Der Pilz beschränkt sich auf Kalkböden und wächst unter Laubbäumen, vor allem Rotbuchen. Heftiges Erbrechen nach Rohgenuß rechtfertigt die Bezeichnung „giftig". Der F l o c k e n s t i e l i g e H e x e n p i l z (auch S c h u s t e r p i l z genannt), *Boletus erythropus* Fr., ist dagegen ein guter Speisepilz. Er hat einen dunkelbraunen Samthut, karminrote Poren, flockigpunktierten Stiel und schöngelbes, sofort dunkelblau anlaufendes Fleisch und bewohnt sandige Nadelwälder. Schlanken Stiel ohne Netz besitzt der seltene N e t z l o s e H e x e n p i l z , *Boletus queletii* Schulzer. Sein Speisewert entspricht dem des Netzstiel-Hexenpilzes, mit dem er auch im Standort übereinstimmt. Der ebenfalls rotporige, sehr seltene D u n k l e P u r - p u r r ö h r l i n g , *Boletus purpureus* Fr., mit prächtig dunkelkarminrotem Hut, genetztem Stiel und gelbem Fleisch gehört dem Nadelwald an. Eine hellere Form des Laubwaldes kann als eigene Art gelten [*Boletus rhodoxanthus* (Krhz.) Kbch.].

5. Rotkappe, Rothäubchen

Leccinum testaceo-scabrum (Secr.) Sing.
Familie: Röhrlinge *(Boletaceae)*

Kennzeichen: Der freudig orange- bis ziegelrote Hut erreicht einen Durchmesser von über 25 cm. Er ist feinfilzig und hat einen schmalen, am Rand überstehenden Hautsaum, der anfangs dem Stiel, später der Röhrenschicht aufliegt, zuletzt nach unten absteht und fetzig zerreißt. Die Röhren sind graulich mit Stich in Oliv, die Poren noch etwas dunkler. Die Dicke der Röhrenschicht kann beim erwachsenen Pilz bis zu 4 cm erreichen. Der auffallend feste Stiel ist langgestreckt, die Oberfläche rauh und schwärzlich geschuppt oder grobpunktiert. Beim jungen Pilz sitzt das Hütchen mit einer sehr kleinen Anwachsfläche dem Stiel wie ein gewölbter Deckel auf. Der Stielgrund hat oft einige kräftig dunkelblaugrüne Flecken, die auch in das Fleisch eindringen können. Dieses ist derb und bleibt im Stiel trocken-faserig. Im Hut dagegen wird es bald immer weicher und läßt sich zuletzt leicht zusammendrücken. Im Anschnitt weiß, verfärbt es sich allmählich schmutziglila bis weinrot.

Vorkommen: Man findet die Rotkappe im Sommer und Herbst, und zwar in mehreren Formen. Die schön ziegelrote unserer Abbildung wächst nur unter Birken, gern im Mischwald auf sandigem oder lehmigem Boden, am liebsten dort, wo auch Heidelbeeren und Heidekraut gedeihen. Bei der ziegelrotbraunen Abart, var. *aurantiacum* Bull., mit rötlichen Stielflocken und grauvioletter Fleischverfärbung fällt die enge Bindung an die Zitterpappel auf. Schließlich gibt es unter dieser noch eine rein haselnußbraune Abart, die leicht für den Birkenpilz (siehe unten) gehalten werden kann.

Wert: Alle Rotkappenformen sind vorzügliche Speisepilze, solange sie noch festfleischig sind. Sie werden viel seltener von Maden heimgesucht als der Steinpilz; die beim Kochen ins Schwärzliche gehende Fleischverfärbung braucht den Pilzfreund nicht zu schrecken. Der Wohlgeschmack des Pilzes läßt jedenfalls keine Wünsche offen.

Verwechslungen: Der Pilz, namentlich in seiner ziegelroten Form, ist so charakteristisch, daß ihn auch der Anfänger leicht kennenlernen kann. Alle nahestehenden Arten sind ebenfalls eßbar. Der Birkenpilz, *Leccinum scabrum* (Bull ex Fr.) S. F. Gray, unterscheidet sich durch schlankeren Stiel, dünnfleischigen, noch weicheren Hut von graubrauner Farbe, mit glatter, feucht klebriger Oberhaut und fehlende Fleischverfärbung. In Form und Farben diesem — weniger der Rotkappe — täuschend ähnlich ist auch der Hainbuchenröhrling, *Leccinum carpini* (R. Schulz) Mos., der dunkelviolett färbendes Fleisch besitzt.

6. Maronenpilz *Xerocomus badius* (Fr.) Kühn.

Familie: Röhrlinge *(Boletaceae)*

Kennzeichen: Der gleichmäßig braune Hut erinnert in der Farbe an die Frucht der Edelkastanie („Maronen"-Pilz). Wenn er trocken aufwächst, ist er fein samtartig und matt, im feuchten Moos aber glatt, schmierig glänzend und freudiger rotbraun. Da der ganze Pilz überdies schlanker und weniger fest gebaut ist, könnte man ihn leicht für etwas anderes halten als die gedrungenen, dunklen Samthüter der trockenen Standorte. Die Röhrchen sind blaßgelb, werden aber bald grünlich bis blaßoliv. Ein Weißlichwerden der Poren ist Alterserscheinung. Auf Druck werden sie sofort dunkelblau. Der glatte bis langstriemige Stiel ist blaßbraun, im Gegensatz zum Steinpilz nicht genetzt, und zeigt nur dann eine bauchige Verdikkung in der Mitte, wenn er auf trockenem, festem Boden gewachsen ist. Das Fleisch ist zuerst kernig fest, später aber, namentlich im Hut, weich und zusammendrückbar. Es verfärbt sich nur wenig, und zwar in ein schönes Blau.

Vorkommen: Der Maronenpilz bewohnt Fichten-, Tannen- und Kiefernwälder; im Laubwald kommt er ohne eingesprengtes Nadelholz kaum vor. In Jungbeständen, die oft reichliche Steinpilzernten liefern, fehlt er fast ganz, tritt dann immer zahlreicher auf und ist in den 60—80jährigen Forsten manchmal Massenpilz. Nicht selten sitzt er dem Fuß der lebenden Stämme oder stark vermoderten Baumstümpfen auf. Wie der Steinpilz braucht auch er einen gewissen Säuregrad des Bodens, so daß er geradezu als Säurezeiger dienen kann. Den reinen Kalkboden meidet er durchaus. Unter den Bäumen des Waldrandes, den Traufbäumen, stehen oft die stämmigsten Stücke, manchmal so derb und groß wie Steinpilze. Wenn diesen die Nächte schon wieder zu kühl werden, beginnt die eigentliche „Maronizeit". Fast über Nacht kann sich dann der Boden unauffällig mit diesen dunkelhütigen Röhrlingen bevölkern, und man muß schon scharf hinsehen, wenn sie einem nicht entgehen sollen.

Wert: Der Maronenpilz ist ein vorzüglicher Speisepilz. Wenn auch nicht so ergiebig wie der oft mit ihm zusammen vorkommende Steinpilz, wird er wegen seines Massenwachstums doch sehr beachtet und viel gesammelt.

Verwechslungen: Sind kaum möglich, wenn man auf die Braunfarbe des Hutes, die kräftige Blauverfärbung der gelblichgrünen Röhrenschicht und die schlankere Gestalt des netzlosen Stieles achtet.

Eßbar

7. Rotfußröhrling *Xerocomus chrysenteron* (Bull. ex Fr.) Quél.

Familie: Röhrlinge *(Boletaceae)*

Kennzeichen: Die Hutfarbe dieses weitverbreiteten Röhrlings ist anfangs ein tiefes Dunkelbraun, das sich aber bald aufhellt mit eher grauer als olivlicher Tönung. Der Rand ist meist ganz schmal heller gesäumt. Die feinfilzige Oberfläche, die auch bei nassem Wetter nicht schmierig wird, bekommt bei Trockenheit am Rande oder überall Risse und dadurch ein felderiges Aussehen. Das hierdurch freiliegende Hutfleisch verfärbt sich langsam kirschrot. Ebenso verhalten sich Schneckenfraßstellen. Die Röhrchen samt ihren Poren sind gelb, später trübgelb mit olivlichem Einschlag. Der Stiel ist meist schön hellkirschrot, kann aber auch reingelb sein. Bei ganz jungen Pilzen ist er in der Mitte bauchig verdickt, sonst schlank, gleich dick, fein längsgestreift und nie netzig gezeichnet. Das blaßgelbe Fleisch ist bei frischen Stücken sehr saftig, so daß es auf der Anschnittfläche oft kleine Schaumbläschen bildet. Es wird nur selten blau, während die Poren auf Druck hin oft blau anlaufen.

Vorkommen: Die weite und gleichmäßige Verbreitung des Rotfußröhrlings rührt einmal von seiner Anspruchslosigkeit in bezug auf Bodenunterlage und Klima her. Des weiteren gibt es bei ihm zum Unterschied von vielen anderen Röhrlingen keine Spezialisierung auf gewisse Waldbäume. Er steht unter Buchen wie unter Eichen, Fichten, Tannen, Lärchen wie Kiefern. Schon im dichten Unterholz erscheinend, wird er doch erst im lichteren Bestand häufiger. Auch an Waldrändern und in Parkanlagen ist er zu finden, wenn nur durch Fallaub und schützendes Geäst waldähnliche Bedingungen geschaffen sind. Er kommt vom Juni an bis zum November vor.

Wert: Im jungen Zustand, wie ihn etwa der kleine Pilz unserer Tafel bezeichnet, ist er eßbar und schmackhaft. Später wird er aber sehr weich, und oft findet man ihn ganz und gar von weißem oder goldgelbem Schimmelgeflecht überzogen und durchsetzt. Röhrlinge müssen immer bald nach dem Einsammeln verwendet werden, da sie leicht faulen.

Verwechslungen: Ein naher Verwandter ist die Ziegenlippe, *Xerocomus subtomentosus* (L. ex Fr.) Quél., die oft mit dem Rotfuß verwechselt wird. Sie hat aber geschlossen olivfilzigen Hut, schöner goldgelbe, eckige Poren, nie kirschroten Stiel und etwas festeres Fleisch. Als Speisepilz ist sie dem Rotfuß noch überlegen, kommt aber nicht überall häufig vor. Verwandtschaftlich noch näher steht der Blutrote Röhrling, der als Unterart des Rotfußröhrlings, subsp. *versicolor* Rostk. betrachtet werden kann. Der prächtig purpurblutrote Pilz kommt vorzugsweise an grasigen Wald- und Straßenrändern vor, ist aber selten.

8. Butterpilz *Suillus luteus* (L. ex Fr.) S. F. Gray

Familie: Röhrlinge *(Boletaceae)*

Kennzeichen: Der Hut dieses leicht kenntlichen Pilzes ist kastanien- bis schokoladebraun, bei feuchtem Wetter sehr schleimig und von einer bezeichnenden Flachkegelform, so daß die Mitte gebuckelt erscheint. Die gelben Röhren sind vom dicken Hut leicht ablösbar. Anfangs werden sie von einer den Hutrand mit dem Stiel verbindenden Haut bedeckt, die sich bald als weißer, dann violettlich werdender Ring vom Rande ablöst. Das hellbuttergelbe Fleisch ist zart und wässerig; es geht daher rasch in Fäulnis über.

Vorkommen: Der Butterpilz wächst stets in der Nähe von Kiefern. Besonders gut läßt sich das erkennen, wo Einzelkiefern auf Bergwiesen oder Schafweiden stehen. Soweit die Wurzeln dieser Bäume im Boden ausstreichen, und wohl auch etwas darüber hinaus, treten die Fruchtkörper ihrer pilzlichen Begleiter auf. Oft sind diese in Reihen und Halbringen angeordnet. Man darf solche Bildungen aber nicht den echten „Hexenringen" gleichsetzen, wie sie etwa der Violette Ritterling (vgl. Nr. 60) bildet. Die Butterpilzfruchtkörper zeigen vielmehr nur die Stellen an, bis zu welchen die feinsten Saugwurzeln der Kiefer ausstrahlen. Viele andere Baumbegleiter verhalten sich ebenso (vgl. Nr. 9). Auf sandigen und stark humosen Böden gibt es oft Massenauftreten von Butterpilzen. Aber auch die Kalkböden werden nicht gemieden, wenn auch hier der Schmerling (Nr. 10) und seine braune Abart häufiger sind.

Wert: Das appetitlich aussehende Fleisch dieses mit Recht beliebten Speisepilzes hat angenehmen, milden Geschmack. Von Maden wird er etwas weniger stark befallen als Steinpilz und Schmerling. Man befreit den Hut schon draußen von der Schleimhaut, die sich leicht abziehen läßt. Die Pilze dürfen aber nach dem Einsammeln nicht lange liegenbleiben.

Verwechslungen: Vielfach werden auch andere schleimige, braun oder gelb gefärbte Röhrlinge mit dem Volksnamen „Butterpilz" bezeichnet, so der prächtig goldgelbe, gleichfalls beringte Goldröhrling, *Suillus grevillei* (Klotzsch) S. F. Gray, der immer in der Nähe von Lärchen gefunden wird. In der Farbe viel ähnlicher ist der schokoladebraune, aber unberingte Braune Schmerling, eine Abart des gewöhnlichen Schmerlings (Nr. 10). Man achte auf die hellrosa gefärbte Stielbasis dieses Pilzes. Bei Butterpilz und gewöhnlichem Schmerling ist diese weißfädig. Sehr ähnlich können auch junge Gelbfüße (s. Nr. 14) sein, deren Hutunterseite aber durch eine durchsichtige Schleimhaut statt einer Röhrenschicht strahlig angeordnete Lamellen erkennen läßt.

9. Grauer Lärchenröhrling *Suillus aeruginascens* (Secr.) Snell
Familie: Röhrlinge *(Boletaceae)*

Kennzeichen: Der H u t ist weißgrau, gelbgrau oder hellbraun, oft auch ein wenig grünlich getönt und schmierig. Die R ö h r e n und ihre Mündungen sind hellgrau, später dunkelgraubraun und eckig erweitert. Der S t i e l trägt einen weißlichen Ring, der anfangs die Röhrenschicht ganz verhüllt, im Alter aber undeutlich wird und schließlich vergeht. Das weiße F l e i s c h wird beim Anschnitt schmutzig grüngrau und färbt Papier, in das der Pilz eingehüllt wurde, auffällig blaugrün.

Vorkommen: Der Pilz wächst, worauf schon sein Name hinweist, in der Nähe von Lärchen, und zwar ausschließlich. Die meisten bestandbildenden Waldbäume haben mehrere Pilzbegleiter. Unser Grauer Lärchenröhrling gehört zu den selteneren unter ihnen. Auf Trias- und Jurakalk ist er gebietsweise häufig, auf sandigen Sedimenten und Urgestein bleibt er aber aus. Das Treueverhältnis zur Lärche beruht wie bei den Kieferbegleitern auf der engen Lebensgemeinschaft, welche das Pilzgeflecht mit den Saugwurzeln der Lärche eingeht, und ohne welches es keine Fruchtkörper erzeugen kann. Man erkennt diesen Zusammenhang an Waldrändern, die von Lärchen bestanden sind, besonders leicht: Grenzt eine Wiese an, so ist nicht der Schatten der Bäume oder deren Nadelstreu dafür maßgebend, wie weit die Pilzbegleiter in die Wiese hinausgehen, sondern die Reichweite der letzten Saugwurzeln. (Vgl. auch Steinpilz, Nr. 1.) Das Pilzgeflecht *(Myzel)* wächst um diese herum, sich dichter als sonst verflechtend, so daß ein regelrechter Pilzmantel um jedes Wurzelende entsteht. Diese Verbindung wirkt sich für die Ernährung beider Partner günstig aus.

Wert: Der Graue Lärchenröhrling gehört zu den guten Speisepilzen. Seine Weichheit und Schmierigkeit lassen ihn aber rasch unansehnlich werden. Für die Eßbarkeit von Röhrlingen gilt zwar die Regel: „Alle Röhrlinge mit Ring sind eßbar", ohne daß damit gesagt sein soll, daß alle anderen unbrauchbar seien. Sobald man aber solche Regeln auf andere als die ausdrücklich bezeichneten Pilzgruppen anwendet, ist Vergiftungsgefahr vorhanden. Daher Vorsicht und Pünktlichkeit bei ihrem Gebrauch!

Verwandte: Zu den beringten Lärchenröhrlingen gehört auch der viel häufigere Goldröhrling (s. unter Nr. 8). Lärchenbegleiter sind ferner der H o h l f u ß r ö h r l i n g , *Boletinus cavipes* (Opat.) Kalchbr., mit gebuckeltem, braunschuppigem Hut und hohlem Stiel und der R o s t r o t e L ä r c h e n r ö h r l i n g , *Suillus tridentinus* (Bres.) Sing., mit leuchtend orangerostroten Röhren.

10. Schmerling, Körnchenröhrling

Suillus granulatus (L. ex Fr.) Kuntze
Familie: Röhrlinge *(Boletaceae)*

Kennzeichen: Der H u t ist anfangs am Rande eingerollt, dabei flach gewölbt. Er wird später wellig geschweift und schlägt dann den Rand oft nach oben. Er wird nur selten über 12 cm breit. Bei feuchtem Wetter und im tauigen Gras ist er stark schleimig, wird aber bei Sonnenschein bald trocken und stark glänzend. Die graugelbe Farbe geht dann in ein schönes Goldocker über. Unter der frisch leicht abziehbaren Huthaut ist das F l e i s c h weich, weiß bis gelb getönt. Die Poren der anfangs sehr kurzen und engen R ö h r c h e n sind weißgelb und oft mit einigen ausgeschiedenen milchigweißen Tropfen behangen. Zuletzt ist die Röhrenschicht mehr gelboliv und leicht vom Hutfleisch ablösbar. Der ziemlich kurze S t i e l ist oben mit kleinen Körnchen besetzt (Name!), die später bräunlich werden und sich dadurch immer deutlicher vom hellen Stiel abheben. Wenn man den Pilz hier anfaßt, werden die Finger dadurch alsbald fettig-klebrig.

Vorkommen: Der Schmerling ist wie der Butterpilz (Nr. 8) streng an die Kiefer gebunden. Er bevorzugt aber sichtlich kalkreichere und damit mildere Böden. Da er oftmals schon im Mai erscheint, wird er z. B. auf den mit Kiefern und Wacholder locker bestandenen Schafweiden des Jura zum charakteristischen Frühpilz. Je nach der Witterung hält er dann bis Oktober durch, bis die Herbstfröste ihn rasch vergehen lassen. In dem kurzen Weidegras fällt der leuchtendgelbe Pilz schon von weitem auf, zumal er in Trupps, Reihen und Halbringen wächst (vgl. darüber auch Vorkommen des Butterpilzes, Nr. 8), sofern Kiefern da sind. Ob sie im hohen Gras einer Schonung oder im halberwachsenen Stangenwald stehen, ob die Kronen der Einzelbäume („Überhälter") hoch über eine heranwachsende Jungpflanzung hinausragen, überall ist der Schmerling nur in Kiefernnähe zu finden. Er meidet jedoch reine Sand- und Torfböden und hält sich im kalkfreien Sandsteingebiet in auffälliger Weise an die mit Kalk geschotterten Waldfahrwege.

Wert: Als Speisepilz verdient der Schmerling sehr wohl Beachtung. Man muß ihn nur schon beim Sammeln von seiner schleimigen Huthaut befreien und durch einen Längsschnitt feststellen, ob er madenfrei ist, was leider sehr oft nicht zutrifft.

Verwechslungen: Gleich anderen schleimigen Röhrlingen wird auch dem Schmerling oft der Name Butterpilz gegeben. Dieser hat aber dunklen, flachkegeligen Hut und beringten Stiel. Den Standort teilen sie bisweilen. Eine seltenere Unterart ist der B r a u n e S c h m e r l i n g , subsp. *collinitus* Fr. Er ist unter anderem durch rosafarbenes Stielende unterschieden.

11. Sandröhrling *Suillus variegatus* (Sw. ex Fr.) Kuntze
Familie: Röhrlinge *(Boletaceae)*

Kennzeichen: Der Sandröhrling zählt in sandigen Kieferngebieten zu den häufigsten Pilzen. Er trägt seinen Namen nicht nur wegen dieses Vorkommens zu Recht, sondern auch wegen der Beschaffenheit seiner Huthaut. Der gelbe, olivstichige Hut sieht nämlich wie mit dunkleren Sandkörnchen bestreut aus. Das rührt davon her, daß sich die obere Schicht der Huthaut frühzeitig in kleinste, filzige Körnchen auflöst. Bei feuchtem Wetter fühlt sie sich schmierig an. Der junge Pilz ist gewölbt und bleibt auch später lange polsterförmig. Die Röhren mitsamt ihren Poren haben eine besonders dunkle Olivfarbe, die auch am reifen Pilz nur wenig aufgehellt wird. Die Mündungen werden zuletzt etwas eckig. Der Stiel ist zylindrisch, nach unten oft keulig verdickt und etwas blasser gefärbt als der Hut. Das gelbliche bis ockerrötliche Fleisch läuft an der Luft schwach blau an und riecht stark säuerlich.

Vorkommen: Der Sandröhrling gehört zu den obligaten Kiefernbegleitern, also zu jenen Arten, welche nie ohne die Nachbarschaft einer Kiefer angetroffen werden. Er stimmt darin mit dem Butterpilz und dem Schmerling (Tf. 8 und 10) überein und hält sich wie der erstgenannte lieber an die sauren Böden. Daher zählt er in Kiefernbeständen mit Unterwuchs von Heidekraut oder Heidelbeere zu den häufigsten Röhrlingen. Selbst in den Polstern der Bleichmoose gedeiht er vorzüglich.

Wert: Im Vergleich zu anderen Röhrlingen muß man die Art zu den weniger wertvollen Speisepilzen rechnen. Für sich allein verwendet, ist er weit weniger schmackhaft als Maronen- oder Steinpilz. Zum Mischen aber kann er gut gebraucht werden.

Verwechslungen: Wenn man auf die Hutkörnelung, die dunkelolivfarbenen Röhren und den Standort bei Kiefern achtet, kann eine Verwechslung kaum geschehen. Vielfach an denselben Orten tritt auch der Kuhröhrling, *Suillus bovinus* (L. ex Fr.) Kuntze, auf. Sein kleiner, rein gelbbrauner Hut ist klebrig, ganz glatt und elastisch biegsam wie kaum bei einem anderen Röhrling. Die olivfarbigen Röhrchen sind auffallend weit und eckig. Die Art kommt in großen, büschelig verwachsenen Beständen vor. Eine biologische Merkwürdigkeit ist die nicht selten zu beobachtende Vergesellschaftung des Kuhröhrlings mit dem Rosenroten Gelbfuß, *Gomphidius roseus* (Fr.) Karst., einem nur etwa 3 cm breiten, rosenroten, hell-, später dunkelgraublättrigen Verwandten des Kuhmauls (Tf. 14). Dieser Pilz wächst meist geradezu mitten in den Kuhröhrlingsgruppen und so versteckt, daß er erst bemerkt wird, wenn man sie umdreht. Wo er einmal ausnahmsweise ohne seinen Begleiter erscheint, darf man sicher sein, zu gegebener Zeit auf demselben Platz auch diesen anzutreffen. Worauf das enge Zusammenleben dieser beiden Pilzarten beruht, ist noch nicht aufgeklärt.

12. Kahler Krempling *Paxillus involutus* (Batsch) Fr.

Familie: Kremplinge *(Paxillaceae)*

Kennzeichen: Der an Breite 12 cm und mehr erreichende H u t ist gelbbraun mit olivfarbener Tönung. Seine gebuckelte Mitte vertieft sich später. Der Rand ist anfangs stark eingerollt (Name: Krempling!) und bleibt selbst im Alter noch etwas eingebogen; oft erscheint er beim jungen Pilz erhaben gerippt. Die Huthaut ist, wenn feucht, klebrig und zugleich am Rande feinfilzig; sie läßt sich ein Stück weit einwärts abziehen. Dreht man den Pilz um, so erkennt man auf der Unterseite des Hutes lauter strahlig verlaufende, ziemlich dicht gestellte Blättchen, auch L a m e l l e n genannt. Trotzdem stellt man heute die Kremplinge aus guten Gründen näher zu den Röhrlingen als zu den Blätterpilzen. Beim Kahlen Krempling verschmieren die gelbbräunlichen Lamellen und werden artkennzeichnend dunkelbraunfleckig. Sie laufen etwas am Stiel herab und sind hier oft löcherignetzig untereinander verbunden. Auch der blaßbraune, oft leicht rötliche S t i e l bekommt beim Abgreifen braune Flecken. Daher führt der Pilz auch den Namen „Empfindlicher Krempling". Die Stieloberfläche ist durchaus glatt und kahl. Das F l e i s c h ist blaßgelb, im Stiel etwas rötlich getönt und saftig. Es läuft an der Luft etwas bräunlich an.

Vorkommen: Man trifft den Kahlen Krempling an ganz ähnlichen Standorten wie den Maronenpilz (Nr. 6), oft sehr zahlreich, gesellig in Gruppen. Er besiedelt auch gern feuchte, ja sumpfige Orte unter Fichten und Kiefern. Selbst den Moorböden fehlt er nicht. Laubwald und Kalkboden sagen ihm nicht zu. Seine Haupterscheinungszeit fällt in die Herbstmonate.

Wert: Unsere Art galt lange als sehr schmackhafter Speisepilz. Dieses Werturteil muß aber mit einiger Vorsicht abgegeben werden. Roh oder ungenügend gekocht genossen, haben Kremplinge schon wiederholt erhebliche Verdauungsstörungen, ja sogar Todesfälle, verursacht. Vom Verzehr muß daher dringend abgeraten werden.

Verwandte: Es gibt eine dünnere, freudig gelbbraune Abart, var. *leptopus* Fr., mit deutlich schuppigem Hut und schöngelbem Fleisch. Sie wächst gern büschelig in der Nähe von Erlen und ist ebenfalls verwendbar. Dunkelbraunsamtigen Stiel besitzt der an Nadelholz wachsende S a m t f u ß - k r e m p l i n g , *Paxillus atrotomentosus* (Batsch) Fr.; er ist als Speisepilz unbrauchbar (Tf. 13).

13. Samtfußkrempling *Paxillus atrotomentosus* (Batsch) Fr.

Familie: Kremplinge *(Paxillaceae)*

Kennzeichen: Der schön braunsamtige, später kahl werdende H u t ist anfangs polsterartig gewölbt, verflacht sich später und kann bis 15 cm Durchmesser erreichen. Sein Rand bleibt lange Zeit nach unten eingerollt. Die gelblichen L a m e l l e n nehmen mit dem Alter einen fleischbräunlichen Ton an und verlaufen vom Hutrand aus bogenförmig zum Stiel herab, wo sie oft querverbunden sind. Dadurch entstehen hier flache, unregelmäßige Poren, die an das „Röhrenfutter" der Röhrlinge erinnern. Zudem lassen sich die Lamellen der Kremplinge leichter als bei anderen Blätterpilzen vom Hutfleisch lösen. Porenbildung und Ablösbarkeit der Lamellen können als Hinweis auf engere Verwandtschaft der beiden Pilzfamilien gedeutet werden. Besonders artkennzeichnend ist der dunkelbraunsamtige Filz auf dem meist etwas aus der Hutmitte gerückten S t i e l , der auch ganz seitlich ansitzen oder fast fehlen kann. Gewöhnlich ist er aber derb und klumpig. Das weiße F l e i s c h sieht recht einladend aus, schmeckt aber widerwärtig bitterlich und ist sehr wasserhaltig.

Vorkommen: Der Pilz ist auf Nadelholz beschränkt und gehört als Bewohner der Fichten- und Kiefernstümpfe zu den häufigeren Arten unserer Wälder. Vom Juli an bildet er seine unregelmäßig gerandeten Fruchtkörper aus, die bisweilen dem Boden unmittelbar zu entspringen scheinen; doch ist dann der Erde vermodertes Holz beigemengt. In trockenen Sommern genügen dem Pilz schon geringe Niederschläge, die für die meisten anderen Arten zum Wachstum noch nicht ausreichen.

Wert: Es ist schade, daß dieser leicht kenntliche Pilz mit seinem schönen, madenfreien Fleisch alles andere als wohlschmeckend ist: Er muß seines unangenehmen Geschmackes wegen als sehr geringwertig bezeichnet werden. Wohl kann man ihn durch Abbrühen und Weggießen des Brühwassers genießbar machen. Da er aber zudem auch noch schwerverdaulich ist, kann er nicht empfohlen werden. Der Pilzfreund wird sich vielmehr an der Formschönheit und der eigenartigen Beschaffenheit dieser stattlichen, leicht kenntlichen Pilzart genügen lassen.

Verwandte: Der mit ihm nahe verwandte glattstielige K a h l e K r e m p l i n g ist auf Tf. 12 abgebildet. Er ist ebenfalls Nadelwaldbewohner, gehört aber der Flora des Rohhumusbodens an; nur gelegentlich besiedelt er auch alte Stümpfe.

14. Großer Gelbfuß, Kuhmaul *Gomphidius glutinosus* Schff. ex Fr.

Familie: Gelbfüßler *(Gomphidiaceae)*

Kennzeichen: Der braune, schiefergrau oder violettlich getönte H u t dieses leichtest kenntlichen Pilzes ist von einer dicken Schleimschicht überzogen, welche selbst farblos durchsichtig ist, sich über den Hutrand zum Stiel erstreckt, wenigstens solange der Pilz noch jung ist, und auch den Stiel überzieht. Sie läßt die L a m e l l e n wie ein Fenster durchscheinen, zerreißt bald und bildet dann einen ringähnlichen Wulst unter der Stielspitze. Die auf der Oberfläche der Lamellen entstehenden winzigen Sporen sind bei den Gelbfüßen schwarz. Daher färben sich die anfangs weißen Lamellen bald grau und zuletzt ganz schwarz. Sie sind dick, fast wachsartig, aber feucht und laufen bogenartig am S t i e l herab. Dieser ist weiß, unten aber hellchromgelb; nur der Schleimwulst an der Spitze erweist sich als Sporenfänger und wird dadurch bald dunkel. Das F l e i s c h ist im Längsschnitt reinweiß bis auf das untere Stielende, wo es in ein prächtiges Chromgelb übergeht.

Vorkommen: Vom Sommer bis in den späten Herbst hinein begegnen wir diesem charakteristischen Pilz in Fichtenbeständen häufig. Meist wächst er gesellig, doch nie büschelig. Stangenholz mit dicker Nadeldecke ist ihm besonders erwünscht. Unter anderen Nadelbäumen kommt er kaum, im Laubwald überhaupt nicht vor. Für sein Gedeihen sind besondere Bodenverhältnisse nicht erforderlich; er gedeiht auf allen Böden, die extrem torfigen ausgenommen.

Wert: Trotz seiner unappetitlichen Schleimigkeit ist das Kuhmaul — der Name trifft sowohl auf Farbe als auch Schleim zu! — ein ganz guter Speisepilz, wenn auch etwas weich, wässerig und im Geschmack nicht besonders kräftig. Mit anderen Arten gemischt verdient er es aber doch, mehr verwendet zu werden. Man muß schon im Walde sofort nach dem Aufnehmen die ganze Schleimbekleidung mit dem Messer entfernen. Vom Hut läßt sie sich mit e i n e m Zug abziehen.

Verwechslungen: Sind so gut wie ausgeschlossen. Von oben gesehen glaubt man oft einen Butterpilz vor sich zu haben. Lamellen und Stielgrund entscheiden sofort. Es gibt eine Form mit hellgrauem Hut, fast ohne Schleimausbildung, die kleinwüchsiger ist und länger hell bleibende Lamellen besitzt. Auch im Anbruch rosarot verfärbende Pilze kommen vor. Von den wenigen Arten der Gattung steht nach der Häufigkeit an zweiter Stelle der K u p f e r r o t e G e l b f u ß, *Gomphidius rutilus* Schff. ex Fr., weniger schleimig, etwas kleiner, kupferfarbig, auch am Stiel rotbräunlich und meist unter Kiefern wachsend.

15. Verfärbender Schneckling, Elfenbeinschneckling

Hygrophorus (Limacium) chrysaspis Métr.
Familie: Wachsblättler *(Hygrophoraceae)*

Als Elfenbeinschneckling bezeichnet man gewöhnlich eine reinweiße Art ohne besonderen Geruch und stellt ihr als weitere Art oder als Varietät den Verfärbenden Schneckling an die Seite. Tatsächlich schwankt die Stärke der kennzeichnenden Verfärbung. Auf unserer Tafel stellen wir eine starkriechende Art dar, welche in Süddeutschland meist als Elfenbeinschneckling gilt, da die reinweiße Art hier selten ist.

Kennzeichen: Der Hut ist zunächst reinweiß, wird aber allmählich am äußersten Rande oder von der Mitte her ebenso wie die dicken, entfernt stehenden, weißen Lamellen chromockergelb, beim Antrocknen fast orangefarben. Die Oberfläche des oft unregelmäßigen Hutes ist schleimig-schmierig, ebenso der abwärts verdünnte Stiel. Die Stielspitze ist unter den Lamellen mit feinen weißen Pustelchen besetzt. Bei feuchtem Wetter ist der ganze Pilz so schlüpfrig, daß man ihn kaum zwischen zwei Fingern halten kann. Das weiße Fleisch strömt einen wechselnd starken, aber sehr bezeichnenden Geruch aus. Er ist genau dem der Raupe vom Weidenbohrer gleich. Wer eine solche Raupe einmal beriechen konnte, wird von dieser seltsamen Übereinstimmung sehr beeindruckt sein.

Vorkommen: Bereits im Sommer erscheinen im Laub- und auch Nadelwald ganze Scharen des auffälligen Pilzes. Ausgeprägt saure Böden mit Rohhumus werden von ihm gemieden.

Wert: Der Pilz ist zwar eßbar, doch lädt weder der unangenehme Geruch noch die schleimige Beschaffenheit zum Sammeln ein.

Verwechslungen mit anderen weißen Arten sind leicht möglich. Die ähnlichen Trichterlinge haben dünnere Lamellen und sind weder schleimig noch klebrig. Man sollte sie alle meiden, da in ihre Verwandtschaft der Weiße Gifttrichterling (Tf. 51) hineingehört. Auch der eßbare Pflaumenrötling oder Mehlpilz hat einige Ähnlichkeit, ist aber nur schwach klebrig, und seine Lamellen werden bald fleischrötlich. Unter den Schnecklingen gibt es einige ebenfalls weiße, durchweg eßbare Arten. Der Trockene Schneckling, *Hygrophorus (Limacium) penarius* Fr., besitzt kräftigeren, abwärts spitz auslaufenden Stiel, auch bei feuchtem Wetter kaum schmierigen Hut und schwachen, nicht unangenehmen Geruch. Der Gelbflockige Schneckling, *Hygrophorus (Limacium) chrysodon* Batsch ex Fr., fällt durch fein goldgelbe Körnchen an Hutrand und Stielspitze auf. Der erst in jüngster Zeit unterschiedene Fichtenschneckling, *Hygrophorus (Limacium) piceae* Kühn., unterscheidet sich vom Verfärbenden Schneckling durch blendendweißen Hut, zartgelblich werdende Lamellen und einen schwachen, angenehmen Geruch. Er gehört dem Fichtenwald des Berglandes an. Selten ist auch ein weiterer weißer Schneckling, dessen Hutmitte schwach gelblich wird, der sonst aber keine Verfärbung aufweist. Diese Form besitzt den gleichen Weidenbohrergeruch wie unser Verfärbender Schneckling. Sie wird als *Hygrophorus (Limacium) cossus* Sow. unterschieden.

16. Frostschneckling *Hygrophorus (Limacium) hypothejus* Fr.

Familie: Wachsblättler *(Hygrophoraceae)*

Kennzeichen: Auf dem nadelbedeckten Boden des Kiefernwaldes fallen die olivbraunen Hüte dieses Spätlings kaum auf; und doch stehen oft Dutzende der hübschen Pilze beisammen. Nicht nur der dunkle, manchmal ins Gelbe ausblassende Hut, sondern auch der viel hellere Stiel sind schleimig-schmierig. Am jungen Pilz reicht der Schleim vom eingerollten Rand her bis zum Stiel. Wenn er flach und endlich trichterig wird, bleibt hier allenfalls eine schwache, blasse Schleimringspur zurück. Die weißen Lamellen nehmen alsbald einen orangegelben Schein an. Je mehr der Hut sich entwickelt, desto stärker laufen sie am Stiel herab. Das Fleisch wird an der Luft langsam gelbrötlich. Sein Geruch ist unerheblich.

Vorkommen: Oft scharenweise, aber erst im Herbst, wenn die Nachtfröste schon begonnen haben, stellt sich der Frostschneckling ein und hält bis zum Dezember aus; ja, es können noch sehr spät immer wieder neue Pilze erscheinen. Die Kiefern sind ihre besonderen Lieblingsbäume: Im Bestand eingestreute Kieferngruppen erweisen das zur Genüge, denn außerhalb ihres Bereiches gibt es auch keine Frostschnecklinge mehr.

Wert: Die Art gehört zu den wohlschmeckenden Pilzen. Man darf sich durch die Schleimigkeit nicht beirren lassen. Gerade wenn das Heer der übrigen Pilze zur Neige geht, liefert der Frostschneckling noch frische Ernten und wohlschmeckende Mahlzeiten.

Andere Arten: Wo statt der Kiefern Fichten stehen, findet man eine ähnliche Art, den Olivgestiefelten Schneckling, *Hygrophorus (Limacium) olivaceoalbus* Fr. Die Olivfarbe an Hut und Stiel ist sehr ausgeprägt, der Stiel dadurch gebändert oder wenigstens gefleckt. Den Lamellen fehlt jede Gelbfarbe; sie bleiben weiß. Außer der typischen schmächtigen Form gibt es auch eine viel kräftigere, die leicht für eine besondere Art gehalten werden könnte. Sie steht unter Kiefern auf Kalkboden (var. *obesus* Bres.), mit ähnlicher Olivfarbe, aber fast stets viel dickerem, reinweißem Stiel, ist ebenfalls eßbar und überdies viel ergiebiger. Die gelb ausgeblaßte Form des Frostschnecklings könnte mit dem Lärchenschneckling, *Hygrophorus (Limacium) lucorum* Kalchbr., verwechselt werden. Dieser ist streng an das Vorkommen der Lärchen gebunden, wächst also nur in deren Nähe und ist stets schön gelb. Der Stiel ist viel blasser, während den Lamellen ein zitronengelber Schimmer eigentümlich ist. Durch ausgesprochen grauen Hut und feinen Bittermandelgeruch zeichnet sich der Wohlriechende Schneckling, *Hygrophorus (Limacium) agathosmus* Fr., aus. Der Hutschleim bildet in der Mitte oft kleine Wärzchen. Die Art ist sehr häufig, weitverbreitet und besonders an moosigen Stellen des Fichtenwaldes in dichtbestandenen Hexenringen anzutreffen. Die sehr seltene goldflockige Form (var. *aureofloccosus* Bres.) sieht mit ihren goldgelben Flöckchen an der Stielspitze besonders hübsch aus.

17. Schwärzender Saftling

Hygrophorus (Hygrocybe) conicus Scop. ex Fr.
Familie: Wachsblättler *(Hygrophoraceae)*

Kennzeichen: Dieser Pilz fällt durch die kräftige feuerrote Farbe und die Kegelform des H u t e s auf. Obwohl nur mittlere Größe bis etwa 8 cm Breite erreichend, entgeht er wegen seiner Farbenfreudigkeit dem suchenden Auge kaum. Unter den ähnlichen Saftlingen ist unsere Art durch das nach dem Abpflücken und mit dem Alter langsam einsetzende Schwärzen des ganzen Pilzes ausgezeichnet. Zuerst sind es nur Striemen auf dem Hut, Teile der L a m e l l e n oder des Stielgrundes, die sich verfärben. Die dicken, saftigen Lamellen stehen ziemlich weit auseinander und fallen durch ihre Gelbfarbe auf. Auch der längsgefaserte S t i e l ist zuerst leuchtend gelbrot gefärbt. Zuletzt steht aber der Pilz tiefschwarz neben seinen noch unveränderten jüngeren Genossen. Das F l e i s c h aller Saftlinge ist besonders saftreich, geradezu glasig und zerbrechlich.

Vorkommen: Der Schwärzende Saftling ist zwar kein Massenpilz, findet sich aber in regenreichen Sommer- und Herbstmonaten nicht gerade selten. Wie fast alle Saftlinge meidet er den geschlossenen Wald, hält sich vielmehr an die Grasstreifen längs der Waldstraßen, an kleinere Rasenplätze und Triften und fehlt auch nicht auf Waldwiesen, in Obstgärten und unter lichtstehenden Parkbäumen. Auf Mähwiesen sind andere Arten häufiger.

Wert: Alle Saftlinge sind mildschmeckende Suppen- und Gemüsepilze, die einzusammeln sich aber nur bei üppigem Wachstum lohnt. Zwischen anderen Pilzen im Sammelkorb werden sie leicht zerdrückt.

Verwandte: Unter den zahlreichen Arten ist der S c h a r l a c h r o t e S a f t l i n g , *Hygrophorus (Hygrocybe) puniceus* Fr., die größte. Die schön roten, kegelig geschweiften Hüte werden bis 15 cm breit. Allen Arten der Untergattung *Hygrocybe* gemeinsam ist der auch oben glatte, höchstens faserig gestreifte, nie aber schuppig punktierte Stiel, der außerdem schlank, fast röhrig ist. Manche sind auffallend schlüpfrig, so der jung ganz grüne, kleinwüchsige P a p a g e i g r ü n e S a f t l i n g , *Hygrophorus (Hygrocybe) psittacinus* Schff. ex Fr. Kurzgrasige Abhänge und Hügel scheinen besonders günstige Orte für Saftlinge zu sein. Hier geben sie sich mitunter ein artenreiches Stelldichein, und dann lohnt sich auch das Sammeln. Zahlreich an Arten ist auch die Untergattung E l l e r l i n g *(Camarophyllus)*, bei der weiße, graue, ockerliche und braune Farben vorherrschen. Die S c h n e c k - l i n g e (Untergattung *Limacium*) bewohnen zum Unterschied von den vorigen durchweg den Wald. Sie sind durch schleimigen Hut, oft auch Stiel und durch punktierte oder fein geschuppte Stielspitze gut gekennzeichnet (Abb. von Schnecklingen Tf. 15, 16).

18. Echter Reizker, Fichtenreizker

Lactarius deterrimus Gröger
Familie: Sprödblättler *(Russulaceae)*

Kennzeichen: Ein immer leicht kenntlicher Pilz, wenn man nur auf den karottenroten Saft achtet, der bei Anbruch austritt, am reichlichsten im Hut, in und über den Lamellen. Allein schon der charakteristische Stielquerschnitt, den unsere Tafel zeigt, nimmt dem Finder alle Zweifel. Der frisch recht schmierige H u t ist oft mit dunkler orange oder auch graupurpurn getönten konzentrischen Ringen gezeichnet. Die grünspanfarbigen Flecken, die sich beim Echten Reizker alsbald einstellen, sind artkennzeichnend. Verletzungen durch Abgreifen wie auch die ersten Fröste im Herbst beschleunigen diese Umfärbung. Manchmal sind aber schon junge Pilze so stark grünspanig, daß man erst nach Anbrechen Klarheit erhält. Die L a m e l l e n sind bemerkenswert brüchig, eine Eigenschaft aller Sprödblättler. Der kurze S t i e l ist außen oft fleckig, innen stets hohl, das F l e i s c h mürb, besonders in jenen Partien, die nur wenig von Milchsaftgefäßen durchzogen sind. Der Geschmack ist mild, eine Ausnahme unter den Reizkern, die sonst meist scharf oder bitterlich schmecken.

Vorkommen: Der Fichtenreizker begleitet die Nadelbäume; im reinen Laubwald wird er nie angetroffen. Schon Fichtenjungkulturen beherbergen oft erstaunliche Mengen des Pilzes. Er bleibt dann den Beständen bis in deren haubares Alter treu. Einzelfichten, in Laubbestände eingesprengt, werden leicht übersehen, und daselbst vorkommende Reizker täuschen dann Standort im Laubwald vor. Auf waldangrenzenden Wiesen gehen sie so weit hinaus, wie die Baumwurzeln streichen, verhalten sich hierin also genau wie die baumtreuen Röhrlinge (vgl. Nr. 9). Die Art der Bodenunterlage ist belanglos: zwischen Sand- und Kalkböden wird kein Unterschied gemacht. Schon im Juni kann man einzelne Vorläufer finden; die Hauptzeit ist aber doch der Herbst, und während der Madenbefall im Sommer sehr groß ist, liefert der Spätherbst meist tadellose Ernten.

Wert: Der Pilz, vielfach gesammelt und sehr geschätzt, eignet sich besonders zum Backen und Braten in Fett oder Öl. Für Suppe und Gemüse ist er weniger zu empfehlen, weil er dann einen lästigen, aufdringlichen Geschmack annimmt.

Verwandte: Dem Echten Reizker sehr nahe steht der B l u t r e i z k e r, *Lactarius sanguifluus* Paul. ex Fr. Er unterscheidet sich im wesentlichen durch dunkelweinrote „Milch“, festeres Fleisch und das Wachstum unter Kiefern auf Kalkboden und ist ebenfalls eßbar. Die oft sehr scharf schmekkenden ähnlichen Reizker mit weißer Milch sind nach Vorbehandlung (längeres Wässern) ebenfalls verwendbar. In manchen Gegenden führt der Echte Reizker den Namen Blutreizker. Die hier abgebildete Unterart vom Fichtenwald ist in Süddeutschland die weitaus häufigste. Ihr Milchsaft wird beim Eintrocknen weinrot, während er bei der die Kiefer bevorzugenden Leitart *(L. deliciosus* L. ex Fr.) verblaßt. Außerdem wird ein L a c h s r e i z k e r unterschieden (subsp. *salmonicolor* Heim et Lecl.). Er grünt fast gar nicht, wird erheblich größer und erscheint später im Jahr.

19. Birkenreizker *Lactarius torminosus* (Schff. ex Fr.) S. F. Gray
Familie: Sprödblättler *(Russulaceae)*

Kennzeichen: Die wolligzottige Behaarung des oft recht ansehnlichen blaß- bis kräftig fleischrötlichen H u t e s macht den Pilz leicht kenntlich. Der eingerollte Rand insbesondere fällt durch seine langen, wirren Fransen auf. Wenn die Zonen auf dem Hut deutlich ausgebildet sind, kann eine große Ähnlichkeit mit dem Echten Reizker (Tf. 18) entstehen, doch genügen schon die weißlichen Lamellen zur Unterscheidung. Der kurze S t i e l ist ähnlich gefärbt wie der Hut, im allgemeinen aber blasser. Oft finden sich rundliche, dunklere Flecken am Stiel. Innen ist er hohl. Das weiße oder etwas schmutzigrötliche F l e i s c h läßt bei Verletzung einen reinweißen Milchsaft austreten, der brennend scharf schmeckt. Im Alter oder bei Trockenheit bewahren ihn die Lamellen noch am längsten.

Vorkommen: Wie schon der Name sagt, handelt es sich um einen Birkenbegleiter. Unter anderen Bäumen wird er nie gefunden. Das bedeutet allerdings nicht, daß er nie unter einer Buche stehen könnte; dann aber ist die zugehörige Birke jedesmal mit Sicherheit in der Nähe. Die Abhängigkeit von diesem Baum kann dadurch nachgewiesen werden, daß der Birkenreizker zwar im reinen Birkenbestand oder bei einzeln stehenden Birken vorkommt, nie jedoch im reinen Buchen- oder Kiefernwald bzw. im birkenfreien Mischwald. In ähnlichen Fällen ist übrigens durch experimentelle Untersuchungen der Nachweis erbracht worden, daß gewisse Pilzarten in Abhängigkeit von den Wurzeln lebender Waldbäume stehen (vgl. auch S. 24 und 183).

Wert: Der Birkenreizker kann ohne Vorbehandlung als Speisepilz nicht benützt werden. Ja, er vermag sogar Gesundheitsstörungen hervorzurufen, ein Umstand, der ihm ehemals den Namen „Giftreizker" eingetragen hat. Andererseits wird er in manchen Gegenden durch Wässern und Abkochen von seinen Reizstoffen befreit und kann dann gut verwendet werden. Wir möchten ihn dennoch nicht empfehlen und bezeichnen ihn lieber als ungenießbar.

Verwechslungen: Auf die äußerliche Ähnlichkeit mit dem E c h t e n R e i z k e r wurde schon hingewiesen. Die orange-karottenrote Milch des Echten trennt beide Arten sofort. Leichter kann der ebenfalls weiß milchende Z o n e n m i l c h l i n g, *Lactarius zonarius* (Bull.) Fr., verwechselt werden. Er ist aber ganz kahl und schmierig; seine Grundfarbe ist strohockergelb mit einigen dunkleren konzentrischen Ringen auf dem Hut. Er bewohnt den Laubwald und ist auf milden, kalkreichen Böden nicht selten. Vom Birkenreizker gibt es übrigens eine Unterart, die heller gefärbt ist, aber dieselbe zottige Hutbekleidung besitzt. Es ist dies der F l a u m i g e B i r k e n r e i z k e r, subsp. *pubescens* (Fr.) Konr. et Favre, kleiner, weißlich bis ockerlich, eine Form der sauren und moorigen Böden. Über seine Verwendbarkeit gilt dasselbe wie für die Leitart, den Birkenreizker: Man sieht am besten von ihm ganz ab.

20. Brätling *Lactarius volemus* Fr.
Familie: Sprödblättler *(Russulaceae)*

Kennzeichen: Ein oft genannter, aber auch viel verkannter Milchling (= Reizker). Für ihn gibt es ein sicher führendes Merkmal: Die reichlich enthaltene weiße Milch, die jeder Bruchstelle in Tropfen entquillt, färbt sich an der Luft ganz langsam braun. Der rotbraune, manchmal auch mehr braungelbe Hut kann beträchtliche Größen erreichen. Anfangs gewölbt, vertieft er sich später unregelmäßig. Seine trockene Oberhaut ist erst feinsamtig, wird aber später kahl. Die hellgelben Lamellen werden immer mehr braunfleckig, und auch Fraßstellen bräunen, wie das auf der Tafel links abgebildete Exemplar erkennen läßt. Der Stiel ist kräftiger als bei allen ähnlich gefärbten Arten. Das Fleisch hat einen auffälligen, etwas an Hering erinnernden Geruch, dem sich ein widerlicher Nebengeruch beigesellt. Nach dem Pflücken teilt er sich den Fingern mit und verdirbt jede Geruchsprobe an anderen Pilzen. Der Geschmack ist mild, aber nicht sehr angenehm.

Vorkommen: Der Brätling stellt keine besonderen Ansprüche an Waldart und Boden, wenn er auch den Nadelbäumen weniger zugetan ist als dem Buchenwald. Hier tritt er gern vergesellschaftet auf mit dem noch viel größeren, weithin auffallenden, weißen Pfeffermilchling, dem Frauentäubling (Nr. 24), der hellen Laubwaldform des Pfifferlings (Nr. 63) und der Herbsttrompete (Nr. 66). In manchen Gegenden gehört er zu den selteneren Pilzen. Dann werden oft andere rotbraune Arten dafür gehalten. Sie sind aber schmächtiger und haben niemals braunwerdende Milch.

Wert: Wie schon der Name andeutet, eignet sich der Pilz ganz besonders zum Braten. Das gilt für alle Reizkerarten, sofern sie bei der Zubereitung nicht einen beißenden oder bitterlichen Geschmack behalten.

Verwandte: Unter den zahlreichen braunen Arten ist der Rotbraune Milchling, *Lactarius rufus* Scop. ex Fr., in sandigen und torfigen Wäldern ein Massenpilz. Sein Hut ist dunkler, braunrot, die Mitte meist spitz gebuckelt, die weiße Milch brennend scharf. Durch Wässern kann er entschärft und dadurch verwendbar gemacht werden. Im übrigen gehört es schon zu den schwierigeren Aufgaben der Pilzbestimmung, die verwandten Arten richtig zu trennen und zu benennen. Der Speisepilzsammler kann sich diese Mühe sparen. Man vergleiche übrigens den viel kleineren Orangeroten Milchling, *Lactarius mitissimus* Fr., der nur geringen Wert hat (Tf. 21).

21. Orangeroter Milchling *Lactarius mitissimus* Fr.

Familie: Sprödblättler *(Russulaceae)*

Kennzeichen: Unter den zahlreichen kleineren Milchlingen, deren Farbe irgendwo ins Braunrote spielt, fällt diese Art durch ihre lebhafte Orangefarbe auf. Sie wird darum öfters verkannt und für einen kleinen Brätling gehalten. Der Hut ist etwas schmierig, fast stets durchaus einfarbig, wird bald ganz flach und überschreitet selten 7 cm Breite. Im Alter blaßt die schöne Farbe allerdings aus. Die Lamellen laufen der Hutform entsprechend meist horizontal gegen den Stiel heran, zeigen hier aber eine kleine Einbuchtung. Sie sind eng gestellt und mäßig breit. Ihre Farbe ist ein helles Fleischgelb, das sich mit der Zeit etwas vertieft. Zur Reifezeit verleihen die hellen Sporen den Lamellen ein bepudertes Aussehen. Der dünne, schmächtige, hellorangefarbene Stiel ist ziemlich mürb, bricht leicht ab und zeigt wie auch der Hut ein rötlichblasses Fleisch, dem im Anschnitt eine reinweiße Milch entquillt. Der Geschmack ist nicht scharf wie bei der Mehrzahl der übrigen Milchlinge, sondern bitterlich und dabei unangenehm kratzend und zusammenziehend.

Vorkommen: Erst wenn es richtig Herbst geworden ist, tritt dieser kleine Milchling in Gruppen auf; und zwar sind es besonders Fichten- und Tannenwälder, aus deren dunkler Nadelstreu oder schöngrüner Moosdecke die Hüte auffällig herausleuchten. Auch in Kiefernwäldern ist die Art nicht selten und entfärbt sich hier im lichteren Bestand mit dem Alter zu einem matten, blassen Gelbrot, so daß die Zugehörigkeit immer schwieriger zu erkennen ist. Bis in den November hinein findet man diesen Milchling. Er ist damit einer der am längsten aushaltenden Vertreter der Gattung.

Wert: Der Speisewert des Orangeroten Milchlings ist gering. Einmal lohnt seine Kleinheit das Einsammeln kaum; zum andern sollte man ihn vor der Zubereitung eine Zeitlang in Wasser einlegen, um die harzig und bitterlich schmeckenden Stoffe herauszuziehen. Immerhin läßt er sich doch einsalzen oder in Essig aufbewahren. Er verhält sich darin wie die meisten „Reizker“, selbst den „Echten“ (Tf. 18) nicht ausgenommen. In Süddeutschland verwendet man Pilze gern zu Suppen oder gedämpft als Gemüse. Hierzu eignen sich aber die Reizkerarten durchweg leider nicht.

Verwechslungen: Außer dem viel kräftigeren Brätling (Tf. 20) könnte noch eine ganze Reihe ähnlicher Arten verwechselt werden, die aber, was die Verwertbarkeit betrifft, alle auf gleicher Stufe stehen und höchstens als genießbar gelten dürfen. Unsere Art ist in der typischen Orangefarbe die auffälligste unter ihnen. Ein ebenso gefärbter Milchling mit größerem, etwas gezontem Hut und scharfschmeckender Milch ist der Lärchenmilchling, *Lactarius porninsis* Roll. Er wächst nur unter Lärchen, kommt aber ziemlich selten vor.

22. Pfeffermilchling *Lactarius piperatus* (L. ex Fr.) S. F. Gray

Familie: Sprödblättler *(Russulaceae)*

Kennzeichen: Der Pilz kann wegen seiner weißen Farbe und der oft sehr erheblichen Größe nicht übersehen werden. Die Oberfläche des bis über 20 cm breiten Hutes ist glatt oder schwach gerunzelt, bei trockenem Wetter matt, bei Regen nicht schmierig und daher glanzlos. Die flachtrichterig vertiefte Mitte verfärbt sich mehr oder weniger ins Ockerbräunliche und reißt unregelmäßig felderig auf. Feucht herangewachsene Stücke bleiben aber weiß und werden auch kaum rissig. Die Lamellen stehen sehr dicht beisammen, an jungen Pilzen fast ohne Zwischenräume. Kürzere wechseln mit längeren und vom Hutrand bis zum Stiel durchlaufenden ab. Sie sind ebenfalls reinweiß, werden aber später etwas schmutzig-gelblich. Der weiße Stiel ist leicht gerunzelt, von wechselnder, manchmal beträchtlicher Länge und abwärts öfters verdünnt. Beim Anbruch tritt aus dem festen und derben Fleisch weißer, brennend scharfer Milchsaft aus und fällt in Tropfen nieder. Im Alter enthalten wenigstens die Lamellen noch etwas davon. Die Tröpfchen trocknen langsam ein und werden bisweilen graugrün.

Vorkommen: Der Pfeffermilchling stellt fast die gleichen Ansprüche an Waldart und Boden wie der Frauentäubling (Tf. 24). Beide Arten treten daher gern zusammen von Juni bis September auf. In Buchenwäldern oder Eichenbeständen mit eingesprengten Hainbuchen und Rotbuchen gesellen sich ihnen vielfach die hellen Laubwaldpfifferlinge bei, ferner klumpigverwachsene Semmelstoppelpilze, der hellblutrote Spei- und der mildschmeckende Rosentäubling, die gelben fingerigen Herkuleskeulen und weit ausgedehnt in dichten Büscheln die grauschwarzen Herbsttrompeten.

Wert: Man hat sich schon viel Mühe gegeben, die Pfeffermilchlinge auf irgendwelche Art schmackhaft zu machen. Giftig sind sie nicht, doch schmecken sie, nach den üblichen Rezepten zubereitet, sehr unangenehm. Als Bratpilze oder in Pastetenform kann man sie jedoch verwenden. In Osteuropa gehören sie sogar zu den von altersher geschätzten Speisepilzen.

Verwechslungen: Ähnlich ist der noch viel schärfer schmeckende Wollschwamm, *Lactarius vellereus* Fr., der ganz ungenießbar ist. Sein ebenso schön weißer, aber dicht filziger Hut auf kurzem, gedrungenem Stiel und die viel weiter voneinander entfernten Lamellen unterscheiden ihn hinreichend. Eine gewisse Ähnlichkeit in Farbe und Haltung zeigt auch der Weiße Täubling, *Russula delica* Fr., mit kahlem Hut und weißem, wenig scharfem Fleisch, das keinerlei Milchsaft enthält. Der grünbläuliche Schimmer der Lamellen oder wenigstens ihres Ansatzes am Stiel kennzeichnet zwar die Art, ist aber nicht immer ausgebildet. Der Pilz ist eßbar, doch wenig schmackhaft.

23. Speisetäubling *Russula vesca* Fr.

Familie: Sprödblättler *(Russulaceae)*

Kennzeichen: Der Speisetäubling zeichnet sich durch den blaß- bis dunkelfleischroten Ton seiner meist dunkler netzartigen Hut haut aus. Diese löst sich später in bezeichnender Weise vom Rande ab, ihn dadurch entblößend. Auf unserer Tafel erkennt man bei dem größten der abgebildeten Exemplare deutlich diese Eigentümlichkeit. Die Lamellen behalten ihre weiße Jugendfarbe bis zuletzt bei, werden aber später oft rostfleckig. Das sonst bei den Täublingen regelmäßig eintretende Zersplittern der Lamellen beim Darüberstreichen ist wenig ausgeprägt. Der weiße, feste Stiel steckt etwas verjüngt zugespitzt im Boden. Das Fleisch ist weiß, trocken mürb, riecht nur schwach, schmeckt jedoch sehr angenehm nußartig.

Vorkommen: Eine Vorliebe für bestimmte Waldbäume läßt sich nicht feststellen, da die Art im Laub- wie im Nadelwald vorkommt, doch werden die Sandböden deutlich bevorzugt. Wo Heidelbeere und Heidekraut zusammen mit Adlerfarn und Strauchflechten gedeihen, ist er am häufigsten anzutreffen. Ihm gesellen sich dann oft der größere, rußigbraun gefärbte Rauchbraune Schwärztäubling, *Russula adusta* (Pers.) Fr., der Perlpilz (Nr. 34) und der Reifpilz (Nr. 47) bei.

Wert: Von den zahlreichen eßbaren Täublingen verdient der Speisetäubling vor anderen die Bezeichnung vorzüglich. Leider ist er sehr oft von Maden bewohnt. Beim Einsammeln empfiehlt es sich, die ein wenig klebrige Huthaut so weit wie möglich vom Rande her abzuziehen. Sie keilt dabei nach der Hutmitte hin aus.

Verwechslungen: Mit nahestehenden Arten sind sie dann möglich, wenn man nicht alle Merkmale an den gefundenen Pilzen nachprüft; eine Vergiftungsgefahr droht aber durch andere ähnliche Täublinge nicht. Überhaupt hat sich die Furcht vor giftigen Täublingen („Speiteufel"!) als unbegründet herausgestellt.

Die Täublinge (Gattung *Russula*) zählen zu den häufigsten und auffälligsten Pilzen unserer Wälder. In den Sommermonaten pflegen sie in großer Arten- und Stückzahl aufzutreten. Von weitem leuchten schon die roten, gelben, violetten und grünen Farben ihrer Hüte. Aber gerade die Farbe erweist sich als ein für die Bestimmung unzuverlässiges Merkmal. Gemeinsam ist allen das mürbe, käsigtrockene Fleisch ohne Milchsaft. Die brüchigen, leicht splitternden Lamellen kommen weiß, blaßgelb oder dunkelgelb vor. Die meisten der etwa 80 Täublingsarten sind eßbar. Durch Kauen eines winzig kleinen Stückes einer Lamelle läßt sich in Sekundenschnelle entscheiden, ob die geprüfte Täublingsart eßbar ist: Milder Nußgeschmack weist auf Eßbarkeit, brennende Schärfe auf Ungenießbarkeit hin. Zwei dieser scharfen Arten sind auf Tf. 26 und 27 dargestellt.

24. Frauentäubling *Russula cyanoxantha* (Schff.) Fr.

Familie: Sprödblättler *(Russulaceae)*

Kennzeichen: Der über 15 cm Breite erreichende H u t weist Lila- und Grüntöne in verschiedenster Mischung oder jede der beiden Farben für sich allein auf. Dazu kommt oft fleckenartiges Ausblassen nach Ocker oder Blaßgelb. Der anfangs halbkugelige Pilz wird später flacher und bildet zuletzt eine breite Trichterform aus. Die Huthaut ist feucht schmierigglänzend und läßt sich am Rand etwas abziehen. Darunter wird das weiße oder lila durchgefärbte Fleisch sichtbar. Die reinweißen L a m e l l e n sind ausnahmsweise bei dieser Art weich, splittern also beim Darüberstreichen nicht wie die aller anderen Täublinge. Der starre, ringlose Stiel, das mürbe, trockene F l e i s c h lassen keinen Zweifel über die Täublingsnatur des Pilzes. Die Geschmacksprobe (siehe auch Nr. 23) ergibt mildes Fleisch. Wenn man aber das Pilzstückchen längere Zeit weiterkaut, stellt sich ein laugenhafter Beigeschmack ein. Der keulige oder ungleich walzenförmige S t i e l ist schwach längsrunzelig. Er ist weiß, ganz selten auch lila angehaucht.

Vorkommen: Der Frauentäubling, auch Violettgrüner Täubling genannt, ist hauptsächlich im Buchenwald zu finden. Hier erscheint er schon im Juni, oft in Menge, aber doch mehr über den ganzen Bestand zerstreut. Auch anderen Laubwäldern fehlt er nicht. Im reinen Nadelwald wird er nur selten angetroffen. Eine einzige eingesprengte Buche schon kann ihn auf den Plan rufen. Kalkige und lehmige Böden zieht er den sandigen vor. In weiten Gebieten scheint er zu fehlen und durch ähnliche Arten ersetzt zu sein.

Wert: Er gehört zu den schmackhafteren Täublingen. Sein Fleisch ist nicht ganz so trocken und härtlich wie das anderer Arten, und seine ansehnliche Größe macht ihn ergiebig. Darum sollte er als Speisepilz wohl beachtet werden. Wie alle mildschmeckenden Täublinge ist auch er dem Larven- und Schneckenfraß sehr ausgesetzt. Man sollte daher jeden Pilz vor dem Einlegen in den Sammelkorb längs durchschneiden.

Verwechslungen: Zur Unterscheidung von anderen Pilzen achte man auf den ringlosen, mürbbröckeligen, weder längsfaserigen noch unten knollig angeschwollenen Stiel und die Lilatöne in der Hutfarbe. Es ist unverständlich, daß die reingrüne Form des Frauentäublings mit dem gefährlichsten aller Pilze, dem tödlich giftigen Grünen Knollenblätterpilz, verwechselt worden ist. Über diesen siehe S. 64, Tf. 29 und im Abschnitt „Giftpilze" S. 174.

25. Brauner Ledertäubling *Russula integra* (L.) Fr.

Familie: Sprödblättler *(Russulaceae)*

Kennzeichen: Er ist einer der häufigsten Täublinge auf Kalkboden. Von reinem Braun oder Braunpurpur bis Purpurrot, häufig auch von Violett, geht die Färbung des H u t e s in der Mitte bald in helleres Ocker oder wenigstens fleckenweise in blasse Töne über. Auch bei dieser Art ist also die Hutfarbe keine sichere Erkennungshilfe. Die Huthaut ist feucht schmierigglänzend, trocken behält sie ihren Glanz bei. Fast stets kleben einige Fichtennadeln an, da der Pilz aus seiner halbkugeligen Anfangsgestalt sich bald abflacht und dabei, trichterartig sich vertiefend, Humus und Nadeln mit hochhebt. Der Hutrand ist auffallend stumpf, später meist rippig gefurcht. Die L a m e l l e n sind anfangs weiß, nehmen aber bald einen blaßgelben Schein an, den sie lange behalten, um schließlich leder- bis ockergelb zu werden (Ledertäubling!). Sie sind breit, besonders gegen den Hutrand hin, sehr spröde und brüchig und gehen wie bei den meisten Täublingen vom Stiel bis zum Hutrand durch, nur mit wenigen kürzeren vermischt. Der S t i e l ist gedrungen, ganz weiß, etwas längsrunzelig, mit einer derberen Rinde und zelligporösem Inneren, anfangs kernig fest, später aber sehr mürb. Das weiße F l e i s c h schmeckt angenehm nußartig; ein auffälliger Geruch ist nicht festzustellen.

Vorkommen: Der Pilz erscheint in Scharen oft schon im Juli und hält bis weit in den Oktober hinein aus. Er liebt den Nadelwald und ist dort überall Massenpilz, wo über Kalk- oder Lehmboden eine gute Streuzersetzung stattfindet. Im Altholz, wo Stern- und Astmoose einen geschlossenen Teppich bilden, ist er ebenso zu Hause wie in jüngeren Beständen, wo er mit kurzem Stiel in der dichten Nadelstreu steckt. Im Laubwald treten an seine Stelle der sehr ähnliche W e i ß s t i e l i g e L e d e r t ä u b l i n g , *Russula romellii* R. Mre., und der noch größere R o t s t i e l i g e L e d e r t ä u b l i n g , *Russula olivaceae* (Schff. ex Schw.) Fr.

Wert: Die Ledertäublinge dürfen allesamt als gute, ergiebige Speisepilze gelten, doch sagt ihr härtliches, wenig aromatisches Fleisch nicht jedermann zu.

Verwechslungen: Andere Täublinge können sehr wohl verwechselt werden. Man achte vor allem auf die gelb werdenden Lamellen. Von dem S c h a r f e n G l a n z t ä u b l i n g , *Russula firmula* Jul. Schäff., trennt in vielen Fällen erst die Geschmacksprobe. Dieser roh scharf schmeckende Doppelgänger ist jedoch ebenfalls eßbar. Gewöhnlich bleibt er unter 10 cm Hutbreite, seine Farbe ist mehr dunkelviolett. Es bedarf schon sehr genauer Vergleiche, um die beiden Arten mit dem Auge trennen zu lernen. Mit der Zunge geprüft gibt es nie einen Zweifel. Der ebenfalls gelbblättrige Z e d e r n h o l z t ä u b l i n g , *Russula badia* Quél., unterscheidet sich durch mehr purpurne Farbe, matte, glanzlose Huthaut, etwas rotgetönten Stiel und den Geruch nach Zigarrenkistenholz. Sein Fleisch brennt auf der Zunge außerordentlich scharf. Er ist ungenießbar. Es gibt noch andere ähnliche Arten; ihre Unterscheidung erfordert eingehendes Studium.

26. Stachelbeertäubling *Russula queletii* Fr.

Familie: Sprödblättler *(Russulaceae)*

Kennzeichen: Das Lilaweinrot des H u t e s neigt stark zum fleckigen Ausblassen. Öfters herrschen sogar Olivtöne vor. Die Farbe ist also nur dann ein wertvolles Merkmal, wenn man ihre ganze Variationsbreite in Betracht zieht. Der anfangs glockig gewölbte Hut gleicht schließlich einem flachen oder vertieften Teller. Der Rand ist höckerig gefurcht, die Oberhaut klebrig und weit herein abziehbar. Zur Unterscheidung von nahestehenden Arten ist die Farbe der leicht splitternden L a m e l l e n besonders wichtig. Sie bleibt lange weißlich und wird erst beim erwachsenen Pilz hellbuttergelb. Der S t i e l ist ringsum, seltener nur an einer Seite, weinpurpurfarbig, mit blassem Reif, der durch Abgreifen vergeht. Junge Pilze sondern bei feuchter Witterung an Stielspitze und Lamellenschneiden Wasserperlen ab. Das mürbe, käsige F l e i s c h schmeckt brennend scharf. Seinen feinen Obstgeruch verglich der Täublingsforscher Julius Schäffer sehr treffend mit dem von Stachelbeerkompott. Das hat dem Pilz dann auch den deutschen Namen eingetragen.

Vorkommen: Die Art ist streng an Fichten gebunden. Oft in Gesellschaft des Echten Reizkers, und ebenso häufig findet man sie auch bei Fichtenhecken und unter einzeln stehenden Parkfichten. Sie wächst von August bis Oktober auf kalkreichen wie auf sandigen Böden. Moorige Standorte werden jedoch gemieden.

Wert: Der Stachelbeertäubling ist kein Speisepilz. Er und ihm nahestehende Arten wurden schon als giftig bezeichnet, doch sind eigentliche Vergiftungen bisher nicht beobachtet worden.

Ähnliche Arten: Rein olivfarbige, blasse oder festfleischige Formen täuschen oft andere Arten vor. Sehr ähnlich kann der F e u r i g e T ä u b l i n g , *Russula sardonia* Fr., werden, der aber nur unter Kiefern auf sauren Böden vorkommt. Im Buntsandsteingebiet des Schwarzwaldes ist er weithin der häufigste Täubling. Seine stark tränenden Lamellen sind anfangs deutlich zitrongelblich und laufen etwas am Stiel herab. Der geringe Unterschied im Geruch ist schon schwieriger festzustellen. Der ganze Pilz ist fester und derber. Er ist ebenfalls ungenießbar. Einen rein rosaroten Hut und Stiel zeigt der B l u t t ä u b l i n g , *Russula sanguinea* Fr., gleichfalls ein häufiger Kiefernbegleiter mit scharfem Geschmack und zuletzt bleichgelben Lamellen, die am Stiel deutlicher herablaufen und bei Verletzung schwach zitrongelb flecken. Einer der schönsten Rotstieler unter den eßbaren milden Täublingen ist die Nadelwaldform des H e r i n g s t ä u b l i n g s , *Russula xerampelina* (Schff. ex Secr.) Fr. var. *erythropoda* Pelt., mit schwarzblutrotem, fein samtigem Hut, rotgetöntem, runzeligem Stiel und schließlich gelben Lamellen. Das an der Luft ganz langsam bräunende Fleisch nimmt einen unverkennbaren Heringsgeruch an, durch den auch die fleischblassen und grüngelben Laubwaldformen eindeutig festgelegt sind.

27. Kirschroter Speitäubling

Russula emetica (Schff. ex Fr.) S. F. Gray
Familie: Sprödblättler *(Russulaceae)*

Kennzeichen: Der Name wird auf eine ganze Reihe roter oder auch andersfarbiger, scharf schmeckender Täublinge angewendet. Der eigentliche Speitäubling hat hellblutroten, sehr oft gelblich oder weißlich ausblassenden Hut. Schon junge Stücke können ganz farblos sein. Die klebrige Huthaut läßt sich vom glatten oder erhaben gerippten Rande her bis zur Mitte abziehen. Die weißen Lamellen nehmen bei manchen Formen einen bläulichen oder gelblichen Schimmer an. Der ausgefallene Sporenstaub ist jedoch stets reinweiß. Der Stiel ist weiß, selten teilweise rot überhaucht. Seine Oberfläche ist oft wellig und runzelig, sein weißes Fleisch ab und zu von Höhlungen durchsetzt und wie das des Hutes sehr locker und porös. Es hat einen angenehmen, obstartigen Geruch, jedoch scharf pfefferigen Geschmack, der sich augenblicklich einstellt.

Vorkommen: In typischer Ausbildung schon im Sommer in Buchenwäldern, in der Laubschicht wie in Moospolstern, kleinere Formen an moosigen Buchenstümpfen. In Fichtenwäldern auf moorigem Boden gibt es eine Abart mit viel mehr leuchtend rotem, glockig bleibendem Hut.

Wert: Die Schärfe des Pilzes wird durch Abkochen weitgehend gemildert; er ist aber ungenießbar und für empfindliche Personen auch unbekömmlich. In älteren Pilzbüchern wurde er als „Speiteufel" zu den gefährlichsten Giftpilzen gerechnet.

Ähnliche Arten: Der kleinere Wechselfarbige Speitäubling, *Russula fragilis* (Pers.) Fr., mit zahlreichen Abarten in allen möglichen Rottönungen, manchmal mit rein olivgrüner Mitte, kommt scharenweise besonders im Nadelwald vor. Er ist ebenfalls vom Genuß auszuschließen. Im Buchenwald wächst der Rosentäubling, *Russula rosea* Quél., in der Farbe kaum vom Speitäubling unterschieden, aber matter und trocken nicht so stark glänzend. Der reinweiße Stiel ist meistens abwärts keulig verdickt und, unter der Lupe betrachtet, feinmehlig. Der Rosentäubling schmeckt völlig mild, ist aber nicht schmackhaft. Von den vielen roten Täublingsarten sei hier nur noch der Gelbfleckende Speitäubling, *Russula luteotacta* Rea, erwähnt. Nach Farbe und Größe ist er kaum vom gewöhnlichen Speitäubling zu unterscheiden. Die Lamellen laufen aber etwas sichelig herab und stehen voneinander entfernt. Bei Verletzung bekommen sie, wie auch der Stiel, schön chromgelbe Flecken. Man achte auf den Standort unter Eichen.

Alle Täublinge sind an ihrem mürben Fleisch, das sich im Stiel nie in der Längsrichtung zerfasern läßt, zu erkennen. Durch ihre Häufigkeit und ihre oft leuchtenden Hutfarben ziehen sie den Blick auf sich. Der Anfänger, der die Gattung erkennen gelernt hat und Täublinge für die Küche verwerten will, muß entweder jedesmal mit einem kleinen Lamellenstück die Geschmacksprobe machen oder aber durch gewissenhaftes Studium die einzelnen Arten nach ihren Merkmalen unterscheiden lernen.

Eßbar

28. **Schopftintling** *Coprinus comatus* (Fl. Dan. ex Fr.) S. F. Gray

Familie: Schwarzblättler *(Coprinaceae)*

Tribus: Tintlingartige *(Coprineae)*

Kennzeichen: Der H u t dieses auffallenden Pilzes ist stets höher als breit. Eine Gesamthöhe von 30 cm wird nicht selten erreicht. Anfangs ist vom S t i e l wenig zu sehen, da ihn der langkeulige Hut fast ganz umfaßt. Die Oberhaut ist um die glatte Kuppe schon frühzeitig in weiße oder bräunlich getönte Schuppen aufgelöst. Mit der Zeit beginnt von unten herauf eine leichte Rosaverfärbung, die bald dunkler wird. Schließlich kommt es zu einem völligen Zerfließen des Hutes. Die L a m e l l e n stehen anfangs überaus dicht, sind reinweiß und verfärben sich ebenfalls von unten nach oben über Rosa in Schwarz. Mit jedem abfließenden Tropfen fallen Zehntausende der winzigen schwarzen Sporen ab. Der weiße S t i e l trägt einen schmalen, sich vom Hutrand ablösenden Ring, der sehr vergänglich ist. Innen ist der Stiel röhrig hohl. Sein schneeweißes F l e i s c h fasert wie das des Hutes in der Längsrichtung auf. Es hat keinen besonderen Geruch.

Vorkommen: Der Schopftintling ist ein Schuttbodenbewohner. Auffüllplätze, alte Kompoststellen, auch frisch mit Gras eingesäte Flächen, neue Parkanlagen und Sportplätze lassen manchmal buchstäblich über Nacht Hunderte der weithin sichtbaren Pilze hervorsprießen. An waldigen Orten beschränkt er sich auf die Straßenränder; im Kehricht, auf Rasenbänken kann man ihn immer einmal antreffen. Unmittelbar auf Miststätten, die sonst bevorzugte Standorte der kleineren Tintlingsarten sind, scheint er nicht recht zu gedeihen. Er tritt vom Mai an auf.

Wert: In jugendlichem Zustande, solange noch die Lamellen und die geschlossenen Hüte weiß sind, ist dieser Pilz sehr zart und wohlschmekkend. Er muß aber sofort nach dem Einsammeln verwendet werden, denn das Schwarzwerden und Zerfließen setzt sonst bald ein. Das besonders rasche Wachstum erlaubt oft alle zwei Tage reiche Ernten.

Verwandte: Eine eirunde Wuchsform kommt manchmal vor. Alle anderen weißen Tintlingsarten sind viel kleiner und für den Speisepilzsammler wertlos. Eine silber- bis aschgraue Art ist der nicht seltene K n o t e n t i n t l i n g , *Coprinus atramentarius* (Bull.) Fr. Er bricht meist in dicken Büscheln an Straßenböschungen, wüsten Stellen und auf Rasenplätzen hervor. Der längsstriemige Hut erreicht nicht die Größe des Schopftintlings. Auch er zerfließt in der für alle Tintlinge charakteristischen Weise. Der Pilz ist jung ebenfalls eßbar, ruft aber, mit alkoholischen Getränken zusammen genossen, bei manchen Personen merkwürdigerweise Hautrötungen hervor.

Sehr giftig
und äußerst
gefährlich

29. Grüner Knollenblätterpilz, Grüner Giftwulstling

Amanita phalloides (Vaill. ex Fr.) Secr.
Familie: Freiblättler *(Agaricaceae)*
Tribus: Wulstlingartige *(Amaniteae)*

Kennzeichen: Der Hut dieses giftigsten aller Pilze entwickelt sich halb unterirdisch in einer eiförmigen Haut, die auf dem Knollengrund des Stieles als lappiggerandete Scheide zurückbleibt. Einige weiße Hüllreste können als Hautfetzen auf dem klebrigen Hut haften bleiben. Dieser ist ganz zu Anfang weiß, wird bald olivgrünlich mit feinen dunkleren Radialstreifen und erreicht 8 bis 12 cm Breite. Reinweiße Formen kommen aber ebenfalls vor. Die Lamellen sind und bleiben weiß, höchstens leicht gelbgrünlich. Sie berühren den Stiel nicht: Sie sind „frei". Ihre Schneide ist fein gewimpert. Der schlank aufsteigende Stiel geht von einer ansehnlichen Knolle aus, die halb oder ganz im Humusboden eingesenkt bleibt und daher leicht übersehen wird. Seine Farbe schwankt von Weiß bis zu kräftigem Olivgrün. Meistens zerklüftet sich die Stieloberfläche in charakteristische Bandmuster. Eine häutige innere Hülle verdeckt anfangs die Lamellen; sie löst sich als Manschette vom Hutrand und erscheint oberseits durch die Lamellen gerieft. Das Fleisch ist reinweiß, nur unter der Oberhaut leicht grün durchgefärbt und riecht nur schwach, aber kennzeichnend dumpfsüßlich, fast honigartig. Larven suchen den Pilz wenig, Schnecken dagegen eifrig heim.

Vorkommen: Gewöhnlich erst ab August, einzeln oder in kleineren Gruppen, bis zum Oktober in recht wechselnder Häufigkeit tritt die Art meist in der Nähe von Eichen, nur selten unter Buchen auf. Lockerer Humusboden auf sandiger bis lehmiger Grundlage scheint besonders günstig zu sein. Manchmal wächst der Pilz in Gesellschaft von „Champignons" (vgl. Taf. 38), also Vorsicht!

Giftigkeit: Vergiftungserscheinungen treten gewöhnlich erst einen bis zwei Tage nach dem Genuß auf, so daß Hilfe meist zu spät kommt. Das Gift hat hämolytische, d. h. die Blutkörperchen zerstörende Wirkung und führt in den meisten Fällen zum Tode. Ein einziger Pilz kann eine ganze Familie töten.

Verwechslungen: Vielfach wird der Gelbliche Knollenblätterpilz (Tf. 31) für den giftigen gehalten. Der Geruch des Gelblichen nach Kartoffeltrieben wurde früher als wichtigstes Unterscheidungszeichen für Knollenblätterpilze hervorgehoben. Das ist eine verhängnisvolle Verallgemeinerung. Als bestes Warnzeichen diene vielmehr die weiße Farbe der Lamellen zusammen mit der Stielmanschette. Der weißen Form sehr ähnlich ist der Spitzhütige Knollenblätterpilz (siehe Tf. 30). Champignons oder Egerlinge (vgl. Tf. 38) haben stets rosa bis violettbraun werdende Lamellen. Der gelbblättrige Grünling (Tf. 58), grüne Täublinge oder junge Boviste können nur von leichtsinnigen Sammlern mit Knollenblätterpilzen verwechselt werden.

Sehr giftig und äußerst gefährlich

30. Spitzhütiger Knollenblätterpilz

Amanita virosa Lam. ex Secr.
Familie: Freiblättler *(Agaricaceae)*
Tribus: Wulstlingartige *(Amaniteae)*

Kennzeichen: Als nächster Verwandter des gefährlichen Grünen Knollenblätterpilzes stimmt der Kegelhütige im Bau weitgehend mit jenem überein. Aus eiförmigem Jugendzustand geht ein schlanker Stiel mit kegeligem, ja sogar spitzkegeligem, klebrigem Hut hervor. Der weiße Hut geht von der Mitte aus später ins Gelbliche über und nimmt beim Aufschirmen nur gelegentlich einige fetzige Hüllreste mit. Am Grunde steckt die ausgeprägte Knolle mit freiem, ungleich lappig gesäumtem Hautrand im Boden. Die Lamellen behalten ihr reines Weiß bis zuletzt bei. Sie sind am Stiel frei und gegen den Hutrand oft mit flockigen Resten der inneren, sehr vergänglichen Hülle behaftet. Die Manschette am Stiel erscheint meist beschädigt und verschwindet nicht selten vorzeitig. Die Stielbekleidung ist fädig-flockig und wesentlich lockerer als die Natternzeichnung beim Grünen Knollenblätterpilz. Das reinweiße Fleisch hat einen unangenehmen, modrigen Geruch.

Vorkommen: Diese Art ist viel weniger verbreitet als der Grüne Knollenblätterpilz. In Nadelwaldgebieten wird sie aber sein Stellvertreter. Im moosbedeckten Grund wie in reiner Nadelstreu ist der weiße Pilz recht auffällig. Er tritt hier auf sandigen und kiesigen Böden vom Frühsommer an in kleinen Gruppen oder nur vereinzelt auf. In Südwestdeutschland kommt er an vielen Orten, aber nie in großer Menge vor.

Giftigkeit: Der Spitzhütige Knollenblätterpilz ist in gleicher Weise lebensgefährlich giftig wie der Grüne. Wegen seines zerstreuten Vorkommens hält es schwer, bei Vergiftungsfällen ihn eindeutig als Ursache nachzuweisen.

Verwechslungen: Am ähnlichsten ist der gefährliche Frühlingsknollenblätterpilz, *Amanita verna* Fr. ex Pers. Er kommt auf Kalkboden, aber nicht häufig, und mehr im Süden vor. Der gewölbte, später flache, kleine Hut und die viel derbere, lappige Scheide am Stielgrund ermöglichen die Unterscheidung. Mit diesen Merkmalen kommt er der weißen Form des Grünen Knollenblätterpilzes sehr nahe. Junge Pilze haben eine überaus große Ähnlichkeit mit dem Dünnen Anisegerling (Tf. 38). Hutform und Farbe stimmen fast genau überein. Die Lamellen sind aber nie reinweiß, sondern graurötlich bis dunkelbraun, der Geruch nie unangenehm, sondern fein anisartig. Auch der eßbare Scheidenstreifling, *Amanita vaginata* (Bull. ex Fr.) Vitt., kann in seinen weißen Formen ähnlich sein, doch ist sein Hutrand stets fein liniert gerieft, und der Stiel entbehrt der Manschette. Am besten befaßt sich der Anfänger überhaupt nicht mit eßbaren Wulstlingen. Man beachte beim Sammeln von jungen Bovisten, daß diese beim Längsschnitt nie die Anlage für Lamellen, sondern durchweg gleichartiges, weißes Fleisch zeigen.

Schwach giftig

31. Gelblicher Knollenblätterpilz, Zitronengelber Wulstling

Amanita citrina (Schff. ex Rocques) S. F. Gray
Familie: Freiblättler *(Agaricaceae)*
Tribus: Wulstlingartige *(Amaniteae)*

Kennzeichen: Der Hut dieses weitverbreiteten Pilzes ist gewöhnlich gelbgrün wie unreife Zitronen, aber auch blasser bis reinweiß. Eine allgemeine Hülle schließt den jungen Pilz völlig ein, zerklüftet sich aber bald, so daß der aufgeschirmte Hut zahlreiche, bräunlich werdende Hüllreste trägt, die aber abgewischt sein können. Die weißbleibenden Lamellen erreichen den Stiel nicht ganz, sind also frei. Der schlanke Stiel ist weiß, fast glatt oder etwas gefasert, wodurch eine undeutliche Zonung oder Sprenkelung bewirkt werden kann. Eine vergängliche innere Hülle verdeckt anfangs die Lamellen, löst sich dann vom Hutrand ab und wird damit zur Stielmanschette. Der Stielgrund erweitert sich stets in eine rundliche, mehr oder weniger gerandete Knolle, die meist im Boden eingesenkt bleibt. Das weiße Fleisch riecht auffallend stark nach austreibenden Kartoffeln. Schräg gelegte junge Wulstlinge biegen nach kurzer Zeit die Stiele derart, daß der Hut wieder waagrecht zu liegen kommt. So können die Lamellen ihre Sporen weiterhin ungehindert ausstreuen.

Vorkommen: Vom Spätsommer an erscheinen die Fruchtkörper oft zahlreich im Heidekraut und zwischen Heidelbeersträuchern, unter Fichten, Kiefern oder Birken, viel weniger unter Buchen, und zwar mit Vorliebe auf sauren Böden, gern in Standortsgemeinschaft mit Maronenpilz, Reifpilz und Fliegenpilz.

Giftigkeit: Ehemals für sehr gefährlich geltend, hat sich der Gelbliche Knollenblätterpilz als ziemlich harmlos erwiesen und kann höchstens schwach giftig oder unbekömmlich genannt werden. Von seinem Genuß ist auf alle Fälle abzusehen.

Verwechslungen: Der sehr ähnliche Narzissengelbe Wulstling, *Amanita gemmata* (Fr.) Gill. unterscheidet sich durch kurzgerieften Hutrand, weiße, fleckige Hüllreste und meist nur schwach zwiebelig verdickten Stielgrund. Die Manschette fehlt oft am erwachsenen Pilz. Als Bewohner sandiger Böden tritt er ab Juni gern bei Kiefern auf. Obwohl er unschädlich ist, sollte man ihn in der Küche nicht verwenden. Früher wurde der Gelbliche Knollenblätterpilz nicht vom Grünen unterschieden und der Geruch nach Kartoffeltrieben als besonders wichtiges Merkmal betrachtet. Der tödlich giftige Grüne hat jedoch einen widrig-süßlichen Honiggeruch. Die lappige Hautscheide am Stielgrund, die nur spärlichen Hüllreste auf dem olivgrünen Hut sind weitere Merkmale des Grünen Knollenblätterpilzes. Die reinweißen Formen beider Arten können besonders leicht mit weißen Egerlingen (Champignons) verwechselt werden. Egerlinge sind durch die graurötlichen, fleischrot bis kaffeebraun werdenden Lamellen und das Fehlen von Hüllresten am Stielgrund wie auf dem Hut zu unterscheiden.

32. Fliegenpilz *Amanita muscaria* (L. ex Fr.) Hooker
Familie: Freiblättler *(Agaricaceae)*
Tribus: Wulstlingartige *(Amaniteae)*

Kennzeichen: Mit seinem hochroten, weißgetupften Hut ist der stattliche Fliegenpilz eine der markantesten Pilzgestalten unserer Wälder. Er entwickelt sich aus einer warzig gegürtelten rundlichen Knolle mit knopfartiger Hutanlage. Von der roten Farbe ist aber auch dann noch nichts zu bemerken, weil die äußere Hülle, in regelmäßige Warzenfelder aufgelöst, noch vollständig die Huthaut bedeckt. Im Längsschnitt sieht man unter ihr eine kräftig zitronengoldgelbe Linie, die sehr charakteristisch ist. Der aufgeschirmte Hut hat regelmäßig verteilte, weiße Hüllreste. Das schöne Rot blaßt zuletzt nach Gelb aus. Die weißen Lamellen sind breit und stehen dicht, ohne den Stiel zu berühren. Die hautartige Manschette ist am Rand mit verdickten Zacken besetzt. Am unten angeschwollenen Stiel sind mehrere Schuppengürtel entwickelt. Das schneeweiße Fleisch hat weder auffallenden Geruch noch Geschmack.

Vorkommen: Fichten, Kiefern und Birken sind die häufigsten Begleitbäume des Fliegenpilzes. Auf sauren, moosbedeckten Sand-, ja sogar Torfböden oder im reinen Nadelrohhumus kann man den Fliegenpilz in Gruppen, Reihen und selbst in Ringen antreffen. Er ist weit verbreitet und gewöhnlich ein zuverlässiger Standortsweiser für den vielgesuchten Steinpilz. Halb erwachsene Fichtenbestände, mit Birken untermischt, sind oft ein wahres Fliegenpilzdorado, in dem sich gerne noch Pfefferröhrling, Pflaumenrötling und Pfifferling mit einfinden.

Giftigkeit: Der Giftgehalt des Pilzes ist unbestritten. Wirksam wird nach dem Genuß, ähnlich wie beim Pantherpilz, das Pilzatropin. Ihm wirkt ein weiterer Giftstoff, das Muscarin, entgegen. So können sich verschiedenartige Symptome ergeben, oder es bleiben schädliche Wirkungen völlig aus. Nach dem Weggießen des Kochwassers kann ein Fliegenpilzgericht ohne Schaden verzehrt werden. In Deutschland sind in den Notzeiten der Nachkriegsjahre viele Tausende von Fliegenpilzen in die Kochtöpfe gewandert. Wir möchten trotzdem vom Genuß dringend abraten.

Verwandte Arten: Außer dem hochroten Typus, der immer wieder als Märchenfigur und „Glückspilz" dargestellt wird, gibt es eine braun gefärbte Abart (var. *umbrina* Fr.), die sehr leicht für den Perl- oder den Pantherpilz gehalten werden kann. Die zitronengoldgelbe Farbe unmittelbar unter der Huthaut und die warzigen Gürtel am Stielgrund dienen zur Unterscheidung. Die in Nordamerika heimischen Fliegenpilze sind von Anfang an orangegelb. Ähnlich ist der vielgerühmte Kaiserling, *Amanita caesarea* (Scop. ex Fr.) Pers., eine südeuropäische Art, die in Südwestdeutschland mehrere Fundorte hat. Der leuchtend orangerote Hut bricht aus einem weißen Eigebilde hervor und hinterläßt eine derbhäutige Scheide. Lamellen, Stiel und Manschette sind prächtig gelb. Er wächst besonders unter Eichen auf Sandboden. Der Kaiserling wird von Feinschmeckern allen anderen Speisepilzen vorgezogen.

33. Pantherpilz *Amanita pantherina* (DC. ex Fr.) Schum.

Familie: Freiblättler *(Agaricaceae)*
Tribus: Wulstlingartige *(Amaniteae)*

Auch der Pantherpilz zählt zu den lebensgefährlichen Giftwulstlingen. Man kann daher nur immer wieder alle Pilzsucher davor warnen, Pilze mit Stielknolle, Manschette am Stiel und Pusteln oder anklebenden Hautfetzen auf dem Hut unter ihre Eßpilze aufzunehmen.

Kennzeichen: Der Pantherpilz hat einen dunkelleber- bis hellkaffeebraunen, ja sogar fast farblosen Hut, dessen Haut klebrig, abziehbar und am Rande stets fein gerieft ist. (Eine Abart des Bergnadelwaldes hat aber ungerieften Hutrand!) Seine Breite bleibt gewöhnlich unter derjenigen des Perlpilzes (Tf. 34), der wiederholt schon mit ihm verwechselt worden ist. Die oft schön regelmäßig angeordneten, reinweißen Pusteln, Reste der äußeren Hülle, schließen anfangs so dicht zusammen, daß von der braunen Hutfarbe noch nichts zu sehen ist. Die Hutbekleidung löst sich später von dem Rand der Stielknolle glatt ab. Es sieht dann aus, als sei der reinweiße Stiel von oben in die Knolle eingedrückt worden. Die weißen, dicht stehenden Lamellen werden nach dem Abreißen der inneren Hülle sichtbar. Die ungeriefte Manschette steht nunmehr schräg vom Stiel ab. Das Fleisch behält seine weiße Farbe bei. Es hat einen modrigen, rüben- oder rettichähnlichen Geruch.

Vorkommen: Die Art ist in ganz Mitteleuropa mehr oder weniger verbreitet. Bergnadelwälder sagen ihr ebenso zu wie der Kiefern- oder der Laubwald im Tiefland. Die Art der Bodenunterlage ist von untergeordneter Bedeutung. Das wechselhafte Auftreten hängt von den Witterungsunterschieden in den einzelnen Jahren ab. Die unzuverlässige Erscheinungsweise ist besonders deshalb bedenklich, weil es sich um einen sehr giftigen und obendrein leicht verwechselbaren Pilz handelt.

Giftigkeit: Von der Vergiftung wird in erster Linie das Nervensystem betroffen. Erregungszustände und Funktionsstörungen, ähnlich den durch Tollkirschen hervorgerufenen, führen zu schweren Erkrankungen und in nicht geringer Zahl der Fälle zum Tode.

Verwechslungen: Der Perlpilz (Tf. 34) ist durch weinrötliche Färbung, geriefte Stielmanschette und zwiebelige, nicht abgesetzt gerandete Knolle verschieden. Sehr ähnlich kann der Gedrungene Wulstling, *Amanita spissa* (Fr.) Kumm., werden. Er heißt auch Ganzgrauer Wulstling. Graubrauner bis fast silbriggrauer, mit groben, körneligen Warzen besetzter Hut, graulich getönter Stiel, geriefte Manschette, zwiebelig verdickter und von grauen Schuppengürteln besetzter Stielgrund sind die kennzeichnenden Merkmale. Er ist ein schon im Juni erscheinender, häufiger Nadelwaldbewohner. Obwohl eßbar, sollte er wegen der Verwechslungsgefahr nicht gesammelt werden. Eine nahestehende Form ist durch hellgraue Hutfarbe, mehlige, leicht abwischbare Hüllreste und fast weißen, zumeist verlängert im Nadelboden tief eingesenkten Stiel nur wenig verschieden.

34. Perlpilz *Amanita rubescens* (Pers. ex Fr.) S. F. Gray
Familie: Freiblättler *(Agaricaceae)*
Tribus: Wulstlingartige *(Amaniteae)*

Kennzeichen: Der Perlpilz ist ein Vertreter jener Gattung (Wulstling, *Amanita*), in deren Reihen lebensgefährliche Giftpilze zu finden sind. Für den Anfänger ist es nicht leicht, hier immer sicher zu unterscheiden. Er tut daher gut daran, die Pilze dieser Gruppe so lange vom Genuß auszuschließen, bis er sie in allen Erscheinungsformen genau kennt. Der Perlpilz zeigt auf dem H u t hellrotbraune bis weinrötliche, aber auch fast weiße Farbe. Die flockig-mehligen, weißlichen bis bräunlichen Pusteln („Perl"-Pilz) haften der klebrigen Oberhaut nur an und können daher leicht vom Regen abgewaschen werden. Sie gehören zu einer allgemeinen Hülle, die den Pilz anfangs flockig überkleidet, später aber nicht mehr mitwächst. Die sehr dicht stehenden weißen L a m e l l e n bekommen zuletzt stellenweise weinrote Flecken. Der S t i e l ist kräftig, besonders abwärts leicht weinrotfuchsig getönt und besitzt eine weiße, feingeriefte Manschette. Diese überdeckt zunächst als zarte Haut die Lamellen und hängt nach dem Aufschirmen des Hutes von der Stielspitze frei herab. Oft klebt sie auch am Stiel fest und ist manchmal nur noch in Resten zu finden. Die angeschwollene Stielbasis ist mehrfach schuppig umgürtet. Man kann den innen engröhrigen Stiel leicht aus dem Hutfleisch herauslösen. Im Längsschnitt zeigen besonders Madenfraßgänge eine dunkelweinrote Verfärbung. Auch unversehrte Pilze besitzen in der schwachen Fleischrötung ein wichtiges Artkennzeichen.

Vorkommen: Die Art erscheint schon im Juni als häufiger Bewohner sowohl des Laub- wie auch des Nadelwaldes. In älteren Beständen kommt sie zahlreicher vor als im Jungholz. Hinsichtlich der Bodenunterlage stellt sie ebenfalls keine besonderen Ansprüche.

Wert: Der Perlpilz zählt zu den am besten schmeckenden Speisepilzen. Die oft behauptete Giftigkeit seiner Huthaut ist nicht erwiesen. Verwechslungen mit dem sehr giftigen Pantherpilz und mit braunen Abarten des Fliegenpilzes können aber leicht vorkommen. Daher ist unbedingt große Vorsicht anzuraten! (Vergleiche das Kapitel „Giftpilze" im allgemeinen Teil.)

Verwandte: Der lebensgefährlich giftige P a n t h e r p i l z , *Amanita pantherina* (DC. ex Fr.) Schum., hat einen leberbraunen, am Rande kurz gerieften Hut mit rein weißen Pusteln. Der weiße, nie rötende Stiel sieht aus, als stecke er in der wulstig gerandeten Knolle drin. Zudem ist der ganze Pilz meist schlanker als der Perlpilz. Braune Fliegenpilzformen haben dagegen eine warzig gegürtelte Knolle, nie rötendes Fleisch, aber unter der Huthaut eine kennzeichnende zitronengelbe Färbung. Die ungleich häufigere Normalform des F l i e g e n p i l z e s , *Amanita muscaria* (L. ex Fr.) Pers., ist durch ihre leuchtend scharlachrote, elegant weiß getupfte Oberfläche hinreichend verschieden. Fliegen- und Pantherpilz sind auf Tf. 32 und 33 abgebildet.

35. Riesenschirmling Parasol

Lepiota (Macrolepiota) procera (Scop. ex Fr.) Kumm.
Familie: Freiblättler *(Agaricaceae)*
Tribus: Schirmlingartige *(Lepioteae)*

Kennzeichen: Unser ansehnlichster Blätterpilz! Oft zieren wahre Prachtgestalten dieses schönen Pilzes die Ränder und lichten Stellen der Wälder. 40 cm hohe Stiele und 30 cm breite Hüte sind keine Seltenheit. Die H u t - schuppen sind zwar auffallend, kommen jedoch in ähnlicher Weise auch bei anderen Schirmlingen vor. Die sehr dichtstehenden L a m e l l e n sind stets weiß; sie erreichen den Stiel nicht ganz, sie sind „frei". Bemerkenswert ist am röhrigen, nur locker dem Hut eingefügten S t i e l das Aufschuppen seiner Oberfläche dergestalt, daß eine natternähnliche Zeichnung entsteht. Der Stielring ist nach Ablösung vom Hutrand frei auf und ab beweglich. Die Stielbasis ist zwar knollig verdickt, nie aber von einer Haut oder einem Wulst berandet. Das F l e i s c h ist schön weiß, im Hut flockig-watteartig, im Stiel zuerst kernig fest, später in der Längsrichtung faserig. Es verfärbt sich nicht. Der Geschmack des rohen Pilzes ist angenehm süßlich nußartig.

Vorkommen: Wie schon erwähnt, sind es besonders lichte, grasige Waldstellen, die dem Riesenschirmling vornehmlich zusagen. In Jungkulturen erheben sich die überlangen, starr senkrecht aufsteigenden Stiele mit den kugelig aufsitzenden Hüten wie Paukenschlegel über das Gras, und später sehen die Pilze wie aufgespannte Sonnenschirme aus. Auch in Parkanlagen und unter Einzelbäumen, nur selten auf Ackerland findet man den Pilz. Sogar auf Ameisenhaufen kommt er vor. In der Regel sind es aber wenige Einzelstücke; von Massenauftreten kann man kaum einmal sprechen.

Wert: Die Art gehört im jungen „Paukenschlegel"-Zustand zu den schmackhaftesten Pilzen. Vom Rohgenuß, für den immer wieder gerade Schirmpilze empfohlen werden, ist grundsätzlich abzuraten. Manche Menschen vertragen rohe Pilze nicht, auch wenn diese zubereitet gut bekömmlich sind. Viele Arten hinterlassen zudem einen unangenehmen, laugenhaften Nachgeschmack.

Verwandte: Ähnlich ist der etwas kleinere, mehr trübbraune S a f r a n - s c h i r m l i n g , *Lepiota rhacodes* (Vitt.) Quél., der aber beim Anbrechen sofort safranziegelrot anläuft und dadurch leicht zu unterscheiden ist. Er wächst viel geselliger und erscheint manchmal in beträchtlicher Zahl in der dichten Nadelstreu unter Fichten, hauptsächlich an Waldrändern. Er ist gleichfalls eßbar. (Abgebildet auf Tf. 36.)

36. Safranschirmling *Lepiota (Macrolepiota) rhacodes* (Vitt.) Quél.

Familie: Freiblättler *(Agaricaceae)*
Tribus: Schirmlingartige *(Lepioteae)*

Kennzeichen: Dem Riesenschirmling (Tf. 35) ähnlich, läßt sich der Safranschirmling doch durch einige Merkmale gut von ihm unterscheiden. Anfangs ist auf dem Hut oft gar keine Schuppung erkennbar. Bald bricht die Oberhaut in trübgraubräunlich gefärbte, wirr zottige Schuppen auf. Nur die Hutmitte bleibt davon frei, während der Hutrand überstehende Fransen zeigt. Breite und Höhe erreichen nicht ganz die Ausmaße des Riesenschirmlings. Die weiße Farbe des Stieles geht nur schwach ins Bräunliche über, eine Bänderung ist mitunter angedeutet. Der Ring ist am Stiel nicht angewachsen und kann daher nach der Abtrennung vom Hutrand frei bewegt werden. Mit seinem knollig verdickten Grund steckt der Pilz so fest im Fichtennadelhumus, daß ihm beim Herausheben fast stets zahlreiche Nadeln anhaften. Am sichersten erkennt man die Art an der safranziegelroten Verfärbung, die nach Bruch oder Anschnitt fast augenblicklich überall eintritt. Bei großer Trockenheit aufgewachsene oder verkümmerte Stücke lassen diese Umfärbung manchmal vermissen.

Vorkommen: Der Pilz erscheint mit Vorliebe truppweise in der Fichtennadeldecke im Bereich der Waldränder oder in der Nähe alter Fichten und Tannen. Trockenheit des Standorts durch dichte Baumkronen beeinträchtigt das Wachstum kaum. Feuchte, für Pilze sonst günstige Plätze meidet er geradezu. Seine Vorliebe für die Nadelbäume beruht im Gegensatz zu der vieler Röhrlinge und Täublinge nicht auf der Verbindung von Baumwurzel und Pilzgeflecht, sondern auf den chemischen Besonderheiten des Nadelabfalls. Er gehört gleich den auf Wiesen wachsenden Pilzen zu den Humuszehrern.

Wert: Das trockene, bald watteartig werdende weiße, bei Bruch safranrot anlaufende Fleisch des jungen Pilzes mit seinem angenehmen, nußartigen Geschmack ergibt ein gutes Gericht. Das oft zahlreiche Vorkommen macht die geringere Größe gegenüber dem Riesenschirmling wieder wett. Im geschlossenen Zustand, den die kleinen Stücke unserer Abbildung zeigen, ist der Safranschirmling sehr zu empfehlen.

Ähnliche Arten: Auf den Riesenschirmling ist in der Beschreibung oben bereits Bezug genommen worden. Es gibt außerdem sehr viele kleinere Schirmlinge, von denen einige ebenfalls rötendes Fleisch haben. Unter ihnen befindet sich ein Giftpilz, der Fleischrötliche Schirmling, *Lepiota brunneo-incarnata* Chod. et Mart. Auf ihn wird auf S. 175 hingewiesen. Er ist allerdings in Deutschland sehr selten. Schuppighütige Egerlinge können Schirmlingen gleichen, insbesondere der Hohlstielige Riesenegerling, *Agaricus perrarus* Schulz. Seine Hutschuppen sind aber schöner goldbraun, mehr angedrückt, der Ring ist angewachsen, die Lamellen sind graufleischrot bis schwarzbraun, und der Pilz riecht angenehm mandel- oder anisartig.

Eßbar

37. Kleiner Blutegerling *Agaricus silvaticus* Schff. ex Secr.

Familie: Freiblättler *(Agaricaceae)*
Tribus: Egerlingartige *(Agariceae)*

Kennzeichen: Dieser Pilz gehört trotz seines nußbraunschuppigen Hutes zu den „Champignons", wie die Egerlinge oft genannt werden. Da der vielgesammelte Wiesenegerling weißen Hut hat, herrscht die irrtümliche Ansicht, „Champignons" müßten weiß sein. Wichtiger für die Gattungszugehörigkeit sind die Lamellen, die anfangs weißlich sind, sehr bald aber ins Graufleischrote übergehen und zuletzt ganz violettbraun werden. Sie stehen sehr dicht, erreichen den Stiel nicht ganz und sind hierin wie auch in der Eigenschaft des beringten Stieles, sich leicht aus dem Hut lösen zu lassen, den Wulstlingen und Schirmlingen (Nr. 29 bis 36) gleich. Am Stielgrund finden sich aber nie Flockengürtel oder Hautreste. Auf unserer Tafel zeigt der manschettenähnliche Ring des größten der drei Pilze oberseits eine schwärzliche Tönung. Sie rührt von den purpurschwarzen Sporen her, die bei beginnender Lamellenreife zu Hunderttausenden abgeworfen und nun als staubfeiner Belag auf Stiel und Ring abgesetzt werden. Bei unserer Art verfärbt sich das Fleisch nach dem Aufbrechen rasch blutrosa oder fleischrötlich. Es riecht etwa wie frisch gesägtes Buchenholz, also nicht anis- oder mandelähnlich wie bei vielen anderen Egerlingen.

Vorkommen: Der kleine Blutegerling bekundet eine besondere Vorliebe für dichte Fichtennadelstreu. In jüngeren Beständen findet man ihn hauptsächlich in Waldrandnähe, oft unter den reich beasteten Randbäumen, gesellig oder gar büschelig und fast vergraben, so daß nur die halbkugeligen Hüte zu sehen sind. Er ist nicht in allen Gegenden anzutreffen, schon deshalb nicht, weil er offenbar nur auf kalkhaltigen Böden, und zwar ab Juli, vorkommt.

Wert: Er gehört zu den guten Speisepilzen. Da er nesterweise auftritt, lohnt sich das Einsammeln.

Verwechslungen: Könnten allenfalls mit Schleierlingen (vgl. Nr. 43) eintreten, wären aber ungefährlich. Man achte auf die graurosa bis dunkelviolettbraun werdenden Lamellen und den Hautring am Stiel. Eine sehr nahestehende Art ist der Große Blutegerling, *Agaricus haemorrhoidarius* Schulz. Er ist größer, sein Fleisch läuft beim Anschneiden sofort tiefblutrot an. Doppelt so groß wird der Hohlstielige Riesenegerling, *Agaricus perrarus* Schulz., der an ähnlichen Orten vorkommt und sich durch goldbraune Hutschuppen, enghohlen Stiel und kaum verfärbendes, nach Anis riechendes Fleisch unterscheidet.

38. Dünner Anisegerling *Agaricus silvicola* (Vitt.) Peck

Familie: Freiblättler *(Agaricaceae)*
Tribus: Egerlingartige *(Agariceae)*

Kennzeichen: Auf weißseidigem, schlankem Stiel sitzt ein anfangs glockiger, oft eigenartig abgestutzt kegeliger H u t von gelblicher bis reinweißer Farbe. Seine Oberhaut neigt dazu, feine Schüppchen zu bilden, kann aber auch geschlossen und glatt bleiben. Sie glänzt mattseidig und läßt sich leicht völlig abziehen. Wie bei allen Egerlingen oder „Champignons" ist auch hier die Farbe der dicht stehenden L a m e l l e n das wichtigste Kennzeichen. Anfangs graulichweiß, nehmen diese frühzeitig einen rötlichen Ton an, der bald immer mehr in ein reines Kaffeebraun übergeht. Der hohle S t i e l trägt einen Hautring, dessen Unterseite am Rand in eckige Felder zerlegt ist; dadurch gleicht er etwas einem aufgehefteten Zahnradring. Sehr oft ist der Stielgrund knollig angeschwollen mit ebener, wie abgestutzter Grundfläche. Das F l e i s c h ist im Hut nur sehr dünn; zuerst weiß, nimmt es im älteren Zustand dunkle, fast schwärzliche Töne an. Bei Berührung flecken Hut und Stiel chromgelb. Der Geruch ist sehr angenehm süß anisähnlich, doch sollte man sich nicht allein auf dieses Kennzeichen verlassen.

Vorkommen: Der Dünne Anisegerling ist sowohl im Laub- wie im Nadelwald heimisch. Er liebt milden Waldhumus, besonders gehäufte Nadeln, dichte Laubdecke und Orte, an denen Waldkräuter unter Brombeergesträuch wachsen. Meist stehen mehrere Pilze beisammen, indem sie eine Reihe oder gar einen geschlossenen Hexenring bilden. Er wird vom Mai bis November gefunden.

Wert: Man wird diesen Egerling den wohlschmeckenden Arten zurechnen dürfen, wenn sich auch der süßliche Geschmack beim Kochen nicht ganz verliert. Als Pilzsalat oder sauer zubereitet schmeckt er ausgezeichnet.

Verwechslungen: An ähnlichen Standorten wächst der vielgestaltige, stämmigere S c h a f e g e r l i n g , *Agaricus arvensis* Schff. ex Fr., der auch außerhalb des Waldes gedeiht, vielleicht aber nicht einmal artverschieden ist. Nur auf Wiesen und Grastriften erscheint schon ab Juni, weite Ringe bildend, der weiße W i e s e n e g e r l i n g , *Agaricus campestris* L. ex Fr., mitunter in riesigen Mengen. Die schöne Rosafarbe der jungen Lamellen und der dünne, einfach gebaute Ring am abwärts verdünnten Stiel kennzeichnen ihn gut. Im Walde können beim Sammeln junger weißer Egerlinge Verwechslungen mit weißen Knollenblätterpilzen vorkommen. Da diese tödlich giftig sind, ist äußerste Vorsicht am Platze. Knollenblätterpilze besitzen eine hautartig berandete Stielknolle und weiß bleibende Lamellen (vgl. Tf. 29 und 30 sowie S. 174). Zu achten ist ferner auf den schwachgiftigen G i f t e g e r l i n g (siehe Tf. 39 und S. 177).

Schwach giftig

39. Giftegerling, Blasser Tintenegerling

Agaricus xanthoderma Gen.
Familie: Freiblättler *(Agaricaceae)*
Tribus: Egerlingartige *(Agariceae)*

Einem Dünnfleischigen oder Schafegerling so ähnlich, daß erst in neuerer Zeit die Art von diesen unterschieden wurde.

Kennzeichen: Der anfangs weiße H u t wird bei trockenem Wetter oder im Alter graulichgelb, besonders von der Mitte her. Zugleich springt die Oberhaut in feine, deutlich bräunende Schuppen auf. Die anfangs schön rosafarbenen L a m e l l e n verfärben sich mit dem Reifen ihrer Sporen graufleischrot bis violettbraun. Sie erreichen den Stiel nicht; man nennt sie daher frei. Der unten etwas knollige S t i e l trägt einen oberseits glatten, außen wulstig gerandeten und unterseits dickflockigen Ring. Seinem Grund haften öfters als bei anderen Egerlingarten weiße, wurzelähnliche Stränge an. Hut und Stiel verfärben sich bei Berührung sofort chromgelb, ebenso das F l e i s c h in der angeschnittenen Stielknolle. Der Geruch ist durchaus unangenehm, Tinte oder Karbol vergleichbar, besonders wenn man den Pilz zerreibt.

Vorkommen: Dieser nur stellenweise häufigere „Champignon" scheint auf Kalk- oder Lehmböden beschränkt zu sein. Gern steht er unter Fichten an Waldrändern, in Gebüschen und auf Abfallplätzen, oft in dicht bestandenen Hexenringen, in denen sogar viele Stücke büschelig verwachsen sein können. In warmen Sommern ist er häufiger, kommt aber bis Oktober vor.

Giftigkeit: Zweifellos wurde die Art, auf die alle Kennzeichen der Gattung zutreffen, schon oft als „Champignon" mitverzehrt. Der beim Kochen sich entwickelnde widerliche Karbolgeruch verbietet eigentlich schon den Genuß. Geringe Mengen mögen unschädlich sein; es wird aber auch von erheblichen Verdauungsbeschwerden berichtet. Der Pilz ist daher vom Genuß auszuschließen.

Verwechslungen: Sie sind leicht möglich, da die auffallend schön rosafarbenen Lamellen des jungen Pilzes sehr an diejenigen des W i e s e n e g e r l i n g s , *Agaricus campestris* L. ex Fr., erinnern. Dieser hat aber dünnen, einfachen Ring, knollenlosen, nicht gilbenden Stielgrund, angenehmeren Geruch und Standort auf Wiesen. Der D ü n n e A n i s e g e r l i n g (Tf. 38), der sich bei Berührung nur äußerlich gelb verfärbt, besitzt einen überaus feinen, süßen Duft nach Anis. Seine jungen Lamellen sind graulich und werden nach und nach fleischrötlich. Er ist ein Waldbewohner. Eine Abart des Giftegerlings, der P e r l h u h n e g e r l i n g , var. *lepiotoides* R. Mre., erhielt seinen bezeichnenden deutschen Namen durch den verdienten Pilzforscher Julius Schäffer. Sie weicht durch ihren dicht mit grauschwarzen Schuppen bedeckten Hut beträchtlich von unserem hellen Giftegerling ab.

40. Rauchblättriger Schwefelkopf

Nematoloma capnoides (Fr.) Karst.
Familie: Dunkelblättler *(Strophariaceae)*
Tribus: Träuschlingartige *(Stropharieae)*

Kennzeichen: Wegen seines büschelig gehäuften Wachstums fällt der Pilz schon von weitem auf. Die anfangs blaßgelben H ü t e werden später in der Mitte ockerrostig und zeigen bei nassem Wetter einen grauocker durchfeuchteten Rand. Der Hutrand trägt oft die Reste eines Gewebesaumes, der sich in früher Jugend zwar bis zum Stiel ausspannt, hier aber wegen seiner äußerst zarten Beschaffenheit nicht als Ring zurückbleiben kann (vgl. Egerlinge Nr. 37 und 38). Die L a m e l l e n des jungen Pilzes sind ganz blaßgelb; sie verfärben sich mit der Sporenreife über Graulila nach Schwarzviolett. Der feine Sporenstaub fällt dann aus den Lamellen der größeren Hüte auf darunter stehende kleinere, so daß man die purpurbraune Sporenschicht mit dem Finger abwischen kann. Auch auf unserer Tafel zeigen jene Hüte, die von dem größten Exemplar überdeckt sind, eine solche Dunkeltönung. In der Sporenfarbe hat der Pilzfreund ein wichtiges Hilfsmittel für die Bestimmung: Ein vom Stiel abgeschnittener, sporenreifer Hut, auf weißes Papier gelegt, wirft innerhalb weniger Stunden so viele Sporen ab, daß die Staubfarbe eindeutig festzustellen ist. Man erhält dabei ein hübsches Muster der Lamellenanordnung. Die dünnen, verbogenen S t i e l e unseres Schwefelkopfes sind oben wie der Hut blaßgelb, abwärts nehmen sie außen wie innen eine rostige Färbung an. Das F l e i s c h schmeckt durchaus mild, ohne eine Spur von Bitterkeit, die bei anderen Schwefelkopfarten die Regel ist.

Vorkommen: Schon im ersten Frühjahr beleben sich die Stümpfe der Fichten, seltener die von anderen Nadelhölzern, mit den dichten Büscheln dieses Pilzes. Nach einer sommerlichen Unterbrechung setzt vom September an erneutes und vermehrtes Wachstum ein, das bis in den späten November anhält. Die Fruchtkörper entstehen dabei zwischen der sich ablösenden Borke und dem Splintholz aus einem spinnwebartigen Fadengeflecht, das im Holz wuchert und an seiner Vermorschung wesentlichen Anteil hat.

Wert: Der Rauchblättrige Schwefelkopf verdient als recht wohlschmekkender Speisepilz größere Beachtung. Die zähen Stiele werden nicht verwendet.

Verwechslungen: Sehr ähnlich ist der gallenbittere, völlig ungenießbare G r ü n b l ä t t r i g e S c h w e f e l k o p f, *Nematoloma fasciculare* (Huds. ex Fr.) Karst., mit schwefelgelbem Stiel und Fleisch und anfangs grünen Lamellen. Er kommt ebenso häufig auch auf Laubholz vor und stellt sich gern auf den beim Roden von Obstbäumen im Boden verbliebenen Holzresten ein (Abb. Tf. 41).

41. Grünblättriger Schwefelkopf

Nematoloma fasciculare (Huds. ex Fr.) Karst.
Familie: Dunkelblättler *(Strophariaceae)*
Tribus: Träuschlingartige *(Strophariеae)*

Kennzeichen: Ein Vergleich mit dem Rauchblättrigen Schwefelkopf (Tf. 40) zeigt die große Ähnlichkeit beider Arten. Der Hut ist beim Grünblättrigen reiner schwefelgelb. Die jungen Lamellen sind geradezu grün. Mit der Ausbildung der Sporen werden sie violettbraun und überstreuen die Hüte der im Büschel unter ihnen stehenden Pilze mit ihrem dunklen Sporenstaub. Der anfangs die Lamellen verhüllende, spinnwebige Faserschleier ist später nur noch als Saum am Hutrand sichtbar. Der Stiel verrät durch seine Schwefelfarbe in der oberen Hälfte den „Grünblättrigen", wenn andere Teile verblaßt oder ockerrötlich verfärbt sind. Das Fleisch ist bis auf den bräunlichen Stielgrund schwefelgelb und schmeckt äußerst bitter.

Vorkommen: Schon vom Mai an in Büscheln an alten Baumstümpfen oder Wurzeln, in Obstgärten auf Wurzelresten gerodeter Bäume. Scheinbar entspringen dann die Fruchtkörper der oft wieder geschlossenen Rasennarbe. Noch im Dezember können frische Pilze erscheinen, oft so dicht, daß Stümpfe und Wurzelanläufe von den Pilzhüten völlig überdeckt sind.

Wert: Der Pilz ist wegen seiner ausgeprägten Bitterkeit völlig ungenießbar. Früher galt er als giftig.

Verwechslungen: Die Ähnlichkeit mit dem Rauchblättrigen Schwefelkopf wurde schon erwähnt. Dieser besitzt blaßockergelbe, später rauchgraue Lamellen. Schwefelfarbe fehlt ihm gänzlich. Eine kleine Geschmacksprobe entscheidet sofort: Sein Fleisch schmeckt ganz mild, ohne Spur von Bitterkeit. Der Ziegelrote Schwefelkopf, *Nematoloma sublateritium* (Fr.) Karst., hat doppelt bis dreimal so breiten Hut von meist lebhaft ziegelroter Farbe, die ihn schon genügend von den nahestehenden Arten unterscheidet. Junge Pilze haben gelbe, haarige Schuppen auf dem Hut. Auch dieser, nur Laubholz besiedelnde Schwefelkopf ist ungenießbar. Anfänger können öfters das Stockschwämmchen (Tf. 42) nicht von Schwefelköpfen unterscheiden. Die braungelben Hütchen, das Büschelwachstum und das gelegentlich zu beobachtende Zusammenvorkommen am gleichen Baumstumpf mögen bei oberflächlicher Betrachtung irreführen; die Unterseite beim Stockschwämmchen ist aber weder gelb noch grün noch rauchgrau, sondern blaß-, hell- oder dunkelrostbraun. Der Stiel ist braun geschuppt und deutlich beringt. Braunwerdende Lamellen gibt es auch bei den Flämmlingen (Gattg *Gymnopilus*), von denen einige durch Büschelwachstum und Schwefelfarbe den Schwefelköpfen täuschend ähnlich sein können. Mehrere unter ihnen sind bitter und daher ungenießbar.

42. Stockschwämmchen

Pholiota (Kuehneromyces) mutabilis (Schff. ex Fr.) Kumm.
Familie: Dunkelblättler *(Strophariaceae)*
Tribus: Schüpplingartige *(Pholioteae)*

Kennzeichen: Der Hut dieses Laubholzbewohners hat im frischen Zustand eine durchfeuchtete und dadurch dunklere Randzone. Beim Austrocknen nimmt er von innen nach außen fortschreitend eine viel hellere Ockerfarbe an. Die gebuckelte Mitte ist fuchsrötlich getönt. Die Oberhaut ist glatt und fühlt sich etwas fettig, bei Regen schmierig an. Die blaßbraunen Lamellen werden durch die reifenden Sporen (vgl. auch Nr. 40) kakaobraun, und alsbald wird auch die Umgebung des Pilzes braunbestäubt. Der Stiel ist mit abstehenden Schüppchen besetzt, die bis zu der Haut heraufreichen, welche den Stiel mit dem Hutrand verbindet und am erwachsenen Pilz als Stielring erhalten bleibt. Das Fleisch des dünnen Hutes hat bräunliche Farbe und würzigen Geruch. Im Stiel ist es dunkler und faserigzäh.

Vorkommen: Das Stockschwämmchen hat eine ausgeprägte Vorliebe für die Stümpfe der Buchen und anderer Laubbäume. Vom Mai ab gehört es zu den häufigsten Holzbewohnern. Auch an Bachläufen überraschen mitunter reiche Ernten auf Pappel- und Erlenstümpfen, die über und über mit den Pilzen besetzt sind und einen hübschen Anblick bieten. Eine seltene Ausnahme bildet das Vorkommen dieser Art auf Nadelholz. Aber die Büschel erreichen hier nicht so großen Umfang.

Wert: Das Stockschwämmchen wird als Suppenpilz schon seit langem sehr geschätzt. Auch gebraten entwickelt es ein kräftiges, angenehmes Aroma. Wenn auch am einzelnen dünnen Hütchen nicht viel dran ist, so tritt der Pilz doch so gehäuft auf, daß ein einziger Baumstumpf eine reichliche Mahlzeit liefern kann. Beim Einsammeln läßt man die zähen Stiele gleich draußen. Lamellen und Huthaut werden mitverwendet. Das verlangt aber, daß alle Verunreinigungen durch Humus, Holzteilchen usw. sorgfältig beseitigt werden müssen.

Verwandte: Die zahlreichen Vertreter der Gattung Schüppling *(Pholiota)* an Holz und auf dem Erdboden kommen für den Praktiker nicht in Betracht. Unter den größeren, meist ebenfalls büschelig wachsenden Arten gibt es einige, die durch freudig-gelbe Farbe und starke Beschuppung des Hutes auffallen. Hier sei nur der Sparrige Schüppling, *Pholiota squarrosa* (Pers. ex Fr.) Kumm., erwähnt, der zur Herbstzeit in dicken Büscheln mit Vorliebe am Grunde lebender Obstbäume hervorbricht. Als Speisepilz ist er minderwertig. Andere Arten besiedeln sogar in mehreren Metern Höhe die absterbenden Äste und Stämme. Man verwechsle das Stockschwämmchen nicht mit ähnlich wachsenden Schwefelköpfen, von denen die bitter schmeckenden ungenießbar sind (vgl. Tf. 40 und 41).

43. Reihiger Klumpfuß

Cortinarius (Phlegmacium) glaucopus (Schff.) Fr.
Familie: Schleierblättler *(Cortinariaceae)*
Tribus: Schleierlingartige *(Cortinarieae)*

Kennzeichen: Dieser Pilz steht hier als Beispiel für die überaus artenreiche Gesamtgattung Schleierling *(Cortinarius)*. Es gibt mehrere hundert Arten, die alle im ersten Jugendzustande einen spinnwebähnlichen Schleier zwischen Hutrand und Stiel ausgespannt besitzen. Die sehr unterschiedlichen Lamellenfarben gehen im Alter einheitlich in ein schönes Rostbraun über, und die herabfallenden Sporen fangen sich am Stiel in den fädigen Resten des Schleiers und färben sie rostbraun. Diese Verhältnisse sind bei den umgelegt dargestellten Pilzen deutlich zu sehen. Neuerdings sind viele Arten als eßbar erprobt worden. Den Reihigen Klumpfuß erkennt man am anfangs grünlich gerandeten Hut, dessen Farbe später entweder schön rostorange, wie die dargestellte Form, oder aber matter und trüb ockerbraun bis graugrünlich wird. Die Lamellen zeigen erst ein reines Lila, dem sich bald bräunliche Töne beimischen. Der mehr oder weniger deutlich gerandet-knollige Stiel hat etwa die Farbe des Hutes; nur die Spitze ist lilablau, die Knolle unterwärts blaß. Das Fleisch ist im Stiel oben lila durchzogen, sonst weiß mit einem Stich ins Gelbliche.

Vorkommen: Der Pilz wächst vom August an in weiten Kreisen dichtgedrängt im Fichten- wie auch im Laubwald. Oft sind es Hunderte von Fruchtkörpern, die eng aneinander gedrückt, mit ihren kurzen Knollenfüßen im Erdboden steckend, sich hervordrängen. Dann kann man junge und ältere Stücke nebeneinanderhalten und wird erstaunt sein, welche Wandlungen der Pilz durchmacht. Einzelne Fundstücke zu bestimmen, ist bei Schleierlingen eine unsichere Sache. Unsere Art ist eine der häufigsten unter den Klumpfüßen, mit welchem Namen man eine Teilgruppe der Gattung bezeichnet.

Wert: Der Speisewert des Reihigen Klumpfußes ist nicht gerade groß, doch ist die Art wenigstens ergiebig. Am besten mischt man sie mit anderen Pilzen.

Verwechslungen: Ähnliche Arten gibt es mehrere. Ihre Unterscheidung verlangt eingehende Studien. Doch ist unter den Klumpfüßen bisher noch kein Giftpilz bekannt geworden. Anders steht es damit in der nahe verwandten Gattung Rißpilz *(Inocybe)*, die zahlreiche Arten mit Giftwirkung enthält. Sie sind durch kegelige, meist kleine Hüte und erdfarbene oder olivbraune Lamellen gekennzeichnet. Zu den gefährlichsten unter ihnen gehört der Ziegelrote Rißpilz, *Inocybe patouillardii* Bres., mit weißlichem, dann rötendem Hut, der zwar nicht mit Schleierlingen, wohl aber schon mit weißen Egerlingen verwechselt wurde. Zwei weitere giftige Arten sind auf Tf. 45 und 46 abgebildet, außerdem eine weitere Art der Schleierlinge auf Tf. 44.

44. Runzeliggeriefter Schleimfuß

Cortinarius (Myxacium) mucifluus Fr.
Familie: Schleierblättler *(Cortinariaceae)*
Tribus: Schleierlingartige *(Cortinarieae)*

Die Schleimfüße bilden eine Untergattung der artenreichen Schleierlinge *(Cortinarius)*. Bei feuchtem Wetter sind Hut und Stiel von einer dicken Schleimschicht bedeckt. Die Verbindung zwischen Hutrand und Stiel gleicht mehr einer Schleimhaut als einem Fadenschleier.

Kennzeichen: Der Runzeliggeriefte Schleimfuß besitzt einen schiefergrauen bis ockergelben Hut, manchmal randwärts mit violettlicher Beimischung. Die Mitte wird später zumeist dunkler, der Rand oft runzeligrippig und zuletzt wellig. Die breiten Lamellen sind anfangs grauviolettlich mit blasser Schneide und nehmen allmählich eine bräunliche bis rostbraune Farbe an. Der schlanke Stiel ist weißlich, dabei meistens mit violetter Tönung, abwärts wurzelnd verjüngt mit Andeutung eines Ringes, der von den zurückbleibenden Schleierresten herrührt. Das Fleisch ist weißlich, im Stiel oft violettlich und riecht nur schwach.

Vorkommen: Als ausschließlicher Laubwaldbewohner wird diese Art auf mergeligen oder tonigen Böden im reinen oder mit Eichen gemischten Buchenwald zahlreich angetroffen. Vom Sommer an bis in den Herbst hinein gehört sie hier zu den Charakterpilzen.

Wert: Ein gut brauchbarer Eßpilz; nur ist er frisch von solch glitschiger Schleimigkeit, daß das Sammeln und Zubereiten nicht gerade zu den angenehmen Beschäftigungen gehört.

Verwandte Arten: Es gibt eine ganze Reihe ähnlicher Arten. Sie können kaum zu Verwechslungen mit Giftpilzen Anlaß bieten. Sehr nahe steht der viel größere Hohe Schleimfuß, *Cortinarius (Myxacium) elatior* Fr., mit gröberen Hutrippen und breiten, aderig gerippten Lamellen. Der Stiel des ebenfalls eßbaren Natternstieligen Schleimfußes, *Cortinarius (Myxacium) trivialis* Lge., ist mit gürtelartig angeordneten, feucht gequollenen Ringen geziert. Größe und Färbung sind sehr ähnlich. Kräftiger fuchsrot ist die Farbe des Heideschleimfußes, *Cortinarius (Myxacium) mucosus* Bull. ex Fr. Seine Lamellen sind freudiger rostrot, der Stiel ist reiner weiß und auch kräftiger. Die Art begleitet die Kiefern auf sandigem Boden, während eine weitere Form mit violettem Stiel im Bergnadelwald unter Fichten und Tannen häufig vorkommt (*Cortinarius collinitus* Pers. ex Fr.). Mit diesen Schleimfüßen könnte man den Zigeuner oder Reifpilz (Tf. 47) verwechseln. Er kann in Farbe und Wuchsform entfernt ähnlich werden, ist aber nie schleimig und hat eine flockig bereifte Hutmitte sowie am Stiel einen schmalen, häutigen Ring. Ebenso gibt es einige ähnliche Vertreter unter den Schleimköpfen (Untergattung *Phlegmacium* der Schleierlinge), die sich vor allem durch den nie schleimigen Stiel und die wahrhaft spinnwebigen Schleierfäden unterscheiden lassen (vgl. Tf. 43). Da giftige Schleimköpfe und Schleimfüße unbekannt sind, wäre eine Verwechslung vom Standpunkt des Pilzessers aus unbedenklich.

45. Kegeliger Rißpilz *Inocybe fastigiata* (Schff. ex Fr.) Quél.

Familie: Schleierblättler *(Cortinariaceae)*
Tribus: Rißpilzartige *(Inocybeae)*

Kennzeichen: Der H u t durchbricht den Boden als schmaler Kegel und wird später glockig-geschweift mit bleibendem Buckel. Seine Strohockerfarbe kann ins Weißliche und sogar ins Braune abgewandelt sein. Zwischen den strahlig verlaufenden Fasern der bald am Rand einreißenden Huthaut wird das Fleisch in schmalen Striemen sichtbar. Die L a m e l l e n gehen bald in Olivgrün über, behalten aber eine fein-weißflockige Schneide. Der erst weiße, dann blaßockerfarbene und zuletzt braune S t i e l kann schmächtig, aber auch stämmig und lang sein. Später heben sich seine Längsfasern und die weißen Schüppchen deutlich ab. Hutrand und Stiel sind anfangs durch feine Fasern verbunden. Das gelblichweiße, im Stiel schmutzig-bräunliche F l e i s c h ist längsfaserig und hat den vielen Rißpilzen eigentümlichen spermatischen „Inocybegeruch".

Vorkommen: Die Art fällt durch ihre Größe, die typischen Formen und schöne Gelbfarbe auf. Sie ist nirgends selten. Von Juni an kommt sie in Laub- und Nadelwäldern, in Parkanlagen, auf Rasenstücken, an den Waldstraßen und Waldwegen in kleinen Gruppen vor. Zwischen moderndem Fichtenreisig oder gehäuftem Buchenlaub entwickeln sich besonders große Fruchtkörper.

Giftigkeit: Der Kegelige Rißpilz gehört nach seinem neuerdings festgestellten hohen Muscaringehalt zu den stark giftigen Arten. Da sogar der Spezialist oftmals vor einer schwierigen Aufgabe steht, wenn er die Arten auseinanderhalten soll, unterlasse der Pilzsammler alle Kostversuche mit Rißpilzen.

Verwechslungen mit anderen Gattungsvertretern können leicht vorkommen. Kennzeichnende Merkmale der Gattung R i ß p i l z *(Inocybe)*: Kegelig gebuckelter Hut mit kleinschuppig aufgelöster oder geglättetseidiger Haut, aschgraue bis olivgetönte Lamellen mit oft weißer Schneide und wenigstens an der Spitze fein weißmehligem Stiel. Die meisten Arten erreichen kaum 4 cm Durchmesser. Es gibt einen dem Kegeligen Rißpilz ähnlichen, ebenfalls giftigen Doppelgänger, den der deutsche Pilzforscher Adalbert Ricken nach den zapfighöckerigen Sporen den Z a p f e n s a m i g e n R i ß p i l z (*Inocybe praetervisa* Quél.) nannte. Der gelbe Hut ist kleiner und weniger rissig, der Stiel weiß oder leicht getönt und am Grunde in ein gerandetes Knöllchen erweitert. Die höckerigen Sporen dieser Art und ihrer Verwandten sind von den länglich eiförmigen in der Gruppe um den Kegeligen Rißpilz unter dem Mikroskop auf den ersten Blick zu unterscheiden.

46. Erdfaserkopf, Seidenrißpilz

Inocybe geophylla (Sow. ex Fr.) Kumm.
Familie: Schleierblättler *(Cortinariaceae)*
Tribus: Rißpilzartige *(Inocybeae)*

Kennzeichen: Der H u t ist meistens glänzend reinweiß (linke Gruppe der Tafel), weniger häufig schwach bis kräftig lila (rechte Gruppe); es gibt sogar gelblich getönte Abarten (mittlere Gruppe), deren Zugehörigkeit schwerer zu erkennen ist. Er ist stets kegelig, dann glockig, bleibend kleingebuckelt mit seidiger, feinfaseriger, radial nur wenig einreißender Haut. Am jungen Pilz ziehen bald verschwindende, spinnwebartige Fasern vom Hutrand zum Stiel. Die zuerst grauweißlichen L a m e l l e n dunkeln allmählich zu trübem Olivbraun. Ihre Scheide bleibt weiß gewimpert. Der sehr schlanke S t i e l ist gewöhnlich schwach gebogen, weiß oder der Hutfarbe entsprechend getönt. Der Stielgrund ist nur wenig verdickt. Das weiße F l e i s c h hat einen widerlichen, sehr charakteristischen, bei vielen Rißpilzarten wiederkehrenden Geruch.

Vorkommen: Diese verbreitetste aller Rißpilzarten tritt vom Sommer an mit zunehmender Häufigkeit bis zum Spätherbst scharenweise im Laub-Nadelwald auf, vor allem in jüngeren Fichtenbeständen, auch im Rasen, unter einzelnen Bäumen und in Gebüschnähe. Die Beschaffenheit des Untergrundes spielt dabei keine Rolle.

Giftigkeit: Gleich vielen anderen Rißpilzen enthält die Art das schwere Pilzgift Muscarin. Bei ihrer Kleinheit wird schon die geringe Ergiebigkeit vom Sammeln abhalten. Vor Kostproben muß jedenfalls dringend gewarnt werden.

Ähnliche Arten: Von den sehr vielen Arten der Gattung R i ß p i l z *(Inocybe)*, unter denen mehrere weiße sind, können die meisten nur mit Hilfe des Mikroskops unterschieden werden. Die kräftiger gebauten sind manchen Ritterlingen sehr ähnlich. Am gefährlichsten ist der Z i e g e l r o t e R i ß p i l z , *Inocybe patouillardii* Bres. Hut und Stiel verfärben sich in Streifen und Flecken langsam ziegelrot. Es wurde schon mit M a i r i t t e r l i n g e n verwechselt. Diese riechen aber nach Mehl und bleiben weiß bis rahmgelblich, während die Lamellen der Rißpilze grauoliv werden. Beim Ziegelroten tritt die Rotverfärbung hinzu. Anfänger glauben deshalb, C h a m p i g n o n s vor sich zu haben, die aber am Stiel einen Ring besitzen. Begünstigt werden solche Verwechslungen dadurch, daß Mairitterlinge, Egerlinge (Champignons) und Ziegelroter Rißpilz mitunter am gleichen Standort und zur gleichen Zeit vorkommen. Wer Gerüche zuverlässig ansprechen kann, mag auch dieses Hilfsmittel mit zu Rate ziehen. Er wird den Mehlgeruch des Mairitterlings vom strengen bis aromatischen Obstgeruch des Ziegelroten Rißpilzes und von dem Anisduft der gelb anlaufenden Egerlinge leicht unterscheiden.

47. Reifpilz, Zigeuner *Rozites caperata* (Pers. ex Fr.) Karst.

Familie: Schleierblättler *(Cortinariaceae)*
Tribus: Schleierlingartige *(Cortinarieae)*

Kennzeichen: Der Pilz ist bei uns der einzige Vertreter seiner Gattung *(Rozites)*. Sein besonderes Merkmal, das ihn von der Gattung Schüppling *(Pholiota)* trennt, ist die feinflockige Außenhülle, die auf dem H u t als weißlicher Reif bis zuletzt erhalten bleibt. Der Ockerfarbe ist beim jungen Pilz oft ein eigentümlich wäßriges Lila beigemischt. Der schmale Ring am S t i e l , wie in allen entsprechenden Fällen der Rest einer „inneren Hülle", ist anfangs immer, später weniger deutlich erkennbar. Meistens trägt der Stiel einige seidigflockige, weiße Gürtel, die auf dem liegend dargestellten Pilz unserer Tafel gut zu erkennen sind. Die hellbraunen, dichtstehenden L a m e l l e n bilden am Stiel eine geringfügige Ausbuchtung, lassen seine Spitze aber, im Gegensatz zu Wulstlingen (Nr. 29 bis 34) und Egerlingen (Nr. 37 und 38), nicht frei, sondern reichen an sie heran. Das blaßholzfarbige F l e i s c h ist fest und saftig, oft wäßrig durchzogen, im Stiel auffällig längsfaserig, ohne zäh zu sein.

Vorkommen: Dieser oft recht stämmige Pilz kommt hauptsächlich im Kiefernwald oder mit Kiefern durchsetzten Fichten- und auch Laubwald vor. Auf Kalkböden wird man ihn aber vergeblich suchen. Er ist geradezu ein Zeiger für sandige Böden. Wenn Bürstenmoose, Heidelbeer- und Heidekrautgesträuch überwiegen und dazu noch Torfmoose sich stellenweise breitmachen, dann ist auch der Reifpilz nicht weit weg. In Gruppen gesellig wachsend, teilt er oft den Standort mit Maronenpilz (Nr. 6), Kahlem Krempling (Nr. 12) und Pfifferling (Nr. 62). Im Schwarzwald z. B. ist er ein überall vorkommender Herbstpilz. Im Keupergebiet hält er sich dagegen genau an die Sandstein führenden Horizonte und folgt der Kiefer nicht auf die Mergelböden.

Wert: Der Reifpilz, der in manchen Gegenden auch „Zigeuner" genannt wird, ist leider oft madig. Für die Küche eignet er sich als ergiebiger, sehr schmackhafter Speisepilz ausgezeichnet und ist für alle Arten der Zubereitung zu empfehlen.

Verwechslungen: Große Ähnlichkeit zeigen einige ungiftige Arten der Gattung S c h l e i e r l i n g e *(Cortinarius)*, haben aber statt des Hautringes spinnwebartige Fäden zwischen Hutrand und Stiel; ältere Pilze bekommen kräftig rostbraune Lamellen. Der Unerfahrene könnte sogar an Egerlinge (Champignons) denken; diese sind aber nicht ockerfarbig, sondern weiß oder braunschuppig und haben nicht bräunliche, sondern rosafleischfarbene bis kaffeebraune Lamellen.

48. Riesenrötling *Rhodophyllus sinuatus* (Bull. ex Fr.) Sing.

Familie: Rotblättler *(Rhodophyllaceae)*

Kennzeichen: Diese sehr ansehnlich werdende Pilzart stellen wir in einer etwas abweichenden Wuchs- und Farbform dar. Das helle Grauocker des für gewöhnlich stumpfen und bleibend gebuckelten, bis 20 cm breiten Hutes ist nur ausnahmsweise so stark aufgehellt wie bei den jüngeren Stücken auf unserer Tafel. Die Oberhaut ist schwach klebrig, glatt oder fein längsgefasert und in kleinste Schüppchen aufgelöst. Unterseits finden sich auffallend breite, bauchig hervortretende Lamellen von anfangs eigenartig rahm- bis bananengelblicher Farbe, welche bald durch die Sporenentwicklung in Rosafleischrot übergeht. Am Stiel findet sich wie bei den Ritterlingen eine ringsum laufende Vertiefung („Burggraben"). Der Stiel ist stämmig, fest, aber auch schlanker, oft verkehrt keulig oder am Grunde etwas knollig. Seine Oberfläche ist weiß mit graulichem Ton, schwach wellig und seidig glänzend. Das weiße Fleisch ist im Stiel ausgeprägt längsfaserig und riecht kräftig nach frischem Mehl. Dieser bei vielen Pilzarten häufige Geruch ist nur zusammen mit weiteren Merkmalen ein brauchbares Kennzeichen.

Vorkommen: Ausschließlich in reinen oder gemischten Laubholzbeständen, und zwar im dichten Stangenholz wie in lichteren Waldungen mit kräuterreichem Unterwuchs oder in weitständigen Altbuchenforsten. Man trifft ihn in Gruppen und Reihen bis weit in den Herbst hinein in stark wechselnder Häufigkeit, oft auf lehmigen oder tonigen Böden, selten auf lockerem Sand.

Giftigkeit: Schon kleine Mengen rufen schwere Störungen der Verdauungsorgane hervor. Die Art gehört somit zu den ernst zu nehmenden Giftpilzen, wenn auch tödliche Vergiftungen nicht bekannt geworden sind.

Verwechslungen: Die schlanken, blassen Formen können besonders leicht verkannt werden, aber keiner der ähnlichen Rötlinge erreicht die Größe unserer Art. Von ihnen gelten als schwach giftig der Niedergedrückte Rötling, *Rhodophyllus rhodopolius* (Fr.) Quél., mit silbergraulichem, in feuchtem Zustand dunkler durchwässertem Hut, ohne Mehlgeruch, und der noch kleinere Stinkende Rötling, *Rhodophyllus nidorosus* (Fr.) Quél., mit einem starken, stechenden Geruch, ähnlich Ammoniak oder Salpetersäure. Beide Arten sind ebenfalls Laubwaldbewohner und einander sehr ähnlich. Über den viel kleineren Pflaumenrötling mit herablaufenden Lamellen sind im Text zu Tafel 51 (Weißer Gifttrichterling) weitere Angaben zu finden. Unter den Trichterlingen ist die Graukappe (Tf. 49) in Größe und Farben oft recht ähnlich, sie hat aber herablaufende, weiße, dann gelbliche und nie rötliche Lamellen und riecht nicht nach Mehl. Mehlgeruch besitzt hingegen der Mairitterling, *Calocybe georgii* (Clus. ex Fr.) Kühn. Seine Lamellen bleiben weiß. Er wächst im Frühling und Frühsommer in Kreisen und Reihen auf Wiesen und Grasplätzen, seltener im dichten Wald. Mehrere mit ihm zusammen auftretende Rötlingsarten sind stets durch die rötliche Lamellenverfärbung, meist auch durch dunkleren Hut unterschieden.

49. Nebelgrauer Trichterling, Graukappe

Clitocybe nebularis (Batsch ex Fr.) Kumm.
Familie: Hellblättler *(Tricholomataceae)*
Tribus: Ritterlingartige *(Tricholomateae)*

Kennzeichen: Der H u t dieses häufigen Herbstpilzes ist von Anfang an hellgrau, der Rand etwas eingerollt, später ausgebreitet und unregelmäßig wellig geschweift. Die gebuckelte Mitte flacht sich später ab, ohne eine eigentliche Trichterform zu bilden, wie sie sonst in der Gattung Trichterling *(Clitocybe)* üblich ist. Reifartige weiße Flöckchen auf dem Hut sind nicht selten und bilden sich vor allem um Fremdkörper wie Erdkrumen oder anhaftende Nadeln. Ein wichtiges Kennzeichen ist das bogige Herablaufen der weißlichen, später etwas rahmgelblichen L a m e l l e n am Stiel. Das bewirkt auch, daß der Hut recht dickfleischig ist. Der weißliche S t i e l ist oft uneben, netzig-riefig und unten meist verdickt. Er trägt keine Spur eines Ringes. Das weiße F l e i s c h riecht würzig, aber doch etwas unangenehm; anfangs fest, wird es beim erwachsenen Pilz wergig-weich.

Vorkommen: Auch dieser Pilz wächst in weit ausholenden, dichtbestandenen Ringen wie der Violette Ritterling und der Lilastiel (vgl. Nr. 60). Vom September an drängen die Graukappen aus tiefem Nadel- oder Laubhumus hervor, oft mit dem Violetten Ritterling zusammen, doch so, daß jeder Pilzring nur von einer einzigen Art besetzt ist. Solche Humusbewohner lassen zwar eine Bindung an den Wald erkennen, sind aber von der Zusammensetzung des Bestandes unabhängig.

Wert: Die Graukappe gehört zu den eßbaren, ja sogar marktfähigen Pilzen. Es ist jedoch ratsam, nur ganz junge Pilze zu sammeln, da man den älteren die beginnende Zersetzung nicht recht ansieht. Überhaupt sagt diese Art nicht jedem Gaumen und Magen zu, ist aber vielerorts ein beliebter Speisepilz.

Andere Arten. Zur Unterscheidung von ähnlichen Pilzen achte man auf die Farbe und Form der Lamellen. Im Nadelwald könnte leicht der auch in Kreisen wachsende B u c h s b l ä t t r i g e T r i c h t e r l i n g , *Clitocybe alexandri* (Gill.) Konr., mit der Graukappe verwechselt werden. Der dickere, sehr kurze Stiel von Grauockerfarbe, der lange eingerollt bleibende Hutrand und die ockerlichen Lamellen sind Unterscheidungsmerkmale. Da er auch eßbar ist, kann eine Verwechslung nicht schaden. Unangenehmer wäre eine solche mit dem R i e s e n r ö t l i n g , *Rhodophyllus sinuatus* (Bull. ex Fr.) Sing. Dieser bis 20 cm breite Blätterpilz des Laubwaldes ist giftig. Er zählt zur Familie Rotblättler *(Rhodophyllaceae)* und hat nach der Art der Ritterlinge am Stiel ausgebuchtete, nicht herablaufende Lamellen, die schon anfangs rahmgelb sind, bald aber fleischrötlich werden. Der angenehme Mehlgeruch macht diesen Giftpilz nur noch verlockender, da manche Speisepilze genauso riechen. Es ist also in Laubwaldgebieten Vorsicht geboten. Die Art ist auf Tf. 48 dargestellt.

50. Mönchskopf, Ledergelber Riesentrichterling

Clitocybe geotropa (Bull. ex Fr.) Quél.
Familie: Dünnblättler *(Tricholomataceae)*
Tribus: Ritterlingartige *(Tricholomateae)*

Kennzeichen: Dieser Pilz fällt durch zwei Eigenschaften besonders auf: Einmal erreicht er die respektable Größe von 30 cm Höhe und Breite. Zum zweiten eilt der Stiel am Anfang in der Entwicklung voran. Das ganz links stehende Exemplar auf unserer Tafel zeigt, was damit gemeint ist. Der Stiel ist bereits zu einem kräftigen Gebilde erstarkt, während der Hut aussieht, als sei er zurückgeblieben. In seiner Mitte erhebt sich ein deutlicher, meist bleibender Buckel. Der anfangs eingerollte, oberseits oft gerippte Rand weitet sich aus, und der Pilz nimmt flache Trichterform an. Die schmutzig ockerfarbenen Lamellen ziehen sich bogig am Stiel herab. Der Stiel hat dieselbe ockergelbliche Farbe wie der Hut. Das weißliche Fleisch ist fest und wird bald zäh, weshalb es nur langsam fault. Im Stielinneren ist es watteartig locker. Es hat angenehm würzigen Geruch.

Vorkommen: Ein auffälliger Herbstpilz, der meist in Reihen oder Hexenringen im Walde auftritt. Waldart und Bodenunterlage können ganz verschieden sein. In sonst weniger pilzreichen Auwäldern und feuchten, kräuterreichen Waldgründen kommen mitunter die ansehnlichsten Exemplare vor. Die ausgewachsenen Pilze bleiben oft bis in den Winter hinein stehen.

Wert: Nur die jungen Riesentrichterlinge sind als Speisepilze zu empfehlen. Wenn einmal die Trichterform entwickelt ist, verliert das zähe Fleisch Wohlgeschmack und Bekömmlichkeit.

Ähnliche Arten: Noch größer, sonst ähnlich in der Form, mit kürzer bleibendem Stiel, ist der eßbare Weiße Riesentrichterling, *Clitocybe candida* Bres., auf Rasenflächen außerhalb des Waldes und an Waldrändern. Er erreicht über 30 cm Hutbreite. Durch seine auffällige weiße Farbe ist er weithin sichtbar. Er pflegt schon im Sommer zu erscheinen. Dem jungen Mönchskopf ähnlich entwickelt sich in Hexenringen auf dem kalkhaltigen Nadelboden junger Stangenwälder der Buchsblättrige Trichterling, *Clitocybe alexandri* (Gill.) Konr. Die grauockerlichen Lamellen laufen am dicken Stiel herab, der so mit dem Nadelboden verfilzt ist, daß beim Herausheben stets ein dicker Nadelballen mitgeht. Ebenfalls eßbar, jedoch kleiner, ja geradezu zierlich, mit ähnlichen Farben wie der Mönchskopf ist der häufige Gebuckelte Trichterling, *Clitocybe infundibuliformis* (Schff. ex Fr.) Quél. Er erscheint schon von Juni an in mehreren Formen im Nadel- und Laubwald. In einem Fall hat sein Genuß einen Nesselausschlag verursacht, wie ihn einzelne Personen auch auf den Genuß von Erdbeeren hin bekommen. Von Giftpilzen könnte der Riesenrötling (Tf. 48) im Jugendzustand verwechselt werden. Er unterscheidet sich durch die am Stiel buchtig angehefteten Lamellen und den Mehlgeruch.

51. Weißer Gifttrichterling

Clitocybe dealbata (Sow. ex Fr.) Gill.
Familie: Hellblättler *(Tricholomataceae)*
Tribus: Ritterlingartige *(Tricholomateae)*

Kennzeichen: Ein trotz seiner Kleinheit und Unscheinbarkeit gefährlicher Giftpilz! Sein 5 cm Breite selten überschreitender Hut ist von einem reinen Weiß, das langsam ins Schmutziggelbliche übergeht. Aus der schwach gewölbten Form wird bald ein flacher Trichter mit schließlich wellig krausem Rand. Die Oberfläche hat matten Glanz. Die Lamellen sind gelblich getönt, werden immer mehr schmutzigocker und laufen schwach am dünnen, weißen, zuletzt fleischblassen Stiel herab. Das sehr dünne Fleisch riecht mehr oder weniger mehlartig.

Vorkommen: Auf Wiesen, Weideflächen und Grasplätzen bildet dieser gebietsweise nicht seltene Pilz kleine bis mittelgroße Hexenringe, die von weitem geradeso aussehen wie die vom Flachen Stäubling, vom Wiesenegerling oder vom Nelkenschwindling erzeugten. Auch bei ihnen fällt die Grasnarbe durch kräftigeres Grün auf, und vom Sommer an, häufiger erst im Herbst, kann man die kleinen Pilze darin versteckt antreffen.

Giftigkeit: Auf Grund ihres hohen Muscaringehaltes gehört die Art zu den gefährlichsten Giftpilzen. Sie ist in Deutschland bisher nicht viel beachtet worden. Jedenfalls sieht man sie selten einmal abgebildet.

Verwechslungen: Sie können mit anderen weißlichen oder gelblichen Arten leicht eintreten. Wenig verschieden ist der Rinnigbereifte Gifttrichterling, *Clitocybe rivulosa* (Pers. ex Fr.) Kumm., zu welchem unsere weiße Art mitunter als Abart gestellt wird. Er büßt den weißen Belag des Hutes sehr bald ein, die Oberfläche zerklüftet sich konzentrisch, und in den entstehenden Rinnen wird eine fleischbräunliche Farbe vorherrschend, wie überhaupt die Unansehnlichkeit des Pilzes rasch zunimmt. Ein Mehlgeruch wird bei ihm nicht wahrgenommen. Erscheinungszeit und Standort stimmen mit denen des Weißen Gifttrichterlings überein. Außerhalb des Waldes treffen wir noch häufiger den eßbaren Nelkenschwindling (siehe folgende Tafel). Sein gleichfalls dünner Hut ist nie weiß, sondern ockergelblich, der Stiel ist schlanker und knorpelig zäh, die Lamellen sind viel breiter und stehen weiter auseinander. Auf Rasenflächen findet sich in Waldnähe öfters auch der eßbare Pflaumenrötling oder Mehlpilz, *Clitopilus prunulus* (Scop. ex Fr.) Kumm., der sich vom Weißen Gifttrichterling durch stärker herablaufende, bald fleischrot werdende Lamellen und viel kräftigeren Mehlgeruch unterscheidet. Der ganze Pilz ist gedrungener und wächst kaum einmal in Hexenringen, sondern in zerstreuten Gruppen. Mehrere Trichterlinge des Waldes sind unserem Gifttrichterling überaus ähnlich. Man schließt daher vorsorglich die kleineren weißen Trichterlinge vom Genuß ganz aus.

Die Gifttrichterlinge, unscheinbare Vertreter einer artenreichen Gattung, sollten davor warnen, unbekannte Arten auszuprobieren, selbst wenn sie Gattungen angehören, aus denen bisher keine Giftpilze bekannt geworden sind.

52. Nelkenschwindling, Feldschwindling

Marasmius oreades (Bolt.) Fr.
Familie: Hellblättler *(Tricholomataceae)*
Tribus: Ritterlingartige *(Tricholomateae)*

Kennzeichen: Trotz seiner Kleinheit ist der Nelkenschwindling als sehr delikater Pilz weithin bekannt. Sein H u t kann bei feuchtwarmer Witterung bis zu 6 cm breit werden. In feuchtem Zustand ist die Randzone dunkler durchwässert. Der trockene Pilz sieht dagegen ockerblaß aus. Abgestandene Exemplare sind durch dunklere Linien gefeldert. Die lederblassen L a m e l l e n stehen weit voneinander ab und sind am Stiel eingebuchtet. Der S t i e l ist so zäh, daß man den Pilz nicht abpflücken, sondern nur aus dem Boden herausziehen kann. Das gelbliche F l e i s c h riecht angenehm würzig, entfernt wie Gewürznelken, worauf der Name hinweisen will. In Trockenzeiten schrumpfen die Pilze ein und werden hornartig hart. Bei Regenwetter quellen sie wieder auf und leben weiter.

Vorkommen: Schon vom Frühjahr an finden wir die Pilze auf Weideplätzen, Mähwiesen und Graswegen zwischen Äckern, in Hexenringen, die viele Meter Durchmesser erreichen können, büschelig verwachsen in großer Zahl. Auch in Aufforstungen auf Viehweiden halten sich manchmal die Pilzgeflechte des Nelkenschwindlings. Sie bringen auch dann noch Fruchtkörper hervor, wenn die Rasennarbe im Dunkel des Fichtendickichts längst verschwunden ist.

Wert: Obwohl zäh und wenig ergiebig, kann der Pilz wegen seines Wohlgeschmacks sehr empfohlen werden. Das Einsammeln ist allerdings etwas mühsam. Die zähen Stiele und alte, durch den Regen wieder aufgeweichte Pilze sind ungeeignet.

Verwechslungen: Im Walde können die weichfleischigen R ü b l i n g e (Gattg *Collybia*) gleicher Färbung verwechselt werden. Sie besitzen dichtstehende Lamellen, und ihr röhriger Stiel läßt sich leichter abbrechen und zerfasern. Die Größe unseres Nelkenschwindlings erreicht der ebenfalls waldbewohnende B r e n n e n d e R ü b l i n g , *Collybia peronata* (Bolt. ex Fr.) Kumm.; sein Stiel ist unten auffällig mit gelblichen Borsten besetzt. Artkennzeichnend ist der Pfeffergeschmack des Fleisches; als Würzpilz ist er nur geringwertig. Unangenehme Verwechslungen können allenfalls mit dem G i f t t r i c h t e r l i n g vorkommen (Tf. 51). Sein weißer Hut geht später ins Ledergelbe über, der Stiel ist viel weicher und schmächtiger, und die Lamellen laufen etwas herab. Er wächst gleichfalls in Reihen und Ringen.

Die Gattung S c h w i n d l i n g *(Marasmius)* ist reich an Arten, die alle nach Befeuchtung wieder aufleben. Meist kleiner als der Nelkenschwindling, besiedeln sie Stümpfe, abgefallene Nadeln oder den Waldhumus. Der N a d e l s c h w i n d l i n g , *Marasmius perforans* (Hoffm.) Fr., erscheint zu Tausenden wie gesät, und jedes der feinen Stielchen haftet einer Fichtennadel an. Die ähnlichen echten K n o b l a u c h s c h w i n d l i n g e werden als Würzpilze hoch geschätzt.

Eßbar

53. Blauer Lackpilz *Laccaria amethystina* (Bolt. ex Hooker) Murr.

Familie: Hellblättler *(Tricholomataceae)*
Tribus: Ritterlingartige *(Tricholomateae)*

Kennzeichen: Der aufmerksame Pilzsucher wird stutzig, wenn er diesen schön gefärbten Pilz vom Boden aufnimmt und umwendet: Die Beschaffenheit der Lamellen scheint den Familiennamen „Dünnblättler" nicht zu rechtfertigen. Die Lamellen sind vielmehr auffallend dick und stehen weit voneinander ab. Andererseits passen die Lackpilze nach Aussehen und Fleischbeschaffenheit am besten in die Gesellschaft der Ritterlinge und Trichterlinge. Das Fleisch des sehr dünnen Hutes und des gleichfalls mageren, röhrigen Stieles ist etwas faserig. Die intensiv violetten Lamellen sehen zuletzt wie mit Mehl bestäubt aus, da sich an ihnen nunmehr die farblosen, angehäuft lilablassen Sporen gebildet haben. Beim Austrocknen bleicht der Pilz stark aus, nur die Lamellen behalten ihre Violettfarbe bei.

Vorkommen: Man findet den Blauen Lackpilz vom Sommer bis zum Spätherbst, besonders in feuchten Jahren, herdenweise im Laub- und Nadelwald. Als ausgesprochener Humusbewohner entwickelt er sich auf gehäuften Blättern und in tiefen Moospolstern zu ansehnlichen Größen. Wo Pflanzenreste vergehen, aber auch auf grasigen Waldwegen, an den Fahrrinnen der Holzfuhrwerke, in denen das Regenwasser sich sammelt, pflegt er aufzutreten. Auch außerhalb des Waldes, in Parkanlagen und Gärten kommt er vor. Man hat ihn sogar schon mit Erfolg auf Lauberde gezüchtet.

Wert: Für Speisezwecke ist er wenig ergiebig, schmeckt aber doch angenehm und sollte bei Massenvorkommen nicht verschmäht werden.

Andere Arten: Sehr ähnlich ist der Rote Lackpilz, *Laccaria laccata* (Scop. ex Fr.) Bk. et Br., der durch fleischrote Farbe von ihm verschieden ist und in vielen Abarten vorkommt. Hier läßt sich eine ganze Heerschar von kleinen und kleinsten Blätterpilzen anschließen, die alle, soweit sie dünne Blättchen und weißen Sporenstaub haben, zur Tribus Rüblingartige *(Collybieae)* zu stellen sind. Unter ihnen gibt es eine nach Größe und Farbe etwas den Lackpilzen ähnliche Art, den Rettichhelmling, *Mycena pura* (Pers. ex Fr.) Kumm. Seine helleren, engstehenden Lamellen und der starke Rettichgeruch erlauben die Unterscheidung. Für die Küche ist er wertlos. Als Würzpilz geschätzt sind die winzigen Knoblauchschwindlinge, die mit borstendünnen, dunkelbraunen Stielchen Wurzeln und Ästen aufsitzen. Die zähen Hütchen sind rotbraun, die Lamellen weiß. Der starke Knoblauchgeruch kennzeichnet sie zur Genüge.

54. Hallimasch *Armillariella mellea* (Vahl ex Fr.) Karst.

Familie: Hellblättler *(Tricholomataceae)*
Tribus: Ritterlingartige *(Tricholomateae)*

Kennzeichen: Dunkle Schüppchen auf honiggelbem H u t , der anfangs auch dunkler sein kann, beim Aufschirmen bräunlich werdende, schließlich weiß bestäubte L a m e l l e n , die etwas am Stiel herablaufen, und ein flockig weißberingter und beschuppter S t i e l kennzeichnen diesen Massenpilz. Die Stielfarbe wird mit der Zeit immer dunkler; dann heben sich die weißen Flocken und der helle, gelb oder bräunlich gesäumte, wattige Ring um so besser davon ab. Bei älteren Pilzen sind die Hutschüppchen oft schon abgewischt. Das Stielinnere ist watteartig weiß, die Wand besteht aus zähen Längsfasern, die abwärts bald rostigbraun werden. Frisch hat das F l e i s c h einen widerlich kratzenden Geschmack.

Vorkommen: Durch den Befall lebender Bäume, hauptsächlich der Nadelhölzer, wird der Hallimasch zum Forstschädling. Fichten auf Böden mit stauender Nässe sind oft schon im Stangenholzalter hallimaschkrank. Seine größte Verbreitung erfährt der Pilz aber doch auf den Baumstümpfen der Schlagflächen. In dichten Büscheln zu 50 und mehr Stück erscheinen hier ab September die Fruchtkörper, wobei sie meistens gleichzeitig auf benachbarten Stümpfen hervorbrechen. So erntet man einmal lauter junge Pilze, während ein andermal alle für die Küche zu alt sind. In manchen Jahren erscheinen schon im Juli Einzelstücke als Vorläufer, die leicht verkannt werden können. Vom Hallimasch befallenes Holz leuchtet bisweilen im Dunkeln, wo an frischen Schürf- und Schnittstellen das Pilzgeflecht freigelegt wird. Beim Holzschleifen geschrammte Stümpfe und Scheiterholz bieten durch ihr grünliches Leuchten in dunkler Nacht gelegentlich einen überraschenden Anblick. Oft bilden sich zwischen Rinde und Holz derbere Stränge aus dem wuchernden Pilzgeflecht; sie erscheinen netzartig verbunden, färben sich zuletzt dunkelbraun und stellen so einen Dauerzustand dar, den man Rhizomorpha nennt.

Wert: Die jungen Hüte liefern eine angenehme Speise. Beim Kochen ziehen sie etwas Schleim. Der Geschmack sagt freilich bei Alleinverwendung des Hallimasch nicht jedermann zu; sogar Vergiftungssymptome bei einzelnen Personen wurden beobachtet. Mischung mit anderen Speisepilzen ist ratsam. Eine plötzliche Massenernte wird am besten zur Bereitung von Pilzwürze verwendet.

Verwechslungen: Mitunter werden Schüpplinge mit unserem Pilz verwechselt. Diese haben aber immer braunwerdende Lamellen. Auch Stielring und Schuppen sind bei ihnen braun. Giftig sind sie nicht; das zu ihnen gehörende Stockschwämmchen (Abb. Tf. 42) ist sogar ein ausgezeichneter Speisepilz.

55. Gilbender Erdritterling

Tricholoma scalpturatum (Fr.) Quél.
Familie: Hellblättler *(Tricholomataceae)*
Tribus: Ritterlingartige *(Tricholomateae)*

Kennzeichen: Der Hut des Gilbenden Erdritterlings geht von anfangs kegelförmiger Gestalt bald zur Glockenform über, um sich zuletzt auszubreiten. Dabei reißt der Rand nicht selten ein. Die Hutbreite übersteigt kaum einmal 6 cm. Die Huthaut ist silber- bis hell-lilagrau, oft fast weiß und löst sich in feine, faserig-filzige Schuppen auf. Die weißen Lamellen bekommen im Alter meistens zitronengelbe Flecken, und auch andere Teile zeigen dann Gelbtönung, wie sie das auf unserer Tafel im Hintergrund stehende Stück am Stiel aufweist. Diese Verfärbung ist aber kein ganz zuverlässiges Merkmal. Das Fleisch ist weiß und riecht etwas nach frischem Mehl. Auch der Geschmack erinnert an Mehl oder Gurken.

Vorkommen: Die Art wächst in dichtbestandenen Reihen und in Ringen von oft vielen Metern Durchmesser auf dem Nadelboden oder im Grase unter Birken oder Kiefern, oft auch in der Nähe von Einzelbäumen auf Wacholdertriften und auf Waldwiesen. Milder Humus scheint ihr besser zuzusagen als saurer. Auf Kalkböden gehört sie zu den häufigeren Pilzen.

Verwandte und Wert: An denselben Orten wächst ein naher Verwandter, der Mäusegraue Erdritterling, *Tricholoma terreum* (Schff. ex Fr.) Kumm., der sich durch geschlossen dunkelgraufilzigen bis schuppigen Hut und gegen den Hutrand hin graue Lamellen unterscheidet. Sein Fleisch besitzt keinen Mehlgeruch oder -geschmack. Die beiden Erdritterlinge sind eßbar, wenn auch besser in Mischung mit anderen Arten zu verwenden. Vorsicht ist aber immerhin am Platze, da es einen weiteren Grauhüter gibt, der entschieden giftig ist. Dieser, der Tigerritterling, *Tricholoma pardinum* Quél. (Taf. 57), zeichnet sich durch kräftigeren Wuchs (Hutbreite bis 12 cm), hellgraue, breite Schuppen auf hellerem Grunde und durch klare Wasserperlen an der Stielspitze des jungen Pilzes aus. Den Mehlgeruch hat er mit dem Gilbenden Erdritterling gemeinsam; um so mehr muß vor ihm gewarnt werden. Der Anfänger sollte daher lieber keine Erdritterlinge einsammeln.

Die Gattung Ritterling *(Tricholoma)* umfaßt über 50 Arten, die zum Teil gute Speisepilze sind. Allen gemeinsam sind der fleischige, längsfaserige, fast stets ringlose Stiel und die hellen, am Stielansatz ausgebuchteten Lamellen, die bei der Reife ein weißes Sporenpulver ausstreuen. Weitere Abbildungen von Ritterlingen auf Tf. 56 bis 61.

56. Rötender Erdritterling

Tricholoma orirubens Quél.
Familie: Hellblättler *(Tricholomataceae)*
Tribus: Ritterlingartige *(Tricholomateae)*

Kennzeichen: Der H u t fällt durch seine fast schwarze, dichte Schuppung auf, die meist durch Zerklüftung ein fein gesprenkeltes Aussehen ergibt. Bei büschelig verwachsenen Pilzen bleibt der Hut wesentlich kleiner. Die weißlichen L a m e l l e n haben meist eine schwarzflockige Schneide; sie können aber auch ganz grau sein. Im Alter stellt sich hie und da eine schöne Rosafärbung ein, die wie ein feiner Hauch ebenso auf dem Hut und schließlich an Rissen und Fraßstellen erscheinen kann. Manchmal bekommt man Hunderte von Exemplaren in die Hand, ohne daß eine Rotfärbung zu entdecken ist. Diese dürfte ein Zersetzungsvorgang im alternden Pilz sein. Der S t i e l bleibt im allgemeinen fast weiß; es können jedoch auch schwärzliche Fasern oder Pünktchen ausgebildet sein. Das F l e i s c h riecht und schmeckt deutlich nach Mehl, an manchen Fundorten nur leicht süßlich modrig. Am Stielgrund finden sich nicht allzu selten blaugrüne Flecken und Streifen, die recht charakteristisch sind. Regelmäßig vorhanden und daher noch wichtiger ist eine auffallend schöngelbe Farbe des Pilzgeflechtes im Boden. Man bekommt sie zu sehen, wenn man den Pilz heraushebt und die dem Stielgrund anhaftenden Fasern freilegt.

Vorkommen: Die Art ist in den Gebirgen Süddeutschlands weit verbreitet, wird aber wohl oft verkannt. Fichten- oder Tannenwälder auf kalkhaltigen Böden scheinen das Auftreten zu begünstigen. An seinen Fundorten kann der Pilz unheimlich zahlreich werden. Dichte Büschel, in weiten Hexenringen angeordnet, entsprießen dem Boden. So konnte der Verfasser einen Hexenring von 80 Metern Umfang feststellen, der zu zwei Dritteln mit Rötenden Ritterlingen bestanden war. Auf 10 Meter Länge standen über 2000 Stück, so daß der ganze Hexenring etwa 10 000 Stück enthalten haben mag.

Wert: Unter den Erdritterlingen ist diese Art eine der schmackhaftesten und, wie soeben ausgeführt, auch noch äußerst ergiebig. Man muß nur den richtigen Zeitpunkt für die Ernte wahrnehmen.

Verwechslungen: Große Ähnlichkeit zeigen der fast überall häufige M ä u s e g r a u e E r d r i t t e r l i n g (siehe unter Nr. 57) und der S c h w a r z s c h u p p i g e E r d r i t t e r l i n g, *Tricholoma atrosquamosum* (Chev.) Sacc. Dieser stellt vielleicht nicht einmal eine besondere Art dar. Ebenfalls dem Bergnadelwald angehörend, unterscheidet er sich vom Rötenden durch den Mangel der Verfärbung, durch weniger deutlich gesprenkelten Hut und einen angenehm aromatischen Obstgeruch. Ist auch der Stiel hübsch grauschwarz filzig, dann handelt es sich um den S p a r r i g e n E r d r i t t e r l i n g, *Tricholoma squarrulosum* Bres. Dieser Pilz ist aber bedeutend seltener und aus Deutschland bisher nur von sehr wenigen Orten bekannt.

57. Tigerritterling *Tricholoma pardinum* Quél.

Familie: Hellblättler *(Tricholomataceae)*
Tribus: Ritterlingartige *(Tricholomateae)*

Kennzeichen: Die artenreiche Gattung der Ritterlinge enthält, soviel bis heute bekannt, nur diesen einen Giftpilz. Sein grauschuppiger Hut rückt ihn in die Verwandtschaft der Erdritterlinge. Mit dem Gilbenden Erdritterling (Tf. 55) hat er sehr oft die Hutfarbe gemein. Seine Schuppen sind jedoch breiter, der ganze Pilz ist stämmig und fleischig. Manchmal löst sich die Huthaut nur sehr wenig in Schuppen auf. Dann fällt das Erkennen des Pilzes schwer. Die breiten weißen, ganz wenig ins Grauliche oder Gelbliche gehenden Lamellen der jungen Pilze scheiden ebenso wie die Stielspitze sehr bezeichnende klare Wasserperlen aus. Der mehlartige Geruch verleitet leicht zum Sammeln und Verwenden, da mehrere andere Blätterpilze, darunter auch eßbare Ritterlinge, ebenfalls nach Mehl riechen. Auch sieht das Fleisch schön weiß und recht einladend aus.

Vorkommen: Die Art bewohnt sowohl Laub- als Nadelwälder und bevorzugt dabei solche, die auf Kalkboden stehen. Sie tritt nicht in so dichtbestandenen Ringen auf, wie das bei den Erdritterlingen üblich ist, sondern gruppenweise, manchenorts aber doch so zahlreich, daß die ansehnlichen Pilze der Aufmerksamkeit des Pilzsuchers nicht entgehen können.

Giftigkeit: Der Tigerritterling muß den Giftpilzen zugerechnet werden. Er übt auf die Verdauungsorgane ganz ähnliche Wirkungen aus wie der Riesenrötling, der auf Tafel 48 abgebildet ist. Wie bei diesem verlaufen die Vergiftungen zwar nicht tödlich, aber so unangenehm, daß man sich diesen Schädling unbedingt vom Leibe halten muß.

Verwechslungen: Er ist wiederholt mit eßbaren Arten aus seiner Gattung verwechselt worden. Er besitzt denselben Mehlgeruch und -geschmack wie der Gilbende Erdritterling (Tf. 55), ist aber viel kräftiger gebaut und deutlicher geschuppt. Die Wasserperlen an der Stielspitze und Lamellenschneide sind geradezu ein artkennzeichnendes Merkmal für den Tigerritterling. Dem Mäusegrauen Ritterling, *Tricholoma terreum* (Schff. ex Fr.) Kumm., fehlt der Mehlgeruch völlig, die Hutschuppen sind schwärzlichgrau, oft gering ausgebildet, so daß namentlich jüngere Pilze geschlossen schwarzgraufilzig sind. Die Lamellen neigen ebenfalls ins Graue. Die Art kommt hauptsächlich, dichte Hexenringe bildend, in der Nähe von Kiefern vor, geht mit diesen vor die Waldränder heraus und bleibt auch dann in ihrer Gefolgschaft, wenn sie sich einzeln auf Schafweiden oder Viehtriften ansiedeln. An ähnlichem Ort, aber viel seltener, wächst der Beringte Erdritterling, *Tricholoma cingulatum* (Almf. ex Fr.) Jacob., der sich vom Gilbenden fast nur durch den sehr deutlichen, wenn auch schmalen Ring am Stiel unterscheidet. Er scheint, im Gegensatz zu den vorigen Arten, nur auf Sandböden vorzukommen. Vom Tigerritterling noch stärker verschieden ist der Rötende Erdritterling (Tf. 56), mit kleinen, deutlichen, fast schwarzen Hutschuppen und zuletzt oft rosa schimmernden Lamellen. Es empfiehlt sich, beim Sammeln grauschuppiger Erdritterlinge für Speisezwecke Vorsicht walten zu lassen.

58. Grünling, Edelritterling

Tricholoma flavovirens (Pers. ex Fr.) Lund.
Familie: Hellblättler *(Tricholomataceae)*
Tribus: Ritterlingartige *(Tricholomateae)*

Ein sehr schmackhafter Speisepilz, der dort, wo er häufig vorkommt, allgemein und viel gesammelt wird.

Kennzeichen: Sein schwefelgelber, ins Chrom- oder Grüngelbe gehender Hut bleibt lange am Rand eingebogen. Die Oberhaut ist klebrig und abziehbar, bei trockenem Wetter etwas glänzend. Die Lamellen fallen durch ihre reine Chromgelbfarbe auf. Erst ganz zuletzt wird diese durch die weißen Sporen gebleicht. Der meist kurze, im Humus steckende Stiel ist dem Hute ähnlich gefärbt. Das weiße Fleisch ist fest und appetitlich, riecht schwach nach Mehl und schmeckt auch so.

Vorkommen: Der Grünling ist in den sandigen Wäldern Norddeutschlands, wo man ihn auch Grünreizker nennt, sehr häufig zu finden. Er pflegt erst spät im Jahr zu erscheinen. Nesterweise stecken die lebhaft gefärbten Pilze im Nadelboden, die Nadelstreu nur wenig in die Höhe hebend. Seltener sind Funde im reinen Fichtenwald, fern von Kiefern. Im reinen Laubwald fehlt der Grünling. Saure Böden werden bevorzugt, und wo die geologische Unterlage kalkhaltig ist, mag eine örtliche Versauerung der dichten Nadelstreu dem Wachstum förderlich sein.

Wert: Der Grünling verdient seinen guten Ruf als ausgezeichneter Speisepilz vollauf. Er gehört zu unseren wertvollsten und eignet sich für jede Art der Zubereitung und Haltbarmachung.

Verwechslungen: Es gibt noch andere grünliche Pilze, von denen sogar, flüchtig betrachtet, der heimtückische Grüne Knollenblätterpilz als verwechselbar in Betracht kommt. Es gehört aber schon sträflicher Leichtsinn dazu, die beiden zu verwechseln. Man vergleiche Tafel 29 dieses Bandes! Ungefährlich wäre eine Verwechslung mit dem Schwefelritterling (Tf. 59), einem häufigen Bewohner des Nadel- und Laubwaldes. Der schlankere Wuchs, die nicht klebrige, sondern seidige, trocken matte Hutoberfläche und vor allem der abscheuliche Gasgeruch trennen zur Genüge. Der Pilz ist ungenießbar. Näher noch steht der Bittere Ritterling, *Tricholoma sejunctum* (Sow. ex Fr.) Quél., der ebenfalls mehlartig, dazu aber etwas bitter schmeckt. Auch hat er blassere Lamellen und fast weißen Stiel. Sein Hut ist dunkler radial gestreift. Als Speisepilz ist er geringwertig. Gelbe Schleimköpfe *(Phlegmacium)* haben in der Jugend einen spinnwebartigen Schleier zwischen Hut und Stiel, keulig oder knollig verdickten Stielgrund und zuletzt rostbraune Lamellen. Unter ihnen kennt man bisher keinen Giftpilz. Bedenklich wäre eine Verwechslung mit gelben Rißpilzen, etwa mit dem giftigen Kegeligen Rißpilz (Tf. 45), welcher schlankeren, gefaserten Stiel, oliv oder erdbraun werdende Lamellen und widerlichen Geruch besitzt. Ockergelbe Täublinge unterscheiden sich leicht durch spröde, splitternde Lamellen, weißen Stiel und mürbes, bröckeliges Fleisch ohne Mehlgeruch.

59. Schwefelritterling *Tricholoma sulfureum* (Bull. ex Fr.) Kumm.

Familie: Hellblättler *(Tricholomataceae)*
Tribus: Ritterlingartige *(Tricholomateae)*

Kennzeichen: Der schwefelgelbe H u t mit mehr oder weniger braunrötlicher Mitte entfaltet sich zu wellig verbogenen Formen und wird etwa 8 cm breit. Die seidige, später glatt werdende, manchmal auch faserig aufgelockerte Oberhaut ist nie schmierig, im trockenen Zustand matt, ohne Glanz und nicht abziehbar. Die ebenfalls schwefelgelben L a m e l l e n sind auffallend breit; sie sind rings um den Stiel zu einem „Burggraben" eingebuchtet, was zusammen mit der fleischigen und zugleich längsfaserigen Beschaffenheit des Stieles sowie der weißen Farbe des Sporenstaubes die Gattung Ritterlinge *(Tricholoma)* kennzeichnet. Auch der S t i e l ist schwefelig, oft mit bräunlicher Tönung, längsfaserig und abwärts bisweilen spindelig verjüngt. Dem gelben F l e i s c h entströmt ein höchst widerwärtiger, leuchtgasähnlicher Geruch.

Vorkommen: Die Art ist leicht kenntlich und zählt in ihrer reinschwefelgelben Form zu den charakteristischen Mitgliedern der Buchenwaldflora, in welcher sie schon von Frühherbst an kaum einer Gegend fehlt. Eine kräftige, überwiegend rotbraunhütige, schwefelgelbgerandete Form wächst hauptsächlich im Nadelwald.

Wert: Der Pilz wurde früher für giftig gehalten. Er ist aber unschädlich, wenn auch ganz ungenießbar.

Verwechslungen sind möglich mit dem G r ü n l i n g (siehe die vorhergehende Tafel). Schwefelfarbe, mitunter auch Hut- und Stielform, können übereinstimmen, doch hat der Grünling einen klebrigen Hut, dem bei Trockenheit immer noch Bodenteilchen oder Nadeln anhaften, und weißes Fleisch mit starkem Mehlgeruch. Die Lamellen stehen enger und sind im Verhältnis zu ihrer Länge nicht so breit. Denselben schlechten Geruch wie der Schwefelritterling hat der ebenfalls ungenießbare L ä s t i g e R i t t e r l i n g , *Tricholoma inamoenum* (Fr.) Quél., der aber nicht schwefelfarbig, sondern weißlich mit blaßockergelber Mitte ist. Seine Lamellen stehen auffallend weit voneinander entfernt. Man findet ihn im Nadelwald, aber nicht überall. Von gelbfarbigen Pilzen können Schwefelköpfe ähnlich sein. Der G r ü n b l ä t t r i g e S c h w e f e l k o p f (Tf. 41) kommt dem Schwefelritterling in der Farbe recht nahe, wächst jedoch büschelig an altem Holz, hat in der Jugend einen feingewobenen Schleier zwischen Hutrand und Stiel und verändert seine anfangs grüne Lamellenfarbe bald ins Purpurbraune.

Der Speisepilzsammler braucht sich mit der Kenntnis dieser Unterschiede zwischen ungenießbaren Arten nicht zu belasten. Wir haben aber absichtlich auch solche Arten aufgenommen, deren Ähnlichkeit davor warnen soll, beim Pilzbestimmen allzu großzügig oder oberflächlich zu verfahren. Wenn der Pilzfreund nicht ausschließlich Pilzesser ist, werden auch die ungenießbaren Arten sein Interesse wachrufen und ihn veranlassen, sich mit ihnen wissenschaftlich zu befassen.

60. Violetter Ritterling

Rhodopaxillus (= Lepista) nudus (Bull. ex Fr.) R. Mre.
Familie: Hellblättler *(Tricholomataceae)*
Tribus: Ritterlingartige *(Tricholomateae)*

Kennzeichen: Im Jugendzustand ist der Violette Ritterling innen und außen prächtig blauviolett, am schönsten in den Lamellen. Bald aber verfärbt sich der H u t blaßockerrot, auch S t i e l und L a m e l l e n verblassen, und die F l e i s c h farbe geht vom intensiven Violett in mattere Töne über. Der Geruch muß als eigenartig süßlich und nicht besonders angenehm bezeichnet werden.

Vorkommen: Wenn es Herbst wird, erscheint dieser Pilz in großer Menge. Fast immer tritt er in ringförmiger Anordnung sowohl auf Nadelboden als auch auf gehäuftem Laub auf. Er ist ein ausgesprochener Humusbewohner. Die Ringbildung, an der oft Hunderte von Fruchtkörpern beteiligt sind, kommt dadurch zustande, daß das Pilzgeflecht im Boden gleichmäßig strahlig nach allen Seiten auswächst und an seinem Ende die Pilze ausbildet. Diese Erscheinung kommt bei vielen Arten vor und wird besonders auf Wiesen dadurch auffällig, daß alle Gräser und Kräuter der äußeren Wuchszone ein dunkleres Grün und üppigeres Wachstum zeigen und damit selbst einen „Hexenring“ bilden. Die Bodenunterlage und die Zusammensetzung des Waldes sind für den Violetten Ritterling von untergeordneter Bedeutung. Auch außerhalb des Waldes kann er gelegentlich einmal angetroffen werden. Moorigen Böden bleibt er fern. Oft steht er mit der gleichfalls in Ringen auftretenden Graukappe (Tf. 49) im selben Bestand, ein Zeichen dafür, daß die Standortsansprüche beider Arten weithin übereinstimmen.

Wert: Der Violette Ritterling ist für Speisezwecke recht brauchbar und ausgiebig. Zwar verschwindet der süßliche Geschmack bei der Zubereitung nicht völlig. Doch ist es angenehm, daß der Pilz wenig von Maden angegangen wird.

Verwandte: Der Violette Ritterling unterscheidet sich mit anderen „Rötelritterlingen“ vor allem durch die blaßrote Farbe des Sporenstaubes von den rein weißsporigen echten Ritterlingen *(Tricholoma)*. Ein weiterer leicht erkennbarer Rötelritterling ist der L i l a s t i e l, *Rhodopaxillus (= Lepista) personatus* (Fr.) W. G. Sm., der ebenfalls in Hexenringen wächst und fast nur auf Wiesen und in Grasgärten auftritt, wenn es Spätherbst geworden ist. Bei ihm ist nur die Stielaußenhaut schön violett, sonst herrschen grauliche Töne vor. Der Pilz ist im übrigen plumper und gewichtiger als der Violette Ritterling. Die oft sehr ergiebigen Fundplätze verschaffen dem Pilzfreund recht willkommene Ernten zu einer Zeit, da die übrige Pilzflora spärlich zu werden beginnt. Die Art ist auf Tf. 61 abgebildet.

61. Lilastiel *Rhodopaxillus (= Lepista) personatus* (Fr.) Sing.

Familie: Hellblättler *(Tricholomataceae)*
Tribus: Ritterlingartige *(Tricholomateae)*

Kennzeichen: Die grauweißlichen bis bräunlichfalben Hüte sitzen gewöhnlich geduckt zwischen den nach dem zweiten Schnitt wieder herangewachsenen Gras- und Kräuterbüscheln der spätherbstlichen Wiesen, oft von schön regelmäßigem Wuchs mit gewölbter oder flach gebuckelter Mitte. Ansehnliche Exemplare mit über 12 cm Hutbreite verraten den Pilz weithin. Die Oberfläche fühlt sich in feuchtem Zustand fettig an. Durchwässerte Stellen geben dem Hut ein fleckig marmoriertes Aussehen. Der Rand bleibt lange etwas eingerollt. Beim Umdrehen des Pilzes fällt die prächtige Lilafarbe des Stieles auf, die durch die weißlichen oder wässerig-bräunlichen Lamellen noch mehr herausgehoben wird. Gewöhnlich ist der entweder kurze und gedrungene oder verlängerte und schlanke Stiel längsgefasert, gestreift und abwärts etwas verdickt. Das weißlichblasse bis schwach grauliche, oft wässerig durchzogene Fleisch läßt sich im Stiel leicht in Längsfasern zerlegen. Es riecht unauffällig, etwas frisch säuerlich und hat einen milden Geschmack.

Vorkommen: Mit den ersten Herbstfrösten ist die Zeit für den Lilastiel gekommen. In oft zahlreichen Hexenringen bilden sich dann auf feuchten Wiesen, im Rasen unter Obstbäumen und auf Viehweiden reichlich Fruchtkörper, deren Standort durch kräftigeres und dunkler grünes Gras angezeigt wird. Unter den Wäldern sind höchstens die Auwälder im Bereich der Bach- und Flußläufe gelegentliche Fundorte unseres Pilzes. Vor Oktober ist er kaum zu finden, hält dann aber bis Ende November aus.

Wert: Der Lilastiel gehört, wenn er jung ist, zu den guten, ergiebigen Speisepilzen; bräunlich verfärbte Stücke lasse man weg.

Verwechslungen: Die Art wird heute in der Systematik nicht mehr zur Gattung *Tricholoma* gestellt, sondern zu *Rhodopaxillus (= Lepista)*, deutsch Rötelritterling. Der rötliche Sporenstaub ist ein maßgebendes Unterscheidungsmerkmal gegenüber den echten Ritterlingen. Unsere Art kann kaum verwechselt werden, wenn man auf die Lilafarbe des Stieles, den Standort auf Wiesen und die Erscheinungszeit achtet. Immerhin besteht eine gewisse Ähnlichkeit mit dem viel häufigeren, vorzugsweise den Wald bewohnenden Violetten Ritterling (Tf. 60), bei dem selbst verblaßte Stücke violettliche Lamellen behalten. Eßbar ist auch ein ebenfalls in Hexenringen vorkommender Mitbewohner der Wiesen und Grasplätze, der Marmorierte Ritterling, *Rhodopaxillus panaeolus* (Fr.) R. Mre. Er ist gewöhnlich etwas dunkler und hat meist konzentrisch angeordnete, hell begrenzte Wasserflecken auf dem oft rippigrandigen Hut. Die Lamellen sind graulich, später von den Sporen etwas fleischrötlich. Der schlanke Stiel ist hellgrau, ohne Lilafarbe. Das Fleisch hat leichten Mehlgeruch.

62. Pfifferling, Eierschwamm

Cantharellus cibarius Fr.
Familie: Leistenpilze *(Cantharellaceae)*

Kennzeichen: Ein allgemein bekannter Pilz, der mit seiner Eidotterfarbe schon von weitem den Blick auf sich zieht, zumal er meistens in großen Herden auftritt. Wichtig ist vor allem die Beschaffenheit der Unterseite: Gabelig verzweigte Adern oder Leisten kennzeichnen die Familie. Der Pfifferling kommt in verschiedenen Wuchsformen vor. Meistens ist der H u t dünn und flatterig und erscheint durch den später aufwärts geschlagenen, krausen Rand in der Mitte flach vertieft. Dadurch laufen die lamellenähnlichen A d e r n am gelben S t i e l herab. Das F l e i s c h ist fest, weiß und hat einen bezeichnenden, würzigen, aromatischen Geruch. Roh gekostet, schmeckt es etwas unangenehm laugenhaft oder pfefferig.

Vorkommen: Nadelholzdickichte, etwas grasige Kiefernbestände, Buchenstangenholz, wie moosiges, weiträumiges Altholz, sind Fund- und Ernteplätze des vielgesuchten Pilzes, denen er jahrelang treu bleibt. Das regelmäßige Abernten der Plätze hat stellenweise einen merklichen Rückgang der Erträge zur Folge gehabt. Auf Jurakalk ist er nirgends häufig und dort auch der Bevölkerung wenig bekannt. Im oberschwäbischen Moränenland dagegen wird er als „Rehling", in Bayern als „Reherl" sehr geschätzt. Die Erntezeit beginnt im Juni und dauert mitunter bis November.

Wert: Der Pfifferling eignet sich für alle Arten der Zubereitung. Seine Vorzüge sind: Kräftiger Wohlgeschmack, leichte Kenntlichkeit, Haltbarkeit und Madenfreiheit. An geeigneten Orten wächst er in großen Mengen, verträgt den Transport über weite Strecken, ohne matschig oder mißfarbig zu werden. Damit hängt es andererseits zusammen, daß er zu den schwer verdaulichen Pilzen gehört. Man muß ihn schon ordentlich zerkleinern, darf ihn nicht zu lange kochen und soll keine zu großen Mengen auf einmal verzehren. Zum Einmachen in Gläsern ist er vorzüglich geeignet, weniger dagegen zum Trocknen, da er schwer wieder weich zu bekommen ist.

Verwechslungen: Vom Pfifferling gibt es eine blassere, kräftigere Abart im Laubwald und eine mehr schwefelgelbe, violettschuppige, mit niedrigen, entfernt voneinander stehenden Leisten im Nadelwald (var. *amethysteus* Quél.). Der früher sehr wichtig genommene F a l s c h e P f i f f e r l i n g, *Hygrophoropsis aurantiaca* (Wulf. ex Fr.) R. Mre., ist in Wirklichkeit eine den Trichterlingen nahestehende Art, die völlig harmlos ist. Orangefarbener Hut, abwärts braun werdender Stiel, echte, aber gegabelte Lamellen (deutscher Gattungsname: Gabelblättling) lassen sie unschwer erkennen. Der Pilz ist ein Bewohner des Nadelwaldes an Stellen mit Holzresten im Boden. Er kommt auch auf Stümpfen vor. Die oben genannte blasse Abart des Pfifferlings ist als var. *pallidus* R. Sch. auf Tf. 63 abgebildet.

63. **Pfifferling** (Blasse Abart)
Cantharellus cibarius Fr. var. *pallidus* R. Sch.
Familie: Leistenpilze *(Cantharellaceae)*

Kennzeichen: Wer den gewöhnlichen Pfifferling in seinen dottergelben Formen kennt und schätzt (Tf. 62), wird nicht ohne weiteres in der blassen Abart des Buchenwaldes einen Pfifferling erkennen. Deshalb wird sie hier im Bilde dargestellt und dem Pilzsucher angelegentlich empfohlen. Von der Normalform weicht sie schon durch viel kräftigeren Wuchs ab. Der H u t kann nämlich bis 12 cm Durchmesser erreichen. Außerdem ist er bleichgelb bis fast weiß statt dottergelb. Seine Oberfläche neigt dazu, feinschuppig-schülferig aufzureißen. Die L e i s t e n der Hutunterseite sind wie bei der Hauptform dicklich und gabelig verzweigt, jedoch ebenfalls blasser gelb. Das weiße F l e i s c h ist kernig fest und besitzt denselben charakteristischen würzigen Geruch wie der Typus.

Vorkommen: Die ergiebigsten Fundplätze dieser Abart sind halbhohe Buchenwälder, selbst auf Kalkböden, auf denen sonst Pfifferlinge selten sind. Auch unter Buchengruppen, die in Nadelholzbestände eingestreut sind, kann sie sich einstellen und hier sogar neben den üblichen kleinen gelben „Eierschwämmen" stehen. Es gibt aber auch unter Kiefern helle Pfifferlinge, die wohl nicht ganz die Ausmaße der Buchenwaldform erreichen, aber von klein an bleichgelb sind. Andererseits findet man wieder typisch dickfleischige Laubwaldpfifferlinge, die kräftiger gelb sind. Zwischenformen kommen also vor.

Wert: Ebenso wohlschmeckend wie die schöngelben Eierschwämme bieten die kräftigen Buchenwaldbläßlinge den Vorteil größerer Ergiebigkeit. Freilich fallen sie zwischen hellbraunem Buchenlaub trotz ihrer Derbheit längst nicht so auf wie die gelben Normalpfifferlinge auf dunklem Nadelboden oder im grünen Moosteppich. Sie stimmen mit jenen in der angenehmen Eigenschaft überein, von Maden nur selten bewohnt zu sein.

Ähnliche Arten: Von oben gleicht unsere Abart oft überraschend stark dem S t o p p e l p i l z (Tf. 69), der gar nicht selten mit ihr zusammen angetroffen wird. Von unten betrachtet, lassen die blassen, pfriemlichen Stoppeln statt der Aderleisten keine Verwechslung zu. Unter Nr. 62 wurde schon die violettschuppige Abart des Pfifferlings (var. *amethysteus* Quél.) erwähnt, die manchmal sehr die Tracht der blassen Laubwaldform annimmt. Der Stiel ist aber schlanker, meist stark verbogen, die Leisten sind mehr schmalen Rippen ähnlich und weiter voneinander entfernt. Ihre Farbe wie auch die von Stiel und Hut geht deutlich ins Schwefelgelbe. Außerdem ist dieser Pilz Nadelwaldbewohner. Mitunter stößt man auf eine völlig farblose, blasse Abart (var. *albus* Fr.), die den Namen W e i z e n p f i f f e r l i n g bekommen hat. Bei ihr sind selbst die Leisten der Unterseite fast völlig weiß. Diese Form entfernt sich vom Typus so weit, daß der Anfänger in ihr kaum den bekannten „Eierschwamm" erkennen wird.

64. **Trompetenpfifferling** *Cantharellus tubaeformis* (Bull.) Fr.

Familie: Leistenpilze *(Cantharellaceae)*

Kennzeichen: Mancher Pilzsammler, der schon lange den echten Pfifferling kennt und schätzt, ist sehr erstaunt, wenn ihm dieser graubraune, dünne Pilz auch als Pfifferling vorgestellt wird. Dreht er ihn um, so bemerkt er alsbald dieselben charakteristischen L e i s t e n in der ihm wohlbekannten Ausbildung, wenn auch in der ungewohnten graubraunen Farbe. Ein mehr oder weniger reines Gelb zeigt erst der schlanke, röhrighohle S t i e l. Der seidige, oft konzentrisch gefurchte H u t ist wellig berandet und erwachsen ausgeprägt trichterförmig. Manchmal ist die Mitte durch ein kleines Loch offen, so daß der Hut wie durchbohrt aussieht.

Vorkommen: Der Trompetenpfifferling ist ein richtiger Herbstpilz, der bis in den Winter hinein aushält, und oft genug kann man ihn noch hartgefroren bis Weihnachten finden. Durch die Farbe fällt er viel weniger auf als sein schöngelber Verwandter (Nr. 62), kommt dafür aber in sehr großer Zahl dichtgedrängt in langen Reihen und Kreisen vor. Er bevorzugt entschieden den Nadelwald, wo er vor allem feuchte, moosige Plätze besiedelt. Dabei spielt die Bodenunterlage anscheinend keine besondere Rolle, denn man findet ihn sowohl auf kalkreichen wie auf ziemlich sauren Böden.

Verwechslungen und Wert: Eine gewisse Ähnlichkeit zeigt der D u f t e n d e L e i s t l i n g , *Cantharellus lutescens* Pers. ex Fr. Dieser hat aber eine mehr ins Braune gehende Hutfarbe; die Unterseite ist nur unregelmäßig runzlig mit einem bläulichweißen Schimmer auf orangebräunlichem Grund. Der Stiel fällt durch seine leuchtende Orangefarbe sehr auf. Der Pilz hat einen starken, süßlicharomatischen Geruch. Er wächst hauptsächlich in Nadelwäldern auf Kalkboden, besonders in gebirgigen Gegenden. Da diese Art ebenso wie der Trompetenpfifferling eßbar ist, hat eine Verwechslung keine unliebsamen Folgen. Der letztere hat aber den milderen Geschmack, ohne die Würzkraft und das Aroma des echten Pfifferlings auch nur entfernt zu erreichen. Vielfach wird noch als eine nahestehende Art der Trichterpfifferling unterschieden, doch reichen die für ihn angegebenen Merkmale nicht aus, um ihn als eigene Art abzutrennen.

Die Leistenpilze wurden früher zu den Blätterpilzen gerechnet, bilden aber eine besondere Familie, die enger mit den Keulenpilzen (vgl. Nr. 67, 68) zusammengehört.

65. Schweinsohr *Gomphus clavatus* (Pers. ex Fr.) S. F. Gray

Familie: Leistenpilze *(Cantharellaceae)*

Kennzeichen: Die Fruchtkörper beginnen ihre Entwicklung als oben abgestutzte violette Keulen. Bald wächst der Rand immer deutlicher aus, und es entsteht eine Kreisel-, bei einseitiger Entwicklung eine Ohr- oder Löffelform. Die anfangs fast glatte Außenseite wird durch aderigverbundene Runzeln uneben, und so entsteht ein trichterförmiges, trocken feinfilziges Gebilde mit violetter, nach Gelboliv ausblassender Oberseite. Die leistenartigen Adern der Unterseite werden gelbstaubig, weil sich hier allmählich die gelben Sporen entwickeln. Der weiß bleibende Strunk steckt ein Stück weit im Humus und ist mit Nadeln und Laub fest verfilzt. Das reinweiße, kernigfeste, etwas trockene Fleisch hat einen schwachen Geruch und einen milden, manchmal leicht bitterlichen Geschmack.

Vorkommen: Vom August an, bisweilen auch schon früher, kommen die Pilze in Hexenringen zum Vorschein und verwachsen bei allzu dichtem Stand zu büscheligen Gruppen. Man trifft sie fast nur in Bergnadelwäldern, besonders im Weißtannenjungholz auf kalkhaltigem Boden, selten im Laubmischwald.

Wert: Das Schweinsohr ist mit seinem weißen Fleisch ein appetitlicher, wertvoller und ergiebiger Speisepilz. Abgestandene Pilze sind bitter oder muffig im Geschmack.

Verwechslungen: An ähnlichen Orten und ebenfalls in Hexenringen tritt der Abgestutzte Keulenpilz, *Clavaria truncata* Quél., auf. Er ist gelb ohne Violett und behält die abgestutzte Keulenform bei. Die Fruchtkörper sind runzelig, aber nicht geädert. Sie können gegessen werden, stehen jedoch dem Schweinsohr an Güte nach. Die violettschuppige Abart des Pfifferlings (vgl. Nr. 62) mit gelbgeäderter Unterseite wächst nicht in Hexenringen. Zu verwechseln sind auch die Jugendformen des Buchenknäulings, *Panus conchatus* Fr. Sie haben violettfilzigen Hut und Stiel, echte, dünne, blassere Lamellen und zähes Fleisch. Sie wachsen aber stets an altem Laubholz, besonders auf Buchenstümpfen. Später blassen sie gänzlich ins Ledergelbe aus und werden mit ihren trichterig oder seitlich ansitzenden Hüten oft verkannt. Als Schweinsohr wird in einigen Gegenden ein bis 10 cm hoher, orangeroter, ohrförmiger, gallertigweicher Pilz bezeichnet. Er wächst in Gruppen an Waldwegrändern im Bereich sehr mulmiger Baumstümpfe und an Böschungen. Dieser Pilz heißt Rotbrauner Gallerttrichter, *Guepinia helvelloides* DC. ex Fr., und ist ein Vertreter der Ordnung Gallertpilze *(Tremellales)*. Er läßt sich als Salatpilz verwenden, ist aber dem echten Schweinsohr nicht gleichwertig.

Eßbar

66. Herbsttrompete, Totentrompete

Craterellus cornucopioides (L.) Fr.
Familie: Leistenpilze *(Cantharellaceae)*

Kennzeichen: Es ist eine eigenartige Überraschung, wenn man im Herbst plötzlich die dunklen Trompetengestalten dieses Pilzes haufenweise im braunen Fallaub eines Buchenwaldes um sich her entdeckt. Mitunter sind Tausende von Pilzen zugleich auf dem Plan. Im feuchten Zustande fast schwarz, nehmen sie beim Austrocknen eine hellere, schiefergraue Farbe an, wie sie unsere Tafel zeigt. Die Unterseite ist hier im Gegensatz zu den Pfifferlingen ohne jede Leistenbildung; unregelmäßige Runzeln machen sie uneben. Nach unten zu verengt sich der Trichter immer mehr und „wurzelt" meist schräg im Erdboden. Die Pilze stehen oft schon längere Zeit ziemlich unverändert im Walde, ohne daß man ihnen die Überalterung ansieht. Man achte aber auf den Außenrand, der sich allmählich schwärzt, dabei runzelig wird, einschrumpft und bei Wiederbefeuchtung ganz welk erscheint.

Vorkommen: Der Laubwald, und hier besonders Buchenbestände, sind bevorzugte Wuchsorte der Herbsttrompete. Auch in Eichen-Birken-Beständen mit Haselnußunterwuchs tritt sie auf. Hin und wieder stellt sie sich auch im moosigen Nadelwald ein. Mildere Humusböden werden vorzugsweise besiedelt.

Wert: Seine Düsterheit macht den Pilz wenig einladend. Man sollte ihn aber doch als Speisepilz nicht verachten. Das Massenvorkommen erleichtert die Ernte, und der Geschmack ist besser, als man nach dem Aussehen annehmen möchte.

Verwechslungen: Ähnliche Verbreitung, wenn auch selteneres Vorkommen, zeigt ein Doppelgänger von genau gleicher Farbe und ebenso büscheligem Wachstum, der jedoch etwas kleiner bleibt und beim Umdrehen erkennen läßt, daß er zu den Pfifferlingen gehört. Es ist der Ganzgraue Pfifferling, *Cantharellus cinereus* Pers. ex Fr., dessen Unterseite hellgraue, gegabelte Leisten trägt. Der Stiel ist engröhrig und sehr dünnfleischig. Die durchaus mögliche Verwechslung ist unerheblich, aber dieser Doppelgänger ist ein gutes Beispiel dafür, daß selbst die charakteristischen Pilze, zu denen die Herbsttrompete zweifellos gehört, Parallelarten sogar in anderen Gattungen haben können. Beide Arten treten vom August an auf, sind aber im Herbst viel häufiger.

67. Goldgelber Ziegenbart *Clavaria aurea* Schff. ex Fr.

Familie: Keulenpilze *(Clavariaceae)*

Kennzeichen: Dieser Pilz entfernt sich sehr weit von der gewohnten Gliederung in Hut und Stiel. Nach seiner Gestalt wird er auch als Korallenpilz bezeichnet. Für den „Goldgelben" beachte man die gleichmäßige Goldfarbe der Äste bis zu den feinsten Enden. Die oft sehr umfangreichen und gewichtigen Fruchtkörper nehmen später eine mehr ockergelbe, zuletzt bräunliche Farbe an. In diesem Zustand sind sie von anderen Arten nur noch schwer zu unterscheiden. Das weiße, säuerlich riechende Fleisch ist wäßrig-marmoriert, ein Merkmal, das andere Arten ebenfalls zeigen. Junge Fruchtkörper mit ihrem dicken, weißen Strunk und den noch kurzen, gedrungenen Ästchen haben, abgesehen von der Gelbfarbe der Spitzen, große Ähnlichkeit mit Blumenkohl.

Vorkommen: Der Goldgelbe Ziegenbart bewohnt Laub- und Nadelwälder. Namentlich im Fichten- und Tannenwald auf schwach sauren bis stark kalkhaltigen Böden entwickeln sich seine weithin leuchtenden Fruchtkörper in Reihen und sogar in geschlossenen Kreisen. Die ganz jungen stecken mit ihrem Strunk tief im Moose drin. Sitzen sie zwischen braunen Buchenblättern, wie auf unserer Tafel dargestellt, so entgehen solche Korallenzwerge leicht dem suchenden Auge. An den weithin sichtbaren braunen, alten Stücken bilden sich bald Fäulnisstellen. In diesem Zustand sollen die Pilze keinesfalls mehr eingesammelt werden, auch wenn Größe und Ergiebigkeit dazu verleiten.

Wert und andere Arten: Die dargestellte Art gehört zu den wohlschmekkenden Speisepilzen. Sie zeichnet sich durch zartes Fleisch aus und kann nur empfohlen werden. Dasselbe gilt für den Zitronengelben Ziegenbart, *Clavaria flava* Schff. ex Fr., aus dem Buchenwald, der weniger in die Breite geht und gestreckte Ästchen von zitron- bis schwefelgelber Farbe besitzt. Der Strunk trägt außen ganz unten am Grunde einzelne weinrote Flecken. Weniger angenehm wirkt sich der Genuß des Bleichen Ziegenbartes, *Clavaria pallida* Schff. ex Fr., aus. Sehr zu Recht wird dieser auch „Bauchwehkoralle" genannt, da er bei den meisten Menschen schwere Verdauungsstörungen hervorruft. Er kommt oft im selben Waldbestande wie die anderen vor. Im Jugendzustand ist er leicht zu unterscheiden an der trüb ockergelben bis gelbgrauen Farbe und den schwach lila überlaufenen Astenden. Erwähnt sei hier noch der Dreifarbige Ziegenbart, *Clavaria formosa* Pers. ex Fr., dessen orangerosafarbige Äste mit schön gelben Spitzen endigen. Auch er scheint nicht allen Pilzessern gut zu bekommen. Einem kleinen Korallenpilz sehr ähnlich ist der Klebrige Hörnling, *Calocera viscosa* Pers. ex Fr., der aber in einen anderen Verwandtschaftskreis gehört. Der orangegelbe, gallertigzähe Fruchtkörper entspringt stets Nadelholz, besonders Stümpfen. Speisewert hat er keinen. Von den genannten Arten ist der Bleiche Ziegenbart auf Tf. 68 abgebildet.

68. Bleicher Ziegenbart, Bauchwehkoralle

Clavaria pallida Schff. ex Fr.
Familie: Keulenpilze *(Clavariaceae)*

Kennzeichen: Aus gemeinsamem Strunk steigen korallenartig sich verzweigende Äste auf, die in kurze, zwei- oder dreizähnige Spitzen auslaufen. Erwachsen sind die aufwärts strebenden Zweige verlängert und gestreckt. Pilze von der doppelten Höhe und dreifachen Breite des abgebildeten erwachsenen Exemplars kommen nicht selten vor. Form und Größe stimmen mit denen des Goldgelben Ziegenbarts (Tf. 67) weitgehend überein. Der Strunk ist weniger kompakt, die Äste erscheinen etwas lockerer gestellt und mehr in die Länge gezogen. Diese Unterschiede sind aber bei der starken Formveränderlichkeit der Ziegenbärte nicht besonders deutlich. Hingegen sind die jungen Pilze nie schön gelb, sondern blaßocker gefärbt mit fleischlilarötlichem Hauch. Im Alter herrscht wie bei mehreren anderen Arten eine schmutzige Ockerfarbe vor, so daß dann die Bestimmung erschwert ist. Das Fleisch ist weiß und unveränderlich, ohne wässerige Marmorierung. Den Geruch kann man nur als lästig säuerlich bezeichnen.

Vorkommen: Schon im Sommer ist der Bleiche Ziegenbart mitunter anzutreffen. Der Frühherbst ist die eigentliche Erscheinungszeit. In mittelhohen Fichtenwäldern ebenso wie im Altholz von Fichte, Tanne oder unter Buchen und anderen Laubhölzern bilden ganze Ringe dieser auffällig geformten Pilze eine eigenartige Zierde. Ein gewisser Kalkgehalt des Bodens scheint vorteilhaft zu sein. Auf den Verwitterungsböden der oberen Juraformation findet man diese und verwandte Arten besonders häufig.

Wert: Der Pilz gehört zu den für die meisten Menschen ausgesprochen unbekömmlichen Arten. Nach seinem Genuß treten oft nach kurzer Zeit heftige Leibschmerzen und Durchfälle ein. Es fehlt freilich auch nicht an Berichten erfahrener Pilzsammler, die bei sich jede nachteilige Wirkung in Abrede stellen und den Pilz immer wieder verwenden. Man hat die abführende Wirkung auf besondere Empfindlichkeit der betreffenden Personen oder aber auf höheren „Gift"-Gehalt der Zweigspitzen zurückgeführt. Von allen Ziegenbärten ist es aber zweifellos der Bleiche, welcher am häufigsten Verdauungsbeschwerden hervorruft und daher zur allgemeinen Verwendung ungeeignet ist.

Verwechslungen: Unter Nr. 67 sind schon drei in Form und Größe ähnliche Ziegenbärte mit dem daselbst dargestellten Goldgelben Ziegenbart verglichen worden. Eine weitere, gedrungene Art mit kurzen weinroten Endästchen ist der Traubenziegenbart, *Clavaria botrytis* Pers. ex Fr., der den Buchenwald bevorzugt, im allgemeinen aber nur zerstreut vorkommt. Er ist eßbar und wohlschmeckend. Da er dem Bleichen Ziegenbart sehr ähnlich werden kann, ist es ratsam, ihn im jungen, noch leichter unterscheidbaren Zustand zu sammeln.

69. Stoppelpilz *Hydnum repandum* L. ex Fr.
Familie: Stachelpilze *(Hydnaceae)*

Kennzeichen: Ein in Waldgegenden nirgends fehlender, gebietsweise sehr häufiger Pilz, der dank seiner Farbe auch den Namen „Semmelpilz“ führt. In der Tat reicht die Farbskala von der matten Blässe und dem kräftigen Gelbocker eines „Brötchens“ bis zu hellen Ziegelfarben. Die äußerst vielgestaltigen, buckligen Hüte können zusammenfließen und dann über 20 cm Durchmesser erreichen. Meist sind zuletzt die blasseren Ränder wellig hochgeschlagen, wie man an dem ältesten der dargestellten Pilze sieht. Die Huthaut ist trocken, auch bei Regen nicht schmierig und zerbricht oft felderig, ohne eigentlich Schuppen zu bilden. Der Pilz ist unschwer zu erkennen, wenn man die leicht abbrechenden, hellgelben Stachelchen der Unterseite und das gelblichweiße, kernige, langsam ockerrosig anlaufende Fleisch beachtet. Ältere Pilze werden gern bitter und müssen dann wie der Habichtspilz (Nr. 70) vor ihrer Verwendung zu Speisezwecken abgebrüht werden.

Vorkommen: Der Stoppelpilz kommt deshalb so häufig vor, weil er die unterschiedlichsten Böden und Waldarten besiedelt. In Laubwäldern ist er ebenso zahlreich wie unter Nadelbäumen. Schon im Buchenstangenholz begegnet man ihm immer wieder, und noch in den schlagreifen Altholzbeständen kommt er, in Reihen oder Ringen angeordnet, vielfach vor, dank seiner hellen Farbe weithin auffallend. Er wächst nicht so schnell wie andere Pilze, und sein dauerhaftes Fleisch läßt ihn bis in den November hinein aushalten.

Wert: Zu Speisezwecken ist der Stoppelpilz weit mehr zu empfehlen als der Habichtspilz. In Würfelchen geschnitten und knusprig gebraten, liefert er ein wohlschmeckendes Gericht. Bei oberflächlicher Betrachtung könnte er, vor allem im Laubwald, für einen blassen Pfifferling gehalten werden. Die Unterseite mit ihren pfriemlichen Borsten läßt aber rasch erkennen, zu welcher Familie er gehört.

Andere Arten: Im Nadelwald kommt eine viel kleinere, dünnere, zerbrechliche Abart (var. *rufescens* Pers.) vor. Sie ist ockerorange und meist auf dem Hut etwas gezont. Der Stiel ist schlank und brüchig. Auch diese Form ist eßbar, nur nicht so ergiebig. Unter den Stachelpilzen ist bisher überhaupt keine giftige Art festgestellt worden. Dagegen gibt es eine ganze Reihe von solchen, die korkig-zäh und ungenießbar sind. Sie kommen in braunen, rostigen und sogar schön himmelblauen Farben vor, riechen zum Teil charakteristisch nach Zichorie, Mehl oder Anis. Sie wachsen in großen Kreisen, und zwar so, daß man in der Nähe der einen Stachelpilzart fast stets eine zweite oder dritte entdeckt, während sonst weit umher überhaupt keine zu finden ist.

70. Habichtspilz *Sarcodon imbricatus* (L. ex Fr.) Quél.
Familie: Stachelpilze *(Hydnaceae)*

Kennzeichen: Die Hut unterseite dieses auffallenden Pilzes ist mit dicht gestellten, mehrere mm langen Borsten oder „Stacheln" besetzt, die aber weich sind und bei derberem Zufassen abbrechen. Mit dieser Eigenschaft stehen alle Stachelpilze im Gegensatz zu den bisher betrachteten Pilzen. Die Familie ist bei uns nicht gerade reich vertreten. Um so mehr fallen die manchmal bis 30 cm Hutdurchmesser erreichenden Habichtspilze auf. Schon die Oberseite mit ihren derben, sparrig abstehenden Schuppen bietet einen eindrucksvollen Anblick, der an das Gefieder eines Habichts erinnert. Der Unterseite wegen heißt der Pilz auch „Rehfellchen". Der hellgrau oder mattbraun getönte Stiel geht, sich nach oben erweiternd, in den Hut über. Er ist gewöhnlich kurz und stämmig und öfters aus der Mitte gerückt. Unregelmäßige Hut- und Stielformen kommen nicht selten vor, während die Färbung kaum abändert. Das feste Fleisch ist graubräunlich, ziemlich trocken und später ein wenig bitter.

Vorkommen: Sehr bezeichnend ist für den Habichtspilz seine Vorliebe für die Kiefer. An den meisten Standorten wird man diesen Nadelbaum ebenfalls antreffen. In weiten „Hexenringen" reiht sich Pilz an Pilz, sei es auf sandigem Untergrund, zwischen Heidekraut und Heidelbeere oder im Moose von Waldwiesen, hier aber nie weitab vom Waldrande. Wir finden ihn jedoch auch auf flachgründigen Kalkböden, so in den Kiefernbeständen auf Muschelkalk.

Wert: Es empfiehlt sich, diesen allgemein als eßbar bekannten Pilz vor der Zubereitung zerschnitten mit heißem Wasser zu überbrühen, einige Minuten stehen zu lassen und dann die Flüssigkeit abzugießen. Der Bitterstoff ist damit den Pilzstücken entzogen. Bei Massenauftreten gibt es auch dann noch reiche Ernten, wenn man nur die jüngsten, schwach oder gar nicht bitteren mitnimmt.

Verwechslungen: Als gallenbitteren, ungenießbaren Doppelgänger muß man den Gallenstacheling, *Sarcodon amarescens* Quél., meiden. Er hat mehr rotbraune Hutschuppen und einen zugespitzten, im Boden steckenden Stiel, dessen unteres Ende innen kennzeichnend schwärzlichgrün gefärbt ist. Die Art wächst unter Kiefern auf Kalkboden, ist aber selten. Es gibt auch einen Röhrling, den Strubbelkopf, *Strobilomyces floccopus* (Vahl ex Fr.) Karst., der von oben einem Habichtspilz recht ähnlich sieht. Beim Umdrehen zeigen die weiten, eckigen Poren der grauen Röhrenschicht, daß es kein Stachelpilz ist. Dieser seltenere Pilz ist zwar genießbar, aber doch sehr geringwertig.

71. Buckelporling, Gebuckelte Tramete

Trametes gibbosa Pers. ex Fr.
Familie: Porlinge *(Poriaceae)*

Kennzeichen: An der Zersetzung der Stümpfe von Laubbäumen beteiligen sich zahlreiche Arten der Porlinge, unter ihnen sehr häufig die Fruchtkörper des Gebuckelten Porlings. Zu Beginn der Entwicklung entstehen weißliche Knollen, die langsam zu unregelmäßigen Konsolen heranwachsen und oftmals dachziegelig angeordnet sind, breit oder verschmälert ansitzend, wobei die Ansatzstelle selbst meist buckelig verdickt ist. Die bis über 20 cm breit werdenden Gebilde sind oberseits konzentrisch gefurcht, weißlich, grau oder bräunlich gefärbt, wobei feinsamtige Zonen mit stärker striegeligen abwechseln. Bei dem langsamen, über Monate hin ausgedehnten Wachstum siedeln sich an feuchtem Wuchsort Algen als grüner Überzug an. Für die Arterkennung wichtig ist die Unterseite. Hier bilden sich radial angeordnete Röhrchen, die ungleich tief in die Fruchtkörpersubstanz eingebohrt erscheinen, mit meist länglichem Querschnitt, so daß ihre Poren in der Draufsicht wie kurze Striche aussehen. Die schneeweiße Substanz des Pilzes ist wergig-korkig zäh, ohne besonderen Geruch.

Vorkommen: Buchenstümpfe sind der weitaus bevorzugte Wuchsort dieses in Buchengebieten überall häufigen Pilzes. Die Entwicklung kann während des ganzen Jahres einsetzen; besonders im Herbst entstehen viele neue Fruchtkörper. Milde Winter hemmen das Wachstum keineswegs, und erst mit Beginn der wärmeren Jahreszeit, wenn die Baumstümpfe zu trocknen beginnen, verwittern die unansehnlich gewordenen Konsolen allmählich oder werden von Insektenlarven zerfressen.

Wert: Ein Speisewert kommt diesen zähen Pilzen nicht zu, sie sind aber auch nicht giftig.

Die Porlinge stellen eine so große Anzahl von Arten, die allesamt an der Aufbereitung und Zermürbung des abfallenden Holzes Anteil haben, daß es angezeigt erscheint, einen aus ihrer Mitte darzustellen und daran zu erinnern, welch große Bedeutung den holzzerstörenden Pilzen für den Kreislauf der Stoffe in der Natur zukommt.

Ähnliche Arten: Der Striegelige Lederporling, *Trametes hirsuta* (Wulf. ex Fr.) Pilát, dessen Fruchtkörper meist kleiner und flacher sind, neigt mehr nach Grau, ist stärker striegelig behaart und durch grauliche, runde Poren der Unterseite ausgezeichnet. An Nadelholzstümpfen und an Wundstellen noch stehender Fichten wächst oft ein weißer, beim Trocknen etwas gelb werdender Porling mit ähnlich gebauten, aber kleineren Fruchtkörpern von weicherer Beschaffenheit. Dieser Pilz, der Herbe Saftporling, *Leptoporus albidus* (Schff. ex Fr.) Bourd. et Galz., fällt durch widerlich bitter-herben Geschmack des oft stark wasserhaltigen, beim Austrocknen aber käsig-mürb werdenden Fleisches auf.

Eßbar

72. Flaschenstäubling *Lycoperdon perlatum* Pers.

Familie: Staubpilze *(Lycoperdaceae)*

Kennzeichen: Von den nicht leicht unterscheidbaren Arten der Stäublinge, im Voksmund mehr als „Boviste“ bekannt, haben wir den häufigen Flaschenstäubling ausgewählt. Ein rundlicher, kopfartiger Teil geht, oft faltig zusammengezogen, in den kurzen Stiel über, mehr oder weniger deutlich von ihm abgesetzt. Der ganze Pilz ist anfangs schön weiß, seine Oberfläche mit härtlichen Körnchen bedeckt, die sich durch Reiben entfernen lassen. Eine feine Felderung bleibt zurück. Durchschneidet man den jungen Fruchtkörper, so ist sein Inneres einheitlich schneeweiß. Doch läßt sich vom Kopfteil eine in eckige Scherben zerbrechende Außenschicht abblättern, etwa wie man ein gekochtes Ei von der Schale befreien kann. Der Stielteil ist wesentlich poröser und zugleich zäher. Noch deutlicher wird die Trennung in zwei verschiedene Teile bei beginnender Reife. Äußerlich treten bräunliche Farbtöne auf, während sich das Innere des Kopfes immer mehr grüngelb umfärbt, der Stiel aber hell bleibt. Zugleich verfeuchtet die Kopfmasse, bis sich am Scheitel in der Mitte eine fransige Öffnung bildet. Dann vertrocknet das Fadengeflecht des Sporen bildenden Teiles, und die olivgrünen Sporen samt den zerfallenden Fasern werden zum bekannten Staub. Ein leichter Druck von außen genügt, um ihn aus der dauerhaften Hülle auszutreiben.

Vorkommen: Der Flaschenstäubling ist ein ausgesprochener Waldpilz. In Scharen bevölkert er Fichtenjung- und Altholzbestände, Buchenhochwald und Mischwälder mit Unterholz. Dabei werden die vom Humus entblößten Stellen deutlich bevorzugt. Im Laubwald bildet er gern gerade dort seine verkehrt-flaschenförmigen Fruchtkörper aus, wo der Wind das Fallaub wegblasen kann.

Wert: Der Pilz ist, wie alle ähnlichen Arten, so lange eßbar, wie sein Inneres schneeweiß bleibt, also nur im Jugendzustand. Der etwas strenge Geruch vergeht beim Kochen.

Verwechslungen: Unter den Stäublingen im Wald ist der etwa gleich große Birnenstäubling, *Lycoperdon piriforme* Schff., die nächsthäufige Art. Er ist bräunlich, oft kegelig verlängert und wächst büschelig an altem Holz. Seine Pilzfäden schließen zu derberen, verzweigten Strängen zusammen, die den Pilzen wurzelähnlich anhängen. Ganz junge Wulstlinge, und gerade die sehr giftigen Knollenblätterpilze unter ihnen, können Stäublinge vortäuschen, wenn sie ganz in ihrer weißen, hautartigen Hülle eingeschlossen sind. Im Längsschnitt lassen sie stets ihre jungen Lamellenanlagen erkennen.

73. Niedergedrückter Stäubling

Lycoperdon hiemale Bull. ex Vitt.
Familie: Stäublinge *(Lycoperdaceae)*

Kennzeichen: Die Fruchtkörper entwickeln sich in wenigen Tagen von kleinen kugeligen Gebilden mit warzigkörneliger Oberfläche zu solchen von Kreiselform mit 3—6 cm Durchmesser. Sie sind unbestimmt rundlich, mitunter bei engem Stand breitgedrückt oder etwas eingeschnürt, ohne deutlich abgesetzten Kopf (vgl. dagegen den Flaschenstäubling Tf. 72). Der rundliche Hauptteil ist oben artkennzeichnend abgeflacht. Die Oberfläche trägt leicht abreibbare mehlige Körnchen. Auf der weißen Außenseite des fast erwachsenen Stäublings, die bald ins Gelbliche übergeht, liegt öfters ein feiner Rosaschimmer. Das zunächst reinweiße Innere, das Fleisch, ist nach außen durch eine ziemlich dicke, wachsartige, etwas brüchige Haut (Peridie) abgeschlossen. Es verfärbt sich mit zunehmendem Alter gelb bis olivbraun und wird bis auf die weißlich bleibende Substanz in der Basis immer weicher. Bei Nässe schlägt die Olivfarbe nach außen durch, wie man an den beiden links abgebildeten Pilzen sieht. Bei trockenem Wetter wird das Innere staubig, wobei auch das sporenbildende Fasergeflecht (Capillitium) völlig zerfällt. Eine enge Mündung läßt bei Druck die pulvrige Masse entweichen. Zuletzt bleibt von der Fruchtkörperwand nur der unfruchtbare, becherartige Grund übrig.

Vorkommen. Wie der Wiesenegerling sind die Niedergedrückten Stäublinge Bewohner der Wiesen, Viehweiden und grasigen Feldwege. Schon im Frühjahr erkennt man von weitem das dunkler grüne Gras der „Hexenringe", auf denen die Fruchtkörper nach Trockenzeiten, besonders nach dem zweiten Heuschnitt, schon auf geringen Regenfall hin erstaunlich rasch erscheinen.

Wert: Die jungen, noch weißfleischigen Stäublinge sind eßbar. Sie stehen den „Champignons" an Wohlgeschmack und Ergiebigkeit nach und sollten deshalb bei gleichzeitigem Auftreten mit ihnen zusammen zubereitet werden.

Verwechslungen: Ähnlich in Größe, Farbe und Standort ist der Eierbovist, *Bovista nigrescens* Pers., der sich durch Kugel- bis Eiform ohne verengten Grund, reinweiße Farbe und glatte, später felderig aufspringende Oberfläche unterscheidet. Die Außenwand ist zweischichtig. Die äußere Hülle läßt sich, Eierschalen gleich, von einer inneren, viel dünneren Haut abschälen, die sich schließlich ins Bleigraue bis Schwärzliche verändert und papierartig wird. Der trockene Pilz löst sich leicht vom Boden und wird dann durch den Herbstwind verbreitet. Er ist jung eßbar und schmackhaft. Ein wahrer Riesenpilz ist der viel seltenere, ebenfalls weiße, auf grasigen Böden außerhalb des Waldes vorkommende Riesenbovist, *Lycoperdon giganteum* Batsch ex Pers. [= *Globaria bovista* (L.) Fr.], der bis zu einem halben Meter Durchmesser erreichen kann und binnen weniger Tage voll entwickelt ist. Jung ist er gut verwendbar. Dies gilt auch für den Hasenstäubling, *Lycoperdon caelatum* Bull., der bis 15 cm hoch wird und besonders auf Bergweiden vorkommt. Seine weißen Fruchtkörper sind breit birnförmig und grobwarzig gefeldert.

74. Leuchtender Prachtbecherling

Caloscypha fulgens (Pers.) Boud.
Familie: Großbecherlinge *(Pezizaceae)*

Kennzeichen: Der Pilz verdient seinen Namen zu Recht, gewährt es doch einen prächtigen Anblick, wenn das sattgrüne Moos unter Fichten und Tannen mit Dutzenden, ja Hunderten der leuchtend mennig- bis orangefarbigen Becher geschmückt ist. Zu Beginn ihrer Entwicklung fallen sie zwar noch wenig auf, da der als Kügelchen angelegte Fruchtkörper auf seiner Außenseite unauffällig schmutzig oliv getönt ist. Mit seiner Erweiterung über die Urnen- zur Becherform bietet sich aber dem Beschauer die schwach gerunzelte Innenfläche in so kräftiger Färbung dar, daß er des Pilzes schon von weitem gewahr wird. Oft ist der Rand durch unregelmäßige Lappen und Risse wellig oder zerschlissen. Die Außenseite ist fein kleiig, filzig, behält die rußig-olivgrünliche Färbung bei oder hellt sich etwas auf. Wie bei anderen Becherpilzen lassen sich die reifen Becher zum Ausschleudern ihrer Sporen bringen, etwa indem man sie in einer Schachtel eingeschlossen nach Hause bringt und dann beim Öffnen wärmerer Luft aussetzt. Die zu Tausenden aus dem Becherinneren abgeschleuderten Sporen sind als feiner, aufsteigender Staub sichtbar. Die einzelne Spore ist kugelrund, ein besonderes Erkennungsmerkmal, das freilich nur mikroskopisch feststellbar ist.

Vorkommen: Die Erscheinungszeit des Prachtbecherlings beginnt mit dem Ende der Schneeschmelze im März. Später als um die Mitte Mai ist er kaum mehr anzutreffen. Er gehört zu den wenig verbreiteten Pilzen, kommt aber in den Bergwäldern Süddeutschlands und der Schweiz so zahlreich vor, daß man ihn in Menge einsammeln kann. Moosbedeckter Talgrund mit halberwachsenem Fichtenbestand oder nicht zu steile Abhänge mit älteren Weißtannen auf Böden, die genügend Kalk enthalten, sind bevorzugte Standorte. Einem Jahr mit reichlichem Vorkommen an vielen Stellen, in dichtgedrängten Gruppen und über weite Waldflächen hin, können Jahre folgen, in denen man diese Becherlinge nur ganz vereinzelt antrifft.

Wert: Ein schmackhafter Speisepilz, den zu sammeln sich nur dann lohnt, wenn er massenhaft auftritt. Das wachsartige, brüchige Fleisch erfordert einen sorgfältigen Transport. Der Naturfreund wird auf die Schonung dieser farbenschönen Gebilde bedacht sein.

Verwechslungen: Es gibt zahlreiche, schön rote Becherlinge. Doch sind die im Frühjahr erscheinenden fast alle viel kleiner als unsere Art. Durch größere, beinahe regelmäßig gebaute, scharlachrote Becher fällt der seltene Zinnoberrote Kelchbecherling, *Sarcoscypha coccinea* (Fr.) Lamb., auf. Mit dünnem Stiel sitzt er an eingesenkten Holzästchen. Meist erst im Herbst erscheint gesellig an lehmigen Waldwegen und an Stellen mit offenem Boden der Orangenbecherling, *Aleuria aurantia* (Fr.) Fuck., ein bis zu 10 cm breit werdender Pilz, dessen Becher frühzeitig zu flach aufliegenden Scheiben von großer Zerbrechlichkeit heranwachsen. Diese häufige Art ist eßbar und wohlschmeckend.

75. Eselsohr *Otidea onotica* (Pers.) Fuck.

Familie: Großbecherlinge *(Pezizaceae)*

Kennzeichen: Von den sehr zahlreichen Becherpilzarten fallen besonders die großwüchsigen und lebhaft gefärbten auf. Die meisten sind freilich kleine bis winzige Schüsselchen von Millimeterausmaßen, wogegen die Riesen unter ihnen es auf 15 cm Scheibendurchmesser bringen. Unter ihnen ist die Gattung Öhrling *(Otidea)*, der auch unsere Art angehört, dadurch ausgezeichnet, daß ihre Scheibenfruchtkörper an einer Stelle bis zum Grund eingeschnitten erscheinen. Auf der Gegenseite sind sie dafür meist einseitig verlängert. Dadurch entsteht die charakteristische Ohrform, die auch das größte Exemplar unserer Tafel in typischer Weise zeigt. Das Eselsohr ist an seiner orange- bis eigelben Farbe, der ansehnlichen Größe und dem büscheligen Wachstum ohne weiteres zu erkennen. Wie die meisten Becherlinge ist auch diese Art recht zerbrechlich, und es ist am besten, sie beim Einsammeln gesondert unterzubringen. Auch hier läßt sich das schon beim Leuchtenden Prachtbecherling (Nr. 74) beschriebene Ausschleudern einer Sporenwolke leicht hervorrufen.

Vorkommen: Sommer und Herbst sind die Jahreszeiten, in denen man in Laub- wie in Nadelwäldern das hübsche Eselsohr antrifft. Die Zartheit der Pilze weist schon darauf hin, daß zu ihrem Gedeihen anhaltende Feuchtigkeit nötig ist. Die Art ist durchaus an den Wald gebunden; hier liegt aber eine Bindung an den Humus, nicht an bestimmte lebende Baumarten vor. (Vgl. zum Unterschied den Butterpilz, Nr. 8.) Eine gewisse Vorliebe für kalklehmige Böden bewirkt es wohl, daß wir diesen Pilz in den Laubwäldern häufiger antreffen als unter Nadelbäumen, deren Streu den Boden rascher versauern läßt.

Wert: Das Eselsohr ist wegen seiner Dünnfleischigkeit alles andere als ergiebig, doch zählt es zu den guten Speisepilzen.

Andere Arten: Die Verwechslungsmöglichkeiten sind sehr gering. Alle etwas ähnlichen Öhrlinge und Becherlinge sind ebenfalls eßbar. Von ihnen sei hier das mehr im Nadelwald vorkommende, kleinere, ausgesprochen hellbraun gefärbte H a s e n o h r , *Otidea leporina* (Batsch) Fuck., erwähnt; das Sammeln lohnt sich schon deshalb kaum, weil im Herbst zur Zeit seines Erscheinens genügend andere, ausgiebigere Pilze zur Verfügung stehen. Von den ringsum gerandeten Becherlingen ähnlicher Größe gehört der eßbare O r a n g e n b e c h e r l i n g , *Aleuria aurantia* (Fr.) Fuck., zu den häufigeren. Die schließlich flach dem kahlen Erdboden anliegenden Scheiben dieses Herbstpilzes haben viel dunklere Orangefarbe als das Eselsohr.

76. Bischofsmütze, Mützenlorchel

Gyromitra infula (Schff. ex Fr.) Quél.
Familie: Lorchelpilze *(Helvellaceae)*

Kennzeichen: Der bizarr gestaltete Hut dieses absonderlichen Pilzes besteht aus gänzlich unregelmäßig auf- und abwärtsgebogenen Lappen, die oftmals zu zwei oder drei Spitzen nach oben gezogen sind. Ihre durch solche Ausfaltungen vergrößerten Außenflächen sind von purpurbrauner bis kastanienroter, trocken zimt- bis ockerbrauner Farbe und haben einen reifartigen Schimmer. Der Stiel ist ebenfalls unregelmäßig gebaut, grubig, flachwulstig, weißlich mit fleischviolettlichem oder ockerlichem Ton. Seine Oberfläche ist feinkörnelig. Das Innere von Hut und Stiel ist hohl und durch verbogene Längs- und Querwände in Kammern zerlegt, deren Innenflächen ebenfalls fein gekörnelt sind.

Vorkommen: Dieser Herbstpilz gehört in vielen Gegenden zu den Seltenheiten. Feuchte, etwas lichte Plätze im Nadelwald, entweder mit lockerem Mooswuchs oder mit Gräsern und Waldkräutern bestanden, sagen ihm zu. Er tritt gesellig auf, wobei einzelne Exemplare sehr ansehnlich und gewichtig werden können.

Wert: Bei der Seltenheit des Pilzes, der als eßbar und schmackhaft gilt, ist das Einsammeln für Speisezwecke nur ausnahmsweise möglich. Das knorpelige Fleisch des Stieles wird am besten nicht verwendet.

Ähnliche Arten: Unter den im Herbst erscheinenden Lorcheln gleicht der jungen Bischofsmütze die Elastische Lorchel, *Helvella elastica* Bull. ex St.-Am., ein wenig in der Form. Die Lappenbildung ist jedoch geringer, die Farbe heller, der Stiel dünner, der ganze Pilz viel schmächtiger. Weit ähnlicher kann die Riesenlorchel, *Gyromitra gigas* (Krombh.) Cke., werden. Sie ist ein Frühlingspilz von hellzimtbrauner Farbe, ist viel gedrungener und hat kürzeren, dickeren Stiel. Da diese Art der frisch giftigen Frühlorchel nähersteht, wird auch bei ihr zum Abbrühen vor der Zubereitung geraten. Die Frühlorchel, *Gyromitra esculenta* Pers. ex Fr., zählt in manchen Gegenden mit sandigen Böden zu den häufigsten Frühlingspilzen. Ihr rotbrauner, wulstig gestalteter „Hut“ auf kurzem, weißlichem Stiel bietet einen durchaus anderen Anblick als die bisher betrachteten Lorcheln. (Über ihre Giftigkeit siehe Text zu Nr. 77.)

77. Herbstlorchel *Helvella crispa* (Scop.) Fr.

Familie: Lorchelpilze *(Helvellaceae)*

Kennzeichen: Auf rippig gefurchtem Stiel von vielfältiger Gestalt sitzt ein lappiges, unregelmäßig verbogenes Gebilde, das durch seine Sattelform oder durch einseitige Aufwölbungen einen absonderlichen Anblick bietet. Die Oberseite der Lappen ist gleichmäßig ockerlich bis fast weiß, die Unterseite mehr nußbraun. Der außen gerippte Stiel ist innen mit Längskammern durchsetzt und von knorpeliger Beschaffenheit. Mitunter findet man Stücke von 15 cm Höhe. Wenn der Pilz plötzlich dem Sonnenlicht ausgesetzt oder die Hutlappenoberfläche leicht gerieben wird, steigt sofort eine feine Wolke empor, die aus den winzigen Sporen, den Fortpflanzungszellen, besteht. Im durchfallenden Sonnenlicht flimmern diese wie Staubteilchen.

Vorkommen: Wie schon der Name sagt, ist unsere Art ein Kind des Herbstes. Mit Vorliebe besiedelt dieser Pilzkobold die Ränder der Waldwege und Waldstraßen, wo sie durch Gebüsch etwas gedeckt und feucht sind. Auch zwischen Schottersteinen am grasigen Bord findet die Herbstlorchel günstige Bedingungen, wenn nur Waldhumus dazwischen ist. In das Innere der Bestände dringt sie aber wenig ein, und ebenso ist sie fernab vom Wald kaum einmal zu finden.

Wert: Man darf diesen Pilz trotz seiner zählichen Beschaffenheit als angenehm aromatischen Speisepilz bezeichnen. Besonders solchen Pilzessern wird er willkommen sein, die auf eine Pilzkost Wert legen, an der auch etwas zu beißen ist.

Verwandte: Von ähnlich gebauten Pilzen sei die Grubenlorchel, *Helvella lacunosa* Afz. ex Fr., erwähnt. Sie unterscheidet sich fast nur durch ihre grauschwärzliche Farbe und den im ganzen etwas kleineren Wuchs. Wenn der Blick zufällig auf solch ein graues Etwas im Grase fällt, glaubt man die gewundenen Erdhäufchen, die vom Regenwurm ausgeschieden werden, vor sich zu haben. Erst bei genauem Zusehen erkennt man die Lorchel. Die braunrote Frühlorchel, *Gyromitra esculenta* Pers. ex Fr., mit wulstigen Hutlappen, kommt schon im März und April vor, bewohnt sandige Kiefernwälder und ist in Süddeutschland selten, während sie in Norddeutschland stellenweise Massenpilz ist. Frisch und ungenügend gekocht kann sie lebensgefährlich giftig sein. Man muß daher das Kochwasser wegschütten. Bei unseren Herbstlorcheln ist dies aber völlig überflüssig. Gedörrte Lorcheln sind ungiftig.

Eßbar

78. Rundmorchel *Morchella esculenta* Pers. ex St.-Am.

Familie: Morchelpilze *(Morchellaceae)*

Kennzeichen: Auf gelblichweißem, hohlem Stiel erhebt sich ein länglicher oder runder „Kopf". Dieser ist innen hohl, außen aber unregelmäßig wabenartig gekammert. Am ganz jungen Pilz sind diese Waben eng, erweitern sich dann und können bei großen Pilzen, die manchmal bis über 20 cm Gesamthöhe erreichen, etwa 1 cm weit werden. Die vorherrschende Farbe ist Ockergelb, abgestuft von ganz blaß bis zu Trüborange. Oft sind die Außenränder leicht rostig angelaufen, was auf unserer Tafel deutlich zu erkennen ist. Es gibt aber auch ganz graubraune und schieferfarbige Formen, die in Gestalt und Größe nicht abweichen. Der Stiel ist ziemlich knorpelig, die Kammern des Kopfes sind dagegen eher zerbrechlich zu nennen. Der Pilz hat einen eigentümlich würzigen Duft, der wie bei anderen Morchelarten sich alsbald nach dem Pflücken den Händen mitteilt.

Vorkommen: Morchelfundorte pflegen sehr beständig zu sein auch wenn sie nicht alljährlich Erträge liefern. Um die Mitte April erscheinen die Pilze. In 2 bis 3 Tagen sind sie ausgewachsen, neue können noch bis in den Mai hinein hinzukommen. Am sichersten findet man sie unter Eschen und Pappeln, weniger bei anderen Laubhölzern. Der Boden muß krümelig, humos oder lehmig sein. Zuviel Fallaub ist nachteilig, lockere Grasnarbe dagegen günstig, dichte verursacht oft Krüppelformen. Auwälder, kalkgeschotterte Ränder von Waldstraßen, auch die Rasenbänke und Grabenböschungen obstbaumgesäumter Landstraßen sind bevorzugte Wuchsorte. Eschenhaine, auch kleinsten Umfanges, sollte man regelmäßig nach Morcheln absuchen. Eine Bindung an die lebenden Baumwurzeln liegt jedoch nicht vor. (Vgl. z. B. Nr. 9.)

Wert und Verwechslungen: Alle Morchelarten sind gesuchte Delikateßpilze. Verwechslungen der Arten untereinander sind schon möglich, doch ungefährlich. Immerhin haben schon größere Mengen von Rundmorcheln, ohne Abbrühen zubereitet, trotz genügenden Kochens leichte Schwindelzustände hervorgerufen. Von Vergiftung wird man hier nicht sprechen dürfen, aber es empfiehlt sich, die Rundmorcheln mit kochendem Wasser zu übergießen und dieses nach 5 Minuten zu entfernen. Von der Rundmorchel kommt eine kegelig verlängerte Form vor, die leicht für die Spitzmorchel (Nr. 79) gehalten werden kann. Über die frisch giftige Frühlorchel vgl. unter Nr. 77.

79. Spitzmorchel *Morchella conica* Pers.
Familie: Morchelpilze *(Morchellaceae)*

Kennzeichen: Die Spitzmorchel ist durch die ausgeprägt zugespitzte Hutform und eine braungraue Färbung ausgezeichnet. Sie erreicht gewöhnlich nur 10 cm Höhe. Auffällig sind die Längsrippen auf dem „Hut": Die längs verlaufenden Kammerwände sind kräftiger und ragen deshalb etwas mehr hervor. So werden sie zu Längsleisten. Die Kämmerchen selbst sind sehr in die Länge gezogen und auch regelmäßiger als bei anderen, sonst ähnlichen Morcheln. Der S t i e l zeigt eine deutliche Körnelung, die auf unserer Tafel gut sichtbar ist. Der Hutrand greift etwas über das Stielende herunter.

Vorkommen: Die Art besiedelt lieber den Sand- als den Kalkboden. Auf beschatteten Rasenflächen sowie an Waldrändern und -wegen, ja sogar auf Brandflächen erscheint sie oft in Trupps. Schon Mitte März können die ersten da sein. Im Mai findet man sie nur noch vereinzelt.

Wert: Die Spitzmorchel wie die nachstehend genannte Graue Morchel dürfen als die wohlschmeckendsten in der erlesenen Schar unserer Speisemorcheln gelten. Es wird ihnen denn auch eifrig nachgestellt. Man achte besonders darauf, keine zu alten Pilze einzusammeln. Sie sind schwer verdaulich und können, in Verwesung übergehend, unbekömmlich sein. Stücke mit angetrockneten oder schimmeligen Teilen lasse man daher beiseite. Ein Überbrühen, wie es bei der Rundmorchel angeraten wurde, ist bei Spitz- und Graumorchel nicht erforderlich. Auch die sehr ergiebige, im Geschmack aber nicht so hervorragende Hohe Morchel ist ohne Abbrühen verwendbar.

Verwandte: In den Ausmaßen der Spitzmorchel hält sich die G r a u m o r c h e l , *Morchella deliciosa* Fr.; sie ist walzenförmig, oben angerundet bis zugespitzt, ohne deutliche Längsrippen. Ihre Farbe kann Oliv bis Reingrau, selten auch Fleischrötlich sein. Sie gedeiht an ähnlichen Orten wie die Spitzmorchel, geht aber ebenso gerne mitten in die Tannenbestände hinein. Oft sitzen die Fruchtkörper mit anfangs knollig-verdicktem Grund auf den wenig oder gar nicht von der Nadelstreu bedeckten Stellen gesellig geschart. Die Graue Morchel hat eine Vorliebe für Kalkböden und ist z. B. auf dem Muschelkalk des Schwarzwaldvorlandes die häufigste Morchel. Die Unterschiede zwischen Spitz- und Graumorchel sind oft so gering, daß man versucht ist, in der Graumorchel nur eine Varietät der Spitzmorchel zu sehen.

Die H o h e M o r c h e l , *Morchella elata* Fr., tritt erst im Mai auf. Sie wird gewiß oft für eine große Spitzmorchel gehalten, ist aber durch das Dreifache an Größe und olivliche Töne ausgezeichnet. Der Kopf ist walzig gestreckt, im Umriß eher spitzbogenartig. Die weißliche Stielfarbe geht bald ins Ockergelbe über, die Hutrippen werden schließlich schwärzlich.

80. Weiße Trüffel *Choiromyces maeandriformis* Vitt.
Familie: Echte Trüffeln *(Tuberaceae)*

Kennzeichen: Von den in Mitteleuropa vorkommenden Trüffeln ist die Weiße Trüffel eine der häufigen oder zumindest verhältnismäßig leicht auffindbaren Arten. Die weißlichen, später ockergraulichen bis lehmbräunlichen faustgroßen Fruchtkörper mit gewöhnlich unregelmäßigen Beulen sehen wie hellschalige Kartoffeln aus. Sie bekommen zuletzt eine felderigrissige Oberfläche. Im Inneren des hartfleischigen Gebildes gehen von der nur undeutlichen Anwachsstelle der Unterseite weiße, schmal bandartige Stränge aus, die den ganzen Pilz durchsetzen, sich vielfach verzweigen und verästeln. Sie lassen zwischen sich Raum für hin und her gewundene graulehmfarbene Bänder und Streifen, die beim Anschneiden, je nachdem wie sie getroffen werden, rundliche bis stark in die Länge gezogene Querschnitte zeigen. In ihnen entstehen bei der Reife die Sporen, welche erst durch Erweichen und Zerfallen des Fruchtkörpers frei werden können. Das frische Pilzfleisch ist kernig, fest und hat einen eigentümlich strengen, aromatischen Duft, der beim Vergehen durchdringend widerlich wird.

Vorkommen: Die Weiße Trüffel wächst unterirdisch heran, ragt aber bald mit dem Scheitel bis zu einem Drittel heraus. Auch dann ist sie noch leicht zu übersehen, und manchmal stößt der Schuh des dahinwandernden Pilzsuchers an die Knollen, die sonst gar nicht entdeckt worden wären. Fichtenbestände, auch jüngere Stangenwälder auf lehmig-kalkigem Boden werden bevorzugt. In der Nadelstreu und auf festerem Boden gedeihen mitunter im Umkreis von 100 Metern 20 und mehr Exemplare. Unsere Tafel zeigt ein aus dem Boden gehobenes angeschnittenes Stück neben einem zweiten, das noch im Boden steckt. Oft legen starke Regengüsse die Trüffel frei. Die Reifezeit fällt in den Sommer und Frühherbst. Für mehrere Trüffelarten ist nachgewiesen, daß sie mit den Waldbäumen in enger Lebensgemeinschaft stehen, wie sie von vielen Röhrlingen und Blätterpilzen bekannt ist. Auch bei unserer Art dürfte ein solches Wurzel-Pilz-Verhältnis vorliegen.

Wert: Die Weiße Trüffel eignet sich hervorragend als Würzpilz zu Suppen, Gemüsen, Fleischspeisen und Soßen. In Streifen geschnitten und gebraten ergibt sie ein Gericht von ausgeprägtem Aroma.

Verwechslungen kommen nicht vor, wenn auf Wuchsform, auf die auch innen hellen Farben und die kennzeichnende Marmorierung des harten Fleisches geachtet wird. Der schwach giftige Kartoffelbovist, *Scleroderma aurantium* Vaill. ex Pers., könnte nach Form und Farbe an Trüffeln denken lassen, gehört aber in den durchaus verschiedenen Verwandtschaftskreis der Bauchpilze *(Gasterales)*. Er unterscheidet sich leicht durch oberirdisches oder nur schwach eingesenktes Wachstum und das schon bald violettschwarz werdende Innere der derbschaligen Fruchtkörper.

Anleitung zum Sammeln und Verwerten der Speisepilze

Schon im Altertum kannte man den Wert der Pilze und pries ihren Wohlgeschmack. Aber auch über Pilzvergiftungen ist in Berichten aus der Römerzeit die Rede. In vielen Ländern hat die Verwendung der Pilze zu Speisezwecken eine alte Tradition. Notzeiten haben immer wieder auf die Pilze zurückgreifen lassen. Wenn auch ihr tatsächlicher Nährwert hinter dem theoretisch errechenbaren zurückbleibt, so gehören gut zubereitete Pilzmahlzeiten nicht nur zu den Genüssen des Feinschmeckers, sondern stellen sehr wohl auch für die Bevölkerung waldreicher Gegenden eine wichtige Kost dar.

Wer zum Pilzsammeln auszieht, muß entsprechend „zünftig" vorbereitet sein. Ein fester Korb, gegebenenfalls ein zweiter, der sich im Rucksack unterbringen läßt, und ein Küchenmesser sind die wichtigsten Ausrüstungsgegenstände. Weiche Tragtaschen, Netze oder ein Rucksack, dem innen jede Stütze fehlt, sind ungeeignet. An Regentagen sind die Pilze durchwässert, schmierig und unansehnlich. Man sammelt also erst beim Einsetzen trockeneren Wetters. Die Hauptregel lautet: Sammle nur, was du genau und einwandfrei mit Namen kennst und an seinen Merkmalen erkennst! Am Fundort dreht man die Pilze so ab, daß möglichst wenig Humus mit herausgerissen wird. Der sichere Kenner darf seine Pilze ganz unten am Stielgrund abschneiden. Die oft geäußerte Ansicht, dann „faule die Wurzel", ist völlig abwegig. Jeder nicht geerntete Pilz fault bis an die „Wurzel", genauer ausgedrückt, bis zum Bodengeflecht, das dadurch keinen Schaden nimmt. Dagegen muß der Grundsatz gelten, keinen einzigen Pilz ungereinigt in den Korb zu legen, auch wenn der Jagdeifer noch so drängt. Ganz junge „Knöpfe" läßt man unverändert stehen, überreife Veteranen ebenso. Ausgefressene, angefaulte, matschige und mißfarbene Stücke bleiben unbeachtet. In der Regel wird man durch Längshalbierung feststellen, ob die Pilze madig sind. Besonders Täublinge, Ritterlinge und Röhrlinge,

Egerlinge, Perl- und Reifpilze machen dies erforderlich, während Pfifferlinge kaum einmal, Stoppelpilze meist nicht madig sind. Beim Vorreinigen wird die Stielbasis vom Schmutz gesäubert, geringfügiger Madenfraß ausgeschnitten, schmierige Huthaut abgezogen, trockene saubergeschabt. Lamellen und Röhrchen brauchen, wenn sie sauber sind, nicht entfernt zu werden. Bei größeren Stoppelpilzen schabt man am besten die Stacheln weg, da sie sonst unterwegs leicht abbrechen und als Krümel überall anhaften. Zarte und derbe Pilzarten werden getrennt untergebracht. Wenn dichtes Unterholz, namentlich von Fichten, durchsucht wird, muß der Sammelkorb vorher mit einem Tuch oder Papier vor den abfallenden Nadeln geschützt werden. Ebenso ist bei unterwegs einsetzendem Regen zu verfahren. Große Pilze hinterlassen im Boden beim Herausdrehen erhebliche Löcher; man sollte den Boden darüber stets wieder andrücken. Unbekannte und verdächtige Pilze stößt man nicht um, auch nicht, um andere Sammler vor „giftigem Zeug“ zu bewahren. Der richtige Pilzjäger verweilt im guten Gelände. Er streift langsam und ruhig kreuz und quer hindurch und mustert sorgfältig den Wald- oder Wiesengrund. Bei der Rast stellt er die Pilze stets in den Schatten. Nach der Rückkehr werden diese sofort auf einem Tisch oder auf Holzbrettern nebeneinander ausgebreitet. Sie atmen nämlich weiter und erzeugen dabei eine beträchtliche Wärme. Davon kann man sich leicht überzeugen, wenn man Pilze hoch aufgeschichtet liegen läßt und nach einigen Stunden ein hineingestecktes Thermometer abliest. Hohe Wärme aber beschleunigt die Verwesung.

Am besten ist es, sofort nach der Rückkehr die Zubereitung vorzunehmen. Abfall gibt es ja dank der Vorreinigung draußen kaum mehr zu entfernen. So bleibt nur noch das Zerschneiden in größere oder kleinere Stücke übrig. Stundenlang an den Pilzhüten und -stielen herumzuschaben, ist völlig überflüssig. Rezepte zu geben, dürfte sich an dieser Stelle erübrigen, da in jedem Kochbuch die einschlägigen Anweisungen stehen. Es gibt auch besondere Pilzkochbüchlein. Als Gerichte kommen hauptsächlich in Betracht: Pilzsuppe, -gemüse, -salat (nie von rohen Pilzen!), Bratpilze, Pasteten, Klöße, Küchlein, ganze Pilzhüte paniert gebacken, Reis mit Pilzen, Pfannkuchen, Tomaten mit Pilzfülle, Haschee und Gulasch mit Fleisch gemischt. Viel Petersilie, geriebener Käse, etwas saurer Rahm, Weißwein (dagegen kein Pfeffer!) erhöhen das Aroma, wie jede findige Hausfrau bald selbst herausbekommen wird. Übergroße Pilzernten lassen sich für die Winterzeit haltbar machen. Das Einmachen in Weckgläsern erhält unstreitig den Eigengeschmack der Pilze am besten. Einfacher ist das Trocknen auf Hürden, an Schnüren oder bei künstlicher Wärme. Nur muß dabei für den ungehinderten Abzug des reichlich entstehenden Wasserdampfes gesorgt sein. Es eignen sich dazu nur diejenigen fleischigen Arten, die nicht zum raschen Faulen neigen; ganz ungeeignet sind Tintlinge, wenig geeignet Pfifferlinge,

Egerlinge, Butterpilze, Reizker, sehr gut Steinpilze, Stoppelpilze, Herbsttrompete, Morcheln und Lorcheln. Auch das Haltbarmachen in Salz oder Essig und die Verwertung in Form von Pilzextrakt und Pilzpulver (durch Zermahlen getrockneter Pilze gewonnen) wird vielfach angewendet und kommt für alle Pilzarten in Betracht.

Im Nährwert sind Pilze den besten Gemüsen völlig ebenbürtig, erreichen aber den von magerem Rindfleisch nicht ganz. Der Eiweißgehalt übersteigt zwar den der meisten anderen Nahrungsmittel. Er kann aber leider nicht voll ausgewertet werden, weil er in den Zellen eingeschlossen und daher den Verdauungssäften nur schwer zugänglich ist. Pilze gehören daher zu den schwer verdaulichen Speisen. Auch als Vitaminträger kommen sie in Betracht. Der hohe Wassergehalt verbietet es, den Pilzen beim Kochen noch Wasser zuzusetzen. Um die Verdaulichkeit nicht noch mehr herabzumindern, gebe man Salz und Würzstoffe erst nach dem Weichdünsten bei und koche, backe oder dünste unter reichlicher Fettzugabe nicht länger als 20 Minuten.

Giftpilze

Wer Speisepilze sammeln will, hat eine begreifliche Furcht vor Pilzvergiftungen, kommen doch alljährlich schwere Fälle mit tödlichem Ausgang vor, die meist auf Verwechslungen zurückzuführen sind. Auch können eßbare Arten dann gefährlich giftig werden, wenn sie schon in Zersetzung übergegangen sind, sei es, daß sie schon im Walde „überständig" waren, sei es, daß sie nach dem Einsammeln oder nach der Zubereitung zu lange stehen gelassen wurden.

Was die eigentlichen Giftpilze betrifft, so gibt es keinerlei Anzeichen, die auf den Giftgehalt eines Pilzes hinweisen würden. Alle dahin gehenden Meinungen entspringen dem Bestreben, es beim Pilzsammeln möglichst bequem zu haben und auf scharfes Beobachten verzichten zu können. Die Legenden von dem silbernen Löffel, der schwarz wird, der mitgekochten Zwiebel, der Blauverfärbung, dem Schneckenfraß, dem angenehmen oder „giftigen" Geruch sind allesamt gefährliche Irreführung. Was in einzelnen Fällen auf eine Pilzart zutreffen mag, wird bedenkenlos verallgemeinert und dadurch, daß es von „Kennern" weiter verbreitet wird, zur verantwortungslosen Gefährdung des Lebens vieler leichtgläubiger Pilzsammler. Es hilft nur das eine: man muß jede Pilzart, die man sammeln will, genau kennenlernen. Das bedeutet zwar Mühe und geistige Anstrengung, der Erfolg lohnt aber den Aufwand und stärkt das Selbstvertrauen.

Dem Anfänger fehlt allerdings die Übersicht. Er weiß ja nicht, worauf es bei der Artenunterscheidung ankommt, und kann nicht beurteilen, ob beispielsweise der Steinpilz wenig oder stark abändert, ob er also leicht oder schwer wiederzuerkennen ist, ob es viele ihm ähnliche Arten gibt und ob darunter nur harmlose oder auch gefährliche Doppelgänger sind. All das macht den angehenden Pilzkenner unsicher, sofern er gewissenhaft ist, oder aber leichtsinnig, sofern er zu den sorglosen Naturen gehört. Vor der Redensart „Es gibt ja nur so wenige Giftpilze!" muß nachdrücklich gewarnt werden, da schon einer von den wenigen den Tod bringen kann. Ganz falsch wäre es, sich alle Giftpilze merken zu wollen, um dann „alle andern" getrost zu verspeisen. So geht das nicht! Es stehen nämlich dabei über zweitausend Pilzarten zur Wahl. Bei vielen Gattungen herrscht Unklarheit über die Artentrennung, so daß man nicht mit absoluter Sicherheit sagen kann, daß alle, und besonders die seltener vorkommenden Arten, bezüglich ihrer Giftigkeit erforscht sind. Es gilt ja übrigens nicht nur, Giftpilze zu vermeiden, sondern auch jene verhältnismäßig zahlreichen Arten auszuscheiden, die minderwertig oder für den Genuß völlig untauglich sind, ohne giftig zu sein. Viele Pilze schmecken bitter, scharf, dumpfig, ranzig oder sonstwie unangenehm, oder sie sind so zäh, holzig, wässerig oder glitschig, daß schon ihre Beschaffenheit das Einsammeln verbietet, und schließlich können sie so winzig sein, daß niemand Zeit und Mühe auf sie verwenden wird. Die genaue Bestimmung gewisser Artengruppen macht wegen der großen Variabilität und der oft ganz geringen Merkmalsunterschiede selbst dem gewiegten Fachmann erhebliche Schwierigkeiten. Für den ungeübten und weniger scharf beobachtenden Laien ist es erst recht unmöglich, alle Pilzfunde einwandfrei richtig zu bestimmen. Um sich vor Pilzvergiftungen zu schützen, sollte er daher zunächst die auf unseren 80 Tafeln dargestellten Speise- und Giftpilze durch Text und Bild gründlich kennenlernen, dann versuchen, sie in Wald und Flur aus der Vielzahl aller übrigen herauszufinden und durch Nachprüfung zu bestätigen. Wo sich ihm Gelegenheit bietet, mit einem anerkannten Pilzkenner auf Exkursion zu gehen, mache er davon Gebrauch. Dazuhin möge er sich in die nachstehend gegebene Übersicht der Giftpilze vertiefen. Diese soll ihn vorerst nur befähigen, die Verwechslungsgefahren, denen er beim Sammeln von Speisepilzen ausgesetzt ist, richtig einzuschätzen. Der nächste Schritt wird darin bestehen, die in den Anmerkungen zu den Bildbeschreibungen erwähnten Arten in das Studium mit einzubeziehen. Damit wird es möglich sein, in kurzer Zeit ein gutes Hundert an Pilzarten sicher kennenzulernen.

Bestimmungsübersicht über die Giftpilze

Erste Gruppe von Giftpilzen: Weißblättrige Blätterpilze. Pilze mit Hut und Stiel. Hutunterseite mit strahlig angeordneten, weiß bleibenden, allenfalls gelblichen Blättchen (Lamellen).

A. W u l s t l i n g e. Hut anfangs ganz von äußerer Hülle, später meist mit deren Resten bedeckt. Manschette am Stiel, von der Spitze herabhängend, anfangs über die Lamellen ausgespannt, sie verdeckend. Stielgrund knollig, mit Hautrand oder mit Schuppengürtel (wie beim eßbaren Perlpilz Tafel 35). Zu den Wulstlingen gehören die gefährlichsten Giftpilze, nämlich

a) mit lappig gesäumtem Knollenrand, Hüllreste auf Hut spärlich oder fehlend.

1. Grüner Knollenblätterpilz, *Amanita phalloides* (Vaill. ex Fr.) Secr. Hut aus weißer Haut hervorbrechend. Haut umgibt anfangs den ganzen Pilz. Vorsicht! Nicht mit jungen Bovisten verwechseln. Hut weiß bis olivgrün, fein dunklerfädig, klebrig. Lamellen bleibend weiß, dichtstehend, den Stiel nicht ganz erreichend, daher „frei". Stiel oft grünlich natternartig gegürtelt, von dem häutigen Randsaum der kräftigen Knolle umgeben. Fleisch reinweiß, mit schwachem Geruch nach Honig. (Der immer wieder betonte Kartoffelgeruch kommt dem häufigen, ungefährlichen Gelblichen Knollenblätterpilz, *Amanita citrina* Schff. ex Rocques, zu.) Unter Eichen, auch Buchen. In kleinster Menge tödlich giftig! Abbildung Tf. 29.

2. Frühlingsknollenblätterpilz, *Amanita verna* Pers. ex Fr. Vielfach nur als Abart des vorigen betrachtet, bleibt reinweiß und kleiner. Bei uns sehr selten. Ebenfalls lebensgefährlich giftig!

3. Spitzhütiger Knollenblätterpilz, *Amanita virosa* Lam. ex Secr. Ganz weißer, kegelig bleibender Hut, Mitte manchmal gelblich. Manschette und Außenhülle fetzig-flockig, daher leichter vergänglich. Auch im Nadelwald. Tödlich giftig. Größte Vorsicht, da Form, Farbe und Vorkommen wie beim Anisegerling (Champignon). Abbildung Tf. 30.

b) mit kurz angeschnittenem, gerundetem Knollenrand, Hüllreste auf Hut als zahlreiche Pusteln, manchmal zum Teil abgewischt.

4. Pantherpilz, *Amanita pantherina* (DC. ex Fr.) Schum. Leber- bis hellbrauner Hut, konzentrisch angeordnete, reinweiße Hüllreste als mehlige Warzen. Hutrand kurz gerieft, Lamellen und Stiel reinweiß, Manschette oberseits glatt. Stiel sieht aus wie in die Knolle hineingestopft. Laub- und Nadelwald. Gefährlich giftig! Abbildung Tf. 33. Nicht mit dem Perlpilz verwechseln (vgl. Tafel 34)!

c) mit Warzengürteln besetzte, zwiebelige Stielknolle. Hüllreste auf dem Hut wie bei b).

5. Fliegenpilz, *Amanita muscaria* (L. ex Fr.) Hook. Allbekannter, leuchtendroter Pilz (auch in Orange verblassend), mit konzentrischen, derben, weißen Warzen, die anfangs lückenlos zusammenschließen. Fleisch unter Huthaut zitronengelb (so auch bei den braunhütigen Abarten), sonst weiß. Besonders bei Birken, Kiefern, Fichten. Giftigkeit wechselt, Gift kochbeständig, aber wasserlöslich, kann daher mit dem Kochwasser entfernt werden. Dennoch: Gefährlicher Giftpilz! Abbildung Tf. 32.

6. F a l s c h e r P e r l p i l z, *Amanita pseudorubescens* Herrf. Dunkler braun, Manschette violettlichgrau, sonst wie der eßbare Perlpilz (Tafel 34), sehr selten, nicht allgemein als Art anerkannt. Mehrere schwere Vergiftungsfälle in Norddeutschland werden ihm zugeschrieben. Alle übrigen Wulstlinge, z. T. auch die eßbaren Arten, sind roh mehr oder weniger unbekömmlich.

B. S c h i r m l i n g e. Von den Wulstlingen unterschieden durch das Fehlen der allgemeinen Hülle, daher nie mit abwischbaren Pusteln oder Fetzen auf dem Hut, dagegen oft schuppig werdend (vgl. den eßbaren Riesenschirmpilz Tafel 38). Stielgrund kann verdickt sein, stets ohne Hautrand oder Wulst. Wenigen großen Arten stehen zahlreiche kleinwüchsige gegenüber. Unter den kleinen Arten eine Gruppe sehr gefährlicher Giftpilze.

7. F l e i s c h r ö t l i c h e r S c h i r m l i n g, *Lepiota brunneoincarnata* Chod. et Mart. Hut ockerbraun-schuppig zerbrechend mit rotviolettlicher Tönung, bis 6 cm breit. Stiel mit schmalem Ring, Pilz außen und innen hell fleischrot anlaufend. Gefährlich giftig; ebenso mehrere hier anzuschließende ähnliche Arten, die alle sehr selten und wenig bekannt sind.

C. R i t t e r l i n g a r t i g e Blätterpilze. Ohne Außenhülle, ohne Ring am Stiel, mehrere hundert Arten umfassend, mit fleischigen, weder knorpelig dünnen, noch röhrighohlen Stielen, von den Rüblingartigen nicht immer leicht abzugrenzen. Giftig drei Arten, von denen die dritte aus praktischen Gründen hier in die Gruppe der farbigblättrigen eingereiht ist.

8. T i g e r r i t t e r l i n g, *Tricholoma pardinum* Quél. (= *tigrinum* vieler Autoren). Etwas den Erdritterlingen ähnlich (vgl. Tafel 56), aber größer, fleischiger, weißgraulich mit grauen, breiten Hutschuppen. Stiel oben meist mit Wasserperlen besetzt. Geruch nach frischem Mehl. Laub- und Nadelwald auf Kalkboden. Nicht lebensgefährlich, aber immer wieder Ursache unangenehmer Erkrankungen. Vorsicht beim Sammeln grauschuppiger Ritterlinge! Abbildung Tf. 57.

9. Rinnigbereifter G i f t t r i c h t e r l i n g, *Clitocybe rivulosa* (Pers. ex Fr.) Kumm. Mit unserer auch zu den Trichterlingen gehörenden Graukappe (Tafel 49) nur in den etwas herablaufenden Lamellen übereinstimmend, sonst aber viel kleiner, dünnstielig, mit weißlichem, später etwas fleischfarbenem, bereiftem Hut, auf dem feine, flache Rinnen konzentrisch verlaufen. Lamellen bald gelblich. Außerhalb des Waldes, auf Wiesen in Hexenringen, Herbst. Gehört trotz seiner Unscheinbarkeit zu den gefährlichen Giftpilzen. Abbildung des sehr ähnlichen weißen Gifttrichterlings, *Clitocybe dealbata* (Sow. ex Fr.) Gill., Tf. 51.

Zweite Gruppe von Giftpilzen: Farbigblättrige Blätterpilze, Lamellen weder weiß noch weiß bleibend, sondern gelb, rosa, bräunlich, violett oder schwarz.

Zu C., Ritterlingartige Blätterpilze, gehört auch

10. Ö l b a u m t r i c h t e r l i n g, *Clitocybe (Omphalotus) olearia* (DC. ex Fr.) R. Mre. Bei uns äußerst selten, einziger Giftpilz an altem Holz, prächtig orange-braun, am etwas seitlich stehenden (exzentrischen) Stiel weit herablaufende, orangefarbige Lamellen, die im Dunkeln gut erkennbares Licht ausstrahlen. Nur in klimatisch günstigsten Gebieten, büschelig an Kastanie, Eiche, Nußbaum. Dem Falschen Pfifferling, ja sogar dem Echten ähnlich, aber kaum zu verwechseln.

D. R i ß p i l z e. Kleine bis mittelgroße Blätterpilze ohne Ring, jung bisweilen mit Fasern zwischen Hut und Stiel, Hutform fast immer kegelig, dann ausgebreitet mit bleibendem Buckel. Junge Erdritterlinge (Tafel 55) sehen manchmal wie Rißpilze aus, Hut weiß, ocker, hell- bis dunkelbraun, auch lila und grün getönt, oft faserig oder feinschuppig, strahlig einreißend. Lamellen werden immer graulich bis bräunlich erdfarben oder oliv. Stielspitze meist fein weißmehlig oder schuppig. Geruchlos oder häufiger widerlich riechend. Etwa hundert Arten, großenteils giftig oder giftverdächtig. Sehr ansehnlich und zugleich gefährlich ist:

11. Z i e g e l r o t e r R i ß p i l z, *Inocybe patouillardii* Bres. Hut weiß, allmählich ziegelrot-streifig, angedrückt faserig, fleischig kegelig, dann ausgebreitet mit stumpfem Buckel, wenig einreißend, Lamellen graulich, bald olivbräunlich. Stiel weiß, kurz, ohne Ring, etwa gleich dick. Geruch unangenehm widerlich. Pilz schließlich überall rötend. Auf Rasenflächen, an Waldrändern, in Gebüsch, unter Parkbäumen, schon im Juni. Wurde schon mit dem eßbaren Mairitterling und sogar mit Egerlingen verwechselt. Ist lebensgefährlich giftig. Man meide alle kegelig gebuckelten, faserrissig- oder schuppighütigen Blätterpilze mit erdfarbig-olivlichen Lamellen und weißmehliger Stielspitze. (Vgl. Tf. 45 und 46.)

Zu meiden sind auch die mit den Rißpilzen verwandten F ä l b l i n g e, semmelockerfarbige, feucht klebrige Blätterpilze mit trübbraunen Lamellen und weißschuppigem oder überfasertem Stiel. Unter den kräftigen Arten auffallend der in Ringen im Laub- und Nadelwald häufige Rettichfälbling, *Hebeloma crustuliniforme* (Bull. ex St. Am.) Quél., riecht nach Rettich, unbrauchbar, da unbekömmlich.

In der nahe verwandten, sehr artenreichen Familie S c h l e i e r l i n g e ist neuerdings ein gefährlicher Giftpilz ermittelt worden, der ziemlich seltene O r a n g e f u c h s i g e H a u t k o p f, *Cortinarius orellanus* Fr. Keine Eßbarkeitsversuche mit unbekannten Pilzen anstellen!

E. R ö t l i n g e. Lamellen bald fleischrosa, Stiel ringlos (wenn beringt, vgl. Nr. 7). Zahlreiche, z. T. kleinere Arten. Unter ihnen mehrere als giftig erkannt.

12. R i e s e n r ö t l i n g, *Rhodophyllus sinuatus* (Bull. ex Fr.) Sing. Erinnert etwas an hochgewachsene Graukappen (Tafel 49), Lamellen anfangs

ockerlich, bald aber fleischrötlich, am Stiel ausgebuchtet, nicht herablaufend. Pilz durch erhebliche Größe auffällig, bis über 20 cm breit. Den Mehlgeruch hat er mit anderen, z. T. eßbaren „Mehlpilzen" gemeinsam. Sommer und Herbst im Laubwald. Nicht tödlich, aber doch gefährlich giftig. Abbildung Tf. 48.

13. Dunkler Giftrötling, *Rhodophyllus vernus* (Lund.) Romagn. Erinnert an einen sehr dunklen Rißpilz, dunkelbraun, trocken heller, mit graurötlichen Lamellen. Schon im April gesellig in Fichtenbeständen. Heftig wirkender Giftpilz. (Vom Verf. 1937 als giftig erkannt.)

Auch die silbergrauen Sommerpilze Niedergedrückter und Alkalischer Rötling, *Rhodophyllus rhodopolius* (Fr.) Quél, und *Rhod. nidorosus* (Fr.) Quél., sind als schwach giftig zu bezeichnen. Rötlinge sind daher zu meiden.

F. Egerlinge. Lamellen über Rosa oder Graurot nach Schokoladebraun bis fast Schwarz verfärbend, Huthaut seidig, Stiel beringt. Selbst unter den Egerlingen (Champignons) gibt es eine Art mit schwacher Giftwirkung:

14. Giftegerling, *Agaricus xanthodermus* Gen. Kann leicht mit dem Dünnen Anisegerling (Tafel 38) verwechselt werden, riecht jedoch nach Tinte und wird im Unterschied von den eßbaren, gelb anlaufenden Arten nicht nur außen, sondern auch in der Stielknolle chromgelb. Beim versehentlichen Kochen entsteht meist ein widerlicher Karbolgeruch. Wächst unter Nadelbäumen, auf Kalk nicht selten. Abbildung Tf. 39.

Dritte Gruppe von Giftpilzen: Nichtblätterpilze. Falls in Hut und Stiel gegliedert, keine Lamellen auf der Hutunterseite, oder Pilz korallenartig gebaut. Hier sind nur drei Arten zu nennen, die ganz verschiedenen Ordnungen angehören und daher auch denkbar verschieden gebaut sind.

G. Röhrlinge. Unterseite des gewölbten Hutes mit leicht ablösbarer Röhrenschicht (vgl. Tafel 1—11).

15. Satanspilz, *Boletus satanas* Lenz. Klumpig-massiger Pilz, Hut grauweiß, klebrig, Röhrenmündungen blutrot, Stiel auf gelbem Grunde blutrot genetzt, Fleisch weiß, hellblau anlaufend, Aasgeruch, seltener Pilz, nur auf Kalk, meist unter Buchen. Nicht lebensgefährlich, aber heftige Wirkung, besonders, wenn roh genossen. Die übrigen Rotporer sind zwar roh auch unbekömmlich, gekocht aber eßbar. Der Anfänger meide sie.

H. Keulenpilze. Diese Familie enthält keulenförmige, meist gelb gefärbte oder korallenartig verästelte Pilze, z. B. die Gattung Ziegenbart (vgl. Tf. 67, 68).

16. Bleicher Ziegenbart, Bauchwehkoralle, *Clavaria pallida* Schff. ex Fr. Gewichtiger, grauockerlicher Pilz, reich verzweigt mit aufstrebenden Ästchen, die jung fleisch-lilafarbig überhaucht sind. Im Laub- und Nadelwald, meist häufig vorkommend. Geruch stark säuerlich, ruft bei den meisten Personen kolikartige Darmstörungen hervor. Die Empfindlichkeit

gegen andere Ziegenbartarten scheint individuell verschieden zu sein. Abbildung Tf. 68.

I. Lorchelpilze. Der Stiel trägt ein lappiges oder wulstig gewundenes Gebilde, das den Namen „Hut“ kaum verdient (vgl. Tafel 76).

17. Frühlorchel, *Gyromitra esculenta* Pers. ex Fr. Ein heimtückischer Pilz, der zwar in den Gegenden seines Massenvorkommens hoch geschätzt und eifrig gesammelt wird, immer wieder aber einzelne schwere, ja tödliche Vergiftungen verursacht. Jüngere, ungenügend gekochte Pilze scheinen daran am häufigsten schuld zu sein. Getrocknet stets völlig ungiftig. Durch ausreichendes Kochen wird das Gift ebenfalls zerstört. Aufbau den Morcheln ähnlich (vgl. Tafel 78), Hutfläche jedoch nicht wabiggrubig, sondern unregelmäßig wulstig erhaben und verschlungen, rotbraun, auf kurzem weißem Stiel, innen wie die Morcheln hohl. Im März—April in sandigen Kiefernwäldern. Bei der Verwertung ist auf jeden Fall Vorsicht am Platze.

Auch die Rundmorchel (Tafel 75) kann, in größerer Menge genossen, nach eigenen Erfahrungen des Verfassers unabgebrüht leichte Schwindelzustände veranlassen.

In älteren Büchern findet man noch andere Arten als Giftpilze geführt: Giftreizker, Speitäubling, Grünblättriger Schwefelkopf, Kartoffelbovist, Falscher Pfifferling und andere werden als giftig bezeichnet, verdienen aber allesamt nur die Bewertung „ungenießbar“. Die brennend scharfen Reizker (Milchlinge) und Täublinge können zwar durch längeres Wässern vor der Zubereitung genießbar gemacht werden. Man wird hiervon jedoch höchstens mangels anderer Speisepilze oder in Notzeiten Gebrauch machen.

Als roh allgemein unbekömmlich wurden oben schon die rotporigen Röhrlinge genannt. Wir müssen auch die meisten Wulstlinge dazurechnen. Für den Kahlen Krempling enthält der Text zu Tafel 12 einen entsprechenden Hinweis, und das gleiche gilt für den Kronenbecherling, *Sarcosphaera eximia* (Dur. ex Lév.) R. Mre., einen im Mai und Juni in Form einer Hohlkugel sich halb unterirdisch entwickelnden Pilz, der bald radial aufspringt, wobei die dreieckigen Lappen des Fruchtkörpers sich nach außen umbiegen, eine Art Sternfigur bilden und die schön violette Innenfläche dem Blick freigeben. Der Pilz erreicht die für einen Becherling ungewöhnliche Breite von 15 cm. Von seinem Genuß ist abzuraten.

Manche Personen vertragen sogar gewisse Speisepilze nicht, so die Graukappe (Tafel 49), den Hallimasch (Tafel 54), einzelne Ritterlingarten, ja sogar sonst hochgeschätzte Arten, wie Steinpilz, Pfifferling und Champignon. Absonderlich ist die neuerdings bekanntgewordene Wirkung des Knotentintlings, der, mit Alkohol zusammen genossen, einen roten Gesichtsausschlag bewirken kann. Ebenso ist der Bericht einer Pilzsammlerin von Interesse, demzufolge regelmäßig nach dem Genuß des Gebuckelten Trichterlings,

Clitocybe infundibuliformis (Schff. ex Fr.) Quél., eines dünnen, ockergelben Pilzes, der als eßbar gilt, ein Nesselausschlag auftrat. Fälle solcher Allergien sind früher zweifellos wiederholt verallgemeinert worden und haben eßbare Pilze in Verruf gebracht.

Aufsehen erregte vor einigen Jahren der Bericht des amerikanischen Ehepaares Wasson über die Wirkung gewisser kleiner mexikanischer Blätterpilzarten. Ihr Genuß erzeugt eigenartige Halluzinationen. Prof. Heim, Paris, hat die Angaben nachgeprüft und sie bestätigt.

Bau und Leben der Pilze

Die Pilze weichen in höchst eigenartiger Weise von allen übrigen Gliedern des Pflanzenreiches ab. Ihr merkwürdig rasches Wachstum, die Ausbildung oft absonderlicher Formen, ihr wechselvolles Farbenspiel, die Art und Weise ihrer Ernährung und Vermehrung geben dem aufmerksamen Beobachter manche Rätsel auf. Es sei deshalb hier in kurzen Zügen auf die Eigentümlichkeiten im Bau der Pilzpflanze und auf ihre Lebensäußerungen eingegangen.

Was wir als Pilze in Wald und Flur sammeln, sind nur die oberirdischen Fruchtkörper der im Boden oder im Holz lebenden Pilzpflanze. Jeder P i l z f r u c h t k ö r p e r baut sich aus zahllosen, zarten Fäden (Hyphen) auf, die zu einem dichten Geflecht (Mycelium, abgekürzt Myzel) verschlungen und verflochten sind. Jede Hyphe besteht aus vielen hintereinanderfolgenden, langgestreckten Einzelzellen. Zellen sind bekanntlich die Bauelemente eines jeden Pflanzen- und Tierkörpers. Während in einem Grashalm oder Blütenstiel die Zellreihen miteinander zu wohlgeordneten Geweben verwachsen sind, bleiben die Hyphen im Stiel z. B. eines Schirmpilzes (vgl. Tafel 35) trotz der innigen Verflechtung voneinander gesondert, soweit sie nicht durch quer verlaufende Kurzhyphen verbunden werden. Senkrecht nach oben ziehend bilden sie bei wiederholter Verästelung das Hutfleisch, liefern die aufschuppende Huthaut wie auch die dünne Schicht des Lamelleninneren, die Trama. Die Außenhyphen der Trama gehen in ein kleinzelliges Geflecht, das Subhymenium, über. An ihren Enden erzeugen die besonders eng verflochtenen Fäden des Subhymeniums Zellen von länglicher Keulenform, die zu Millionen dicht nebeneinander stehend die beiden Oberflächen der Lamellen bilden. Diese äußerste Zellenschicht wird Fruchtschicht (Hymenium) genannt. Man kann sagen, daß um dieser Zellen willen das ganze Gebilde „Pilz“ hervorgebracht wird, denn an ihnen, den keulenförmigen Ständern (Basidien), bilden sich oben im Regelfall vier feine Ausstülpungen (Sterigmen), die an ihrem Ende alsbald anschwellen. Es entstehen hier vier eilängliche, farblose Sporen, die Fortpflanzungszellen des Pilzes. Zur Reifezeit erfolgt also eine millionenfache Abschnürung und Abschleuderung von Sporen, die dank ihrer außerordentlichen Kleinheit vom geringsten Luftzug fortgetragen werden. Bei ruhiger Luft sammeln sie sich unter dem Pilzhut als weißer oder farbiger Sporenstaub an. In dieser Weise bilden alle Blätterpilze ihre Fruchtkörper und an ihnen die Fruchtschichten mit den Sporen. Die Röhrlinge, z. B. der Steinpilz (Tafel 1), verhalten sich ebenso, nur kleidet bei ihnen das sporenbildende Hymenium die Innenwand der Röhrchen aus. Ganz entsprechend finden wir beim Stoppelpilz (Tafel 69) die „Stoppeln" der Unterseite vom Hymenium überzogen, und geradeso ist es bei den Leisten am Pfifferlingfruchtkörper und den Ästchen des Goldgelben Ziegenbartes (Tafel 62 und 67). Allen diesen Pilzformen ist gemeinsam, daß Sporen abschleudernde Ständerzellen außen am Fruchtkörper ein frei liegendes oder im Lauf der Entwicklung frei werdendes Hymenium bilden. Sie stellen bei uns den Hauptanteil aller Wald-, Wiesen- und Holzpilze. Ihnen stehen jene Pilzformen gegenüber, die einen kugelig geschlossenen Körper bilden, in welchem sich ein lockeres Hyphengeflecht, Gleba genannt, entwickelt. Die Sporen entstehen auch hier an Basidien, also Ständerzellen, die aus Glebahyphen hervorgehen (Beispiel Flaschenstäubling Tafel 72). Sie gelangen zusammen mit der pulverig zerfallenden Gleba durch ein scheitelständiges Loch ins Freie. Der Tritt eines Tieres oder fallende Regentropfen, ja sogar der Herbstwind, der losgelöste Boviste über die Wiesen und Felder treibt, wirken dabei mit.

Alle Pilze, die ihre Sporen an Basidien entwickeln, werden in der Klasse S t ä n d e r p i l z e *(Basidiomycetes)* zusammengefaßt. Zu ihnen müssen wir auch einige Formen rechnen, die sich durch gallertig-weiche, gelatinöse Beschaffenheit auszeichnen; maßgebend ist aber für ihre systematische Stellung, daß sie eigentümlich längs- oder quergeteilte Basidien besitzen.

Die Klasse der S c h l a u c h p i l z e *(Ascomycetes)* ist durch die Art der Sporenbildung von den Ständerpilzen scharf geschieden. Wohl wird bei ihnen, die als Becherlinge, Morcheln, Lorcheln, Trüffeln ebenfalls eine große Formenfülle aufweisen, der Fruchtkörper in ähnlicher Weise aus Hyphen aufgebaut; auch hier kommt es zur Bildung eines Hymeniums, das bei den Öhrlingen (Tafel 75) und anderen Becherlingen die Innenfläche auskleidet, bei den Morcheln die Hutvertiefungen, bei den Lorcheln die Oberseite der Hutlappen und Wülste überzieht. Aber die dicht aneinanderschließenden langgestreckten Endzellen der Hymenialschicht werden zu Schläuchen (Asci), indem sich in ihrem Inneren Sporen aus dem lebenden Zellinhalt bilden. Bei der Reife liegen die Sporen dann meist zu acht in diesen Schläuchen und werden auf äußeren Berührungs- oder Wärmereiz hin aktiv ausgeschleudert. Das geschieht so kräftig, daß man sich das hübsche

Schauspiel einer kleinen Sporenstauberuption verschaffen kann, wenn man bei einem sporenreifen Becherling leicht über das Hymenium hinwegstreicht.

Alle Beobachtungen über den Feinbau der Pilze lassen sich nur mit Hilfe eines guten Mikroskops bewerkstelligen. Bei den sogenannten Niederen Pilzen, die dem Pilzfreund ohne Mikroskop überhaupt nicht zugänglich und für Speisezwecke gänzlich belanglos sind (Ur-, Jochpilze), geschieht die Sporenbildung auf einfachere Weise.

Die Sporenentwicklung verläuft in den beiden Klassen der Schlauch- und Ständerpilze zunächst gleichartig. Die Spore keimt unter geeigneten Bedingungen aus, indem sie einen sich bald verzweigenden Keimfaden liefert. Es entsteht ein feines, flockiges Geflecht (Myzel), das nun seine Unterlage, je nach der Pilzart, Humus, Dung, Holz oder anderes organisches Nährmaterial, durchwuchert. Die Hyphen sind durch Querwände abgeteilt, entsprechen also nach Aussehen und Wachstumsweise durchaus den oben beschriebenen Fruchtkörperhyphen; nur sind sie eben viel lockerer verteilt und schließen sich nur unter besonderen Verhältnissen zu derberen Strängen zusammen. So bildet z. B. der Hallimasch (Tafel 54) zwischen Holz und Rinde zähe, braun werdende, netzig verflochtene Stränge, die den Namen Rhizomorpha erhalten haben. Auch der gefürchtete Hausschwamm, ein Zerstörer des Bauholzes in Gebäuden, vermag meterlange Myzelstränge zu bilden, die seine Ausbreitung begünstigen.

Das Boden- oder Substratmyzel stellt die eigentliche Pilzpflanze dar. Ihm kommt die Aufgabe der Ernährung und der Atmung, d. h. des Stoffwechsels, zu. Alle Pilze entbehren des Blattgrüns, mit dessen Hilfe die grünen Pflanzen Zucker und Stärke bilden, dabei Energie speichern und damit befähigt sind, alle übrigen Körperstoffe aufzubauen. Die Pilze sind daher, genau wie die Tiere, von der grünen Pflanze abhängig, da sie ihre Nahrung aus lebenden oder abgestorbenen Pflanzenteilen beziehen. Auch die Humusbewohner machen darin keine Ausnahme. Mit ihrem fein verästelten und netzartig verbundenen Hyphengeflecht nehmen sie Wasser und darin gelöst jene organischen Stoffe auf, welche auf die Lebenstätigkeit grüner Pflanzen zurückgehen und ohne diese nicht entstanden wären. Die aufnehmende Oberfläche eines über mehrere Quadratmeter Boden ausgebreiteten Myzels ist derartig groß, daß nach Regen binnen weniger Stunden aus diesem Geflecht Dutzende, ja Hunderte von Fruchtkörpern „hervorschießen" können. Man bedenke, welch große Transportleistung die Pilzpflanze hierbei vollbringt.

Pilzarten, die ausschließlich totes oder bereits in Zersetzung begriffenes Pflanzenmaterial in Anspruch nehmen, heißen Humuszehrer (Saprophyten). Halten wir dabei fest, daß sie selbst es sind, die maßgeblich an den Zersetzungsvorgängen mitwirken und dadurch zusammen mit den Bakterien eine unentbehrliche Rolle im Haushalt der Natur spielen. Die meisten unserer in Hexenringen wachsenden Pilzarten, ebenso wie die Bewohner von Mist und totem Holz, sind Saprophyten. Anders dagegen verhält es sich mit jenen, die, wie der Hallimasch, auch lebendes Holz befallen und somit zu Schmarotzern (Parasiten) werden. Eine besondere Stellung nehmen solche Pilzarten ein, deren Geflecht die Saugwurzeln von Bäumen, Sträuchern und auch Kräutern umspinnt, z. T. in die Wurzelzellen eindringt und doch nicht zum Schädling für die Pflanze wird. Hier liegt ein Beispiel von Lebensgemeinschaft (Symbiose) vor, das man Mykorrhiza nennt. Beide Partner ziehen daraus ihre Vorteile: Die Myzelien bilden nämlich Fruchtkörper vielfach nur noch im Zusammenhang mit den lebenden Baumwurzeln, indem sie für diesen Zweck Nahrungsstoffe aus dem Baum beziehen, während zu anderen Zeiten die Baumwurzelzellen erhöhten Stoffbedarf dadurch decken, daß sie Teile des eingedrungenen Pilzgeflechts regelrecht verdauen. Die auffallende Baumtreue vieler Pilzarten wird so als Folgeerscheinung der Mykorrhiza verständlich. An Beispielen seien genannt: Kiefer mit Butterpilz und Schmerling, Lärche mit Grauem Lärchenröhrling und Goldröhrling, Fichte mit Großem Gelbfuß, Buche mit Satanspilz und Birke mit Birkenröhrling und Birkenreizker.

Das Pilzgeflecht der Schlauch- und Ständerpilze geht nach einer gewissen Zeit vegetativen Wachstums zur B i l d u n g d e r F r u c h t k ö r p e r über. Es kann sich bei diesen komplizierten Vorgängen im Rahmen einer knappen Einführung nur um die Skizzierung des Wesentlichen handeln. Bei Schlauchpilzen und einigen Ständerpilzen bilden sich an dem aus einer einzigen Spore entstandenen Pilzgeflecht unterirdische Hyphenverdichtungen. Bei den Schlauchpilzen entstehen an ihnen eigenartige Befruchtungsorgane. Es kommt zu Zellverschmelzungen und in deren Gefolge zu Hyphenverästelungen, welche schließlich die Schlauchzellen im Hymenium des heranwachsenden Fruchtkörpers liefern. Jede Schlauchzelle enthält zwei Kerne, die sich kurz vor der Sporenbildung vereinigen. Dieser Vorgang entspricht durchaus der bei Pflanzen und Tieren allgemein bekannten Befruchtung. Meistens bauen sich die Fruchtkörperanlagen aus Hyphengeflechten auf, die von zwei verschiedenen Sporen abstammen. Im Hymenium finden sich außerdem dünnere Zellen, die Paraphysen, eingestreut. Sie enthalten nur je einen Zellkern und gehören dem vegetativen Myzel an, das die Hauptmasse des Fruchtkörpergeflechtes ausmacht.

Anders bei den S t ä n d e r p i l z e n : Befruchtungsorgane werden hier nicht angelegt, wohl aber vollziehen bei den allermeisten Arten die Myzelien aus je zwei verschiedengeschlechtigen Sporen Hyphenverschmelzungen. Dadurch entsteht ein Myzel, das in seinen Zellen durch verwickelte Teilungsvorgänge je zwei Kerne enthält. Es geht nach einiger Zeit vegetativen Wachstums zur Bildung der Fruchtkörper über. Erst in den gleichfalls zweikernigen Ständerzellen (Basidien) geschieht die Kernverschmelzung. Sie stimmt also grundsätzlich durchaus mit dem entsprechenden Vorgang in den zweikernigen Schlauchzellen (Asci) bei den Schlauchpilzen überein.

Die Sporenbildung wird dadurch eingeleitet, daß sich in beiden Pilzklassen der durch die Kernverschmelzung entstandene Schlauch- bzw. Ständer-Zellkern alsbald teilt, wodurch es nunmehr zur Ausbildung von zwei, vier oder acht je einkernigen Sporen kommt. Diese werden in der schon beschriebenen Weise aus den Schläuchen bzw. von den Ständern frei.

Die hier nur kurz andeutbaren Vorgänge machten mühsame experimentelle und mikroskopische Untersuchungen erforderlich, bei denen zahlreiche Pilzkulturen im Laboratorium angelegt und ausgewertet werden mußten. Für die Anzucht aus Sporen waren bisher im wesentlichen nur Holz- und Dungbewohner verwendbar, da die Keimungsbedingungen der meisten den Waldboden bewohnenden Pilze noch nicht aufgeklärt sind.

Das Vorkommen und die Verbreitung der Pilze sind weitgehend von Klima und Boden abhängig.

Das Klima bewirkt es, daß viele Pilze, die in wärmeren Ländern, wie Italien oder Südfrankreich, häufig vorkommen, in Mitteleuropa zu den Seltenheiten gehören und im Norden ganz fehlen. Beispiele dafür sind der Ölbaumtrichterling, der im Abschnitt „Giftpilze" erwähnt wird, der Kaiserling, ein unserem Fliegenpilz entfernt ähnlicher hochgeschätzter Speisepilz, und die Wintertrüffel, ein als Würze begehrter, rein unterirdisch wachsender Pilz von Knollengestalt. Sie bedürfen zu ihrem Gedeihen und besonders für die Ausbildung ihrer Fruchtkörper der Wärme. Bei uns vegetieren wahrscheinlich solche Arten als Myzelien jahrelang dahin und erscheinen nur in abnorm warmen Jahrgängen in Gestalt ihrer Fruchtkörper. Umgekehrt gibt es zahlreiche Pilze des feuchtkühlen Klimas, die im Norden und in den höheren Gebirgen beheimatet sind. Das gilt schon für unseren Steinpilz: In unseren Gebirgen regelmäßig und zahlreich erscheinend, tritt er in tieferen Regionen nur gelegentlich massenhaft auf, um südlich der Alpen selten zu werden und anderen Röhrlingen Platz zu machen. Neben den Wärmeverhältnissen spielen Höhe und Verteilung der Niederschläge eine maßgebliche Rolle. Regenreiche Gebiete sind von Natur aus waldreich und dementsprechend auch reich an Pilzen. Doch weisen die Trockengebiete mit Steppenvegetation eine besonders angepaßte Pilzflora auf. Wie widerstandsfähig gegen langdauerndes Austrocknen manche Myzelien sind, beweist der bekannte Wiesenegerling (Wiesenchampignon). Nach wochenlanger hochsommerlicher Dürre, durch welche zuletzt das Gras der Viehweiden wie braun versengt dasteht, genügt ein leichter Gewitterregen, um die Champignons binnen drei Tagen in sehr großen Mengen erscheinen zu lassen.

Der B o d e n übt nach Struktur und chemischer Zusammensetzung entscheidenden Einfluß auf das Vorkommen der Pilze aus. So kommt es, daß wir auf kalkfreien Sandböden eine eigentümliche Pilzflora antreffen, die aus ganz anderen Arten zusammengesetzt ist als diejenige der Kalkböden, auch dann, wenn die Waldbestände in ihren Baumarten übereinstimmen. Ein treffliches Beispiel bieten die Fichten- und Tannenbestände des Schwarzwaldes auf Buntsandstein. Sie setzen sich im östlichen Vorland fort, stehen hier aber auf den Verwitterungsböden der Muschelkalkformation. Das hat eine durchgreifende Veränderung ihres Pilzbestandes zur Folge, die in ihrem ganzen Umfang zu erkennen nur dem genau beobachtenden und die Arten scharf unterscheidenden Pilzfreund gelingt. Immerhin wird er bald herausfinden, daß auf Kalk Steinpilz, Maronenpilz, Reifpilz und Schwärztäublinge selten, dafür Schmerling, Mairitterling, Ledertäublinge, Speisemorchel plötzlich häufig werden. Extrem saure Moor- und Torfböden haben wieder ihre pilzlichen Besonderheiten, und nicht anders ist es auf schweren Lehm- und Tonböden. Hier werden zweifellos künftige Forschungen neben Moosen und Blütenpflanzen auch die Pilze als wichtige Standortweiser bei der Beurteilung von Waldböden in Erscheinung treten lassen.

Trotz der Möglichkeit einer weltweiten Verbreitung durch die unabschätzbaren Billionen von Sporen, die alljährlich erzeugt werden, sind nur wenige Pilzarten ausgesprochene Weltbürger (Kosmopoliten). Gewisse Gemeinsamkeiten kommen den gemäßigten Waldzonen Europas, Asiens und Nordamerikas zu. Durchaus anders bieten sich die tropischen Urwaldgebiete dar, aus denen durch Forschungsreisen bis vor kurzem hauptsächlich die zäheren, leichter konservierbaren Arten bekannt waren. Neuerdings mehren sich die Kenntnisse auch über die fleischigen, vergänglichen Formen, die z. T. Vertreter unserer einheimischen Gattungen, z. T. solche eigener Pilzfamilien sind. Bezeichnend ist die Kleinwüchsigkeit tropischer Pilze. So gibt es im Kongogebiet zahlreiche Wulstlinge und Schirmlinge, die durchweg nur halb so groß sind wie unsere Arten. Wieder anders sieht die Flora der Gebirgswälder des südlichsten Amerikas aus, wo z. B. Täublinge und Röhrlinge fast vollständig fehlen.

Die Frage, seit wann es auf der Erde Pilze gibt, ist zwar interessant, aber schwierig zu beantworten. Die Schichtenfolge der Kalk-, Ton- und Sandgesteine, das steinerne Buch der Erdgeschichte, kann uns hierüber fast nichts mitteilen, weil die Pilze zu weich und vergänglich sind, als daß sie öfters konserviert und so als „Fossilien“ gefunden werden könnten. Immerhin steht so viel fest, daß es Pilze mit Hyphen und Sporenbildung schon zu einer Zeit gab, die 300 Millionen Jahre zurückliegt. Sie ging der Steinkohlenzeit (Karbon) voraus, einer Zeit, deren Flora durch großwüchsige Bärlapp- und Schachtelhalmgewächse und die längst wieder ausgestorbenen

Schuppen- und Siegelbäume bestimmt war. Nadelhölzer gab es noch wenig, Laubhölzer und die uns vertrauten schönblütigen Krautgewächse überhaupt noch nicht.

Systematischer Teil

mit 8 Bestimmungsschlüsseln

Ein Pilzbuch, das vorwiegend praktischen Zwecken dienen soll, muß die auffälligen, fleischigen, wirtschaftlich wichtigen Pilzarten in den Vordergrund rücken. Das natürliche System soll hingegen der Ausdruck der Verwandtschaftsbeziehungen der Lebensformen sein. Es hat die Aufgabe, von den einfachen zu den höchstausgebildeten Pilzformen hinzuführen und so ein Bild vom Aufbau des Reiches der Pilze zu entwerfen. Daher kommt es, daß die Reihenfolge der Pilzfamilien im nachstehenden System gegenüber derjenigen in unserer Tafelserie stark verändert erscheint. Die Auffassungen der Systematiker über die verwandtschaftlichen Reihen der Pilze und deren Ableitungen gehen vielfach weit auseinander. Eine Begründung für die hier gewählte Anordnung würde den Rahmen dieses Buches weit überschreiten. Unsere Übersicht ist als Orientierung für den angehenden Pilzkenner gedacht, der seine sich mehrenden Einzelkenntnisse in einen systematischen Zusammenhang einordnen möchte. Es sind darum die farbig abgebildeten Arten mit ihrer Tafelnummer jeweils dem Namen der Familie, der sie zugehören, beigefügt.

Das System der Pilze

Die Schleimpilze *(Myxomycetes)* nehmen wie die Spaltpilze *(Schizophyta)* eine gesonderte Stellung im Pflanzenreich ein und werden von nur wenigen neueren Autoren noch bei den Pilzen belassen. Wir trennen sie hier von Echten Pilzen *(Fungi)* ganz ab.

Echte Pilze (Fungi)

1. Klasse: Urpilze *(Chytridiomycetes)*
2. „ : Sproßpilze *(Endomycetes)*
3. „ : Jochpilze *(Zygomycetes)*
4. „ : Schlauchpilze *(Ascomycetes)*

Unterklasse 1: Niedere Schlauchpilze *(Loculoascomycetidae)*
Unterklasse 2: Höhere Schlauchpilze *(Euascomycetidae)*
1. Ordnung: Becherpilze, Discales *(= Pezizales)*
1. Familie: Erdbecherlinge, *Pyronemataceae*
2. „ : Mistbecherlinge, *Ascobolaceae*
3. „ : Kelchbecherlinge, *Sarcoscyphaceae*
4. „ : Großbecherlinge, *Pezizaceae* (Tf. 74, 75)
5. „ : Lorchelpilze, *Helvellaceae* (Tf. 76, 77)
6. „ : Morchelpilze, *Morchellaceae* (Tf. 78, 79)
2. Ordnung: Mehltaupilze, *Erisyphales*
3. Ordnung: Scheibenpilze, *Helotiales*
1. Familie: Erdzungen, *Geoglossaceae*
2. „ : Schmarotzerbecherlinge, *Sclerotiniaceae*
3. „ : Gallertbecherlinge, *Bulgariaceae*
Weitere Familien sind: *Hyaloscyphaceae, Orbiliaceae, Dermateaceae, Helotiaceae*
8. Ordnung: Trüffelpilze, *Tuberales*
1. Familie: Scheintrüffeln, *Pseudotuberaceae*
2. „ : Blasentrüffeln, *Geneaceae*
3. „ : Echte Trüffeln, *Tuberaceae* (Tf. 80)
4. „ : Edeltrüffeln, *Terfeziaceae*
9. Ordnung: *Hypocreales,* Kernkeulenpilze
10. Ordnung: *Xylariales,* Holzkernpilze
Weitere Ordnungen: *Eurotiales, Microascales, Ascosphaerales, Laboulbeniales*

5. Klasse: S t ä n d e r p i l z e *(Basidiomycetes)*
Unterklasse 1: Ständerpilze mit einfachen, keulenförmigen Basidien *(Hymenomycetidae)*
1. Ordnung: Nichtblätterpilze, *Aphyllophorales (= Poriales)*
1. Familie: Rindenpilze, *Protohydnaceae*
2. „ : Stachelpilze, *Hydnaceae* (Tf. 69, 70)
3. „ : Porlinge, *Poriaceae* (Tf. 71)
4. „ : Reischlinge, *Fistulinaceae*
5. „ : Keulenpilze, *Clavariaceae* (Tf. 67, 68)
6. „ : Leistenpilze, *Cantharellaceae* (Tf. 62—66)
7. „ : Gallerthautpilze, *Tulasnellaceae*
2. Ordnung: Blätterpilze, *Agaricales*
1. Familie: Schuppenröhrlinge, *Strobilomycetaceae*
2. „ : Röhrlinge, *Boletaceae* (Tf. 1—11)
3. „ : Kremplinge, *Paxillaceae* (Tf. 12, 13)
4. „ : Gelbfüßler, *Gomphidiaceae* (Tf. 14)

5. „ : Wachsblättler, *Hygrophoraceae* (Tf. 15—17)
6. „ : Hellblättler, *Tricholomataceae* (Tf. 49—61)
7. „ : Zähblättler, *Lentinaceae*
8. „ : Freiblättler, *Agaricaceae (+ Amanitaceae)* (Tf. 29—93)
9. „ : Rotblättler, *Rhodophyllaceae* (Tf. 48)
10. „ : Schwarzblättler, *Coprinaceae* (Tf. 28)
11. „ : Dunkelblättler, *Strophariaceae (+ Bolbitiaceae)* (Tf. 40—42)
12. „ : Schleierblättler, *Cortinariaceae (+ Crepidotaceae)* (Tf. 43—47)
13. „ : Sprödblättler, *Russulaceae* (Tf. 18—27)

3. Ordnung: Bauchpilze, *Gasterales*
1. Familie: Erdnußpilze, *Hymenogastraceae*
2. „ : Stielboviste, *Tulostomataceae*
3. „ : Hartboviste, *Sclerodermataceae*
4. „ : Kugelschneller, *Sphaerobolaceae*
5. „ : Nestlinge, *Nidulariaceae*
6. „ : Staubpilze, *Lycoperdaceae* (Tf. 72, 73)
7. „ : Gitterpilze, *Clathraceae*
8. „ : Rutenpilze, *Phallaceae*

Unterklasse 2: Ständerpilze mit geteilten Basidien *(Phragmobasidiomycetidae)*
1. Ordnung: Ohrlappenpilze, *Auriculariales*
2. „ : Gallertpilze, *Tremellales*
3. „ : Gallerttränenpilze, *Dacrymycetales*
4. „ : Brandpilze, *Ustilaginales*
5. „ : Rostpilze, *Uredinales*

Anleitung zum Bestimmen der Ordnungen und Gattungen der Pilze

Auch der Sammler von Speisepilzen sucht meistens über kurz oder lang einen Zugang zur Fülle der Pilzgestalten, denen er auf seinen Streifzügen begegnet. Unsere Bestimmungsschlüssel führen ihn zunächst an Hand der unterscheidenden Merkmale bis zu den Namen der Gattungen. In einigen Fällen ist eine Bestimmung der Gattung nur möglich, wenn die Sporen mikroskopisch geprüft werden.

Bei der Benützung der Schlüssel 1—8 (S. 191 ff.) ist so zu verfahren, daß nach Feststellung der zutreffenden Merkmale im Bestimmungsschlüssel 1 die am Zeilenende stehende Ziffer im selben Schlüssel aufzusuchen ist. Dabei muß jedesmal zwischen den Möglichkeiten a, b, gegebenenfalls auch noch c, d usw. entschieden werden. In den Schlüsseln 2 bis 8 ist hinter dem deutschen Gattungsnamen in Klammern eine Zahl beigefügt, die besagt, wie viele Arten die Gesamtgattung in Mitteleuropa ungefähr enthält. Dann folgt der wissenschaftliche Name der Gattung. Wenn im Buch eine Abbildung oder Beschreibung hergehörender Arten enthalten ist, so wird mit Tf. oder S. darauf verwiesen. Ist der Name der Gattung ermittelt, dann gehe man die Beschreibungen der zugehörigen Arten in der Bestimmungsübersicht S. 213—278 durch.

Nicht aufgenommen wurden die Ordnungen der Klassen Ur-, Sproß- und Jochpilze. Unter den Schlauchpilzen sind nur die Ordnungen Becherpilze *(Discales* und *Helotiales),* Trüffelpilze *(Tuberales)* sowie einige auffallende Formen anderer Zugehörigkeit aufgenommen. Von der Klasse Ständerpilze sind die rein parasitisch als Pflanzenschädlinge lebenden Rost- und Brandpilze *(Uredinales, Ustilaginales)* sowie die Gallerthautpilze *(Tulasnellales)* übergangen. Diese Ordnungen und ihre Gattungen sind nur mit Hilfe von Mikroskop und Spezialliteratur bestimmbar.

Die Hauptmenge der auffälligen Pilze entfällt auf die beiden Klassen Schlauchpilze und Ständerpilze *(Ascomycetes* und *Basidiomycetes).* Man kann sie als Höhere Pilze zusammenfassen. Über die Zugehörigkeit entscheidet grundsätzlich nur das Mikroskop. Wie im Abschnitt über Bau und Leben der Pilze ausgeführt, bilden die Schlauchpilze ihre Sporen im Innern von Zellen (Schläuchen, Asci), während die Ständerpilze die Sporen in entsprechender Weise außen an besonderen Zellen (Ständern, Basidien) abschnüren. In beiden Fällen bilden die sporenerzeugenden Zellen allermeist eine Schicht (Hymenium), die von andersgestalteten Elementen (Paraphysen bzw. Zystiden) durchsetzt sein kann. Diese Verhältnisse können für die Bestimmung von großer Wichtigkeit sein.

Im allgemeinen gelingt eine Zuordnung der Pilze zu einer der beiden Klassen schon auf Grund der Fruchtkörperformen:

A. Zur Klasse Schlauchpilze *(Ascomycetes)* gehören

1. Pilze mit Scheiben-, Schüssel-, Krug-, Kelchform von wachsartig zerbrechlicher Beschaffenheit, mit oder ohne Stiel, auch ohrartig oder schnekkenförmig eingerollte Formen; meist nur millimetergroß, aber auch bis 20 cm Durchmesser erreichend (Bestimmungsschlüssel 2). (Ständerpilze sind jedoch: die flach dem Holz anliegenden Scheibchen der Gattung Mehlscheibe, *Aleurodiscus;* die kleinen Krüge der seltenen Napfpilze, *Cyphella;* die Becherchen der Nestlinge, *Nidularia,* und Teuerlinge, *Cyathus,* durch linsenförmige Innenkörperchen unterscheidbar.)

2. Pilze mit gestielt-kopfigen Fruchtkörpern, die entweder eine wulstige bis wabiggekammerte Außenseite zeigen oder aus unregelmäßigen Lappen bestehen oder nur kleinen Spateln gleichen (Bestimmungsschlüssel 2).

(Zu den Ständerpilzen gehört jedoch die Stinkmorchel, *Phallus impudicus* [L.] Pers., mit porösem, locker gebautem Stiel, der sich aus einer gallertwandigen eiartigen Hülle hochschiebt und einen glockigen Hut mit zuletzt abtropfendem grünem Schleimbelag trägt.)

3. Pilze von Knollenform, sofern sie halb oder ganz unterirdisch leben und entweder außen derbkörnig warzig oder im Innern aderig marmoriert oder von Hohlräumen durchsetzt sind (Bestimmungsschlüssel 3).

4. Pilze von Keulenform, wenn sie außen und innen schwarz oder grün sind (Bestimmungsschlüssel 2) oder wenn sie nur außen schwarz, innen aber weiß oder gelb sind (Bestimmungsschlüssel 1).

5. Pilze von gallertiger Beschaffenheit nur, wenn sie ein grünes Käppchen auf gelbem Stiel haben oder wenn der Pilz ein violetter oder schwarzer kreiselförmiger Holzbewohner ohne feinpunktierte Oberseite ist (Bestimmungsschlüssel 1).

B. Zur Klasse der Ständerpilze *(Basidiomycetes)* gehören

1. Alle Pilze mit Hut und Stiel, die unterseits Blättchen, Röhrchen oder Stacheln tragen (Bestimmungsschlüssel 4, 5, 6, 8).

2. Pilze von Keulen- bis Trichterform, falls nicht durch A 4 ausgeschlossen (Bestimmungsschlüssel 4, 5, 8).

3. Pilze, die halbkreisartig oder dachziegelig dem Boden oder Holz ansitzen (Bestimmungsschlüssel 4, 5, 8).

4. Pilze von Knollenform, gestielt oder ohne Stiel, aber nur, wenn sie fast oder ganz oberirdisch wachsen, auch mit sternförmig gespaltener Unterlage; von den unterirdischen diejenigen, die nicht durch A 3 ausgeschlossen werden (Bestimmungsschlüssel 7). (Kleine Kugeln an Holz, innen schleimflüssig, später pulverig, gehören zur Klasse der Schleimpilze.)

5. Pilze, die krustenartig, unregelmäßig berandet auf Holz wachsen, von über 1 cm Durchmesser (Bestimmungsschlüssel 4).

6. Pilze von ästig verzweigter Form (Bestimmungsschlüssel 4, 8). (Fruchtkörper schwarz mit weißpuderigen Astenden, auf Holz, gehört jedoch zu den Schlauchpilzen.)

7. Pilze von gallertiger Beschaffenheit, sofern nicht durch A 5 ausgeschlossen (Bestimmungsschlüssel 8).

Bestimmungsschlüssel 1

Man beginne hier mit der Bestimmung einer gefundenen Pilzart, um die Ordnung zu ermitteln. Die Pilzart sollte dabei stets in mehreren Stükken verschiedener Entwicklungsstufen vorliegen! Von den nachfolgend aufgenommenen Ordnungen gehören die *Hypocreales, Xylariales, Discales, Helotiales* und *Tuberales* zu den Schlauchpilzen, alle übrigen zu den

Ständerpilzen; vgl. auch oben „Das System der Pilze". Bei den meisten Ordnungen ist auf einen weiteren Schlüssel verwiesen, der über die F a m i l i e oder unmittelbar zum Namen der G a t t u n g führt. Für die Bestimmung der häufigen und auffälligen A r t e n der in den folgenden Schlüsseln aufgenommenen Gattungen verwendet man nach Ermittlung des Gattungsnamens die Bestimmungsübersicht auf S. 213.

1a. Fruchtkörper rundlich knollig, halb bis ganz in der Erde . . . 2

b. Fruchtkörper rundlich, birnförmig bis kopfiggestielt, später staubig zerfallend, oberirdisch: Bauchpilze, *Gasterales* (Bestimmungsschlüssel 7)

c. Fruchtkörper anders gebaut 3

2a. Fruchtkörper innen aderig marmoriert oder von meist gewundenen Höhlungen durchsetzt; Sporen in Schläuchen: Trüffelpilze, *Tuberales* (Bestimmungsschlüssel 3)

b. Fruchtkörper innen zuletzt staubig, außen körnigwarzig, Rinde derb, Pilz ganz in der Erde, Sporen in Schläuchen: Gattung Hirschtrüffel, *Elaphomyces,* der Ordnung *Tuberales* (S. 220)

c. Fruchtkörper innen weich werdend, zuletzt meist oliv bis braun, außen oft faserig umsponnen, Sporen an Ständern: Bauchpilze, *Gasterales* (Bestimmungsschlüssel 7)

3a. Aus eiartigem Gebilde mit gallertiger Innenschicht, Innenkörper mit porösem Stiel oder mehreren Armen hervorhebend: Bauchpilze, *Gasterales* (Bestimmungsschlüssel 7)

b. Pilz anders gebaut. Bei anfänglicher Eiform bald Hut auf nicht porösem Stiel hervorbrechend 4

4a. Pilz überwiegend oder ausschließlich gallertig, gelatinös . . . 5

b. Pilz nicht oder nur geringfügig stellenweise gelatinös 8

5a. Pilz lappig ohrartig, an Laubholz seitlich ansitzend: Ohrlappenpilze, *Auriculariales* (Bestimmungsschlüssel 8)

b. Pilz anders gebaut, meist an Holz 6

6a. Pilz kreiselförmig, zähgallertig, schwarz, an Eichenholz: Gattung Schmutzbecher, *Bulgaria,* der Ordnung *Bulgariales* (S. 214)

b. Pilz lilafleischfarbig, weichgallertig, schmal kreiselförmig an Laubholz: Gattung Gallertbecher, *Coryne,* der Ordnung *Bulgariales* (S. 214)

c. Pilz anders 7

7a. Pilz gelbstielig mit grünem Käppchen; Waldboden: Gattung Gallertkäppchen, *Leotia,* der Ordnung *Bulgariales* (S. 214)

b. Pilz weichgallertig, schwarzbraun, rötlich, gelb bis blaß, verschiedenformig; schöngelbe Formen gehirnartig gewunden: Gallertpilze, *Tremellales* (Bestimmungsschlüssel 8)

c. Pilz weichgallertig bis zähgallertig, goldgelbe Tröpfchen oder geweihartige Gebilde auf Holz: Gallerttränen, *Dacrymycetales* (Bestimmungsschlüssel 8)

8a. Pilz flach becherförmig, nur selten wulstig uneben krustig, krug- bis ohrartig, mit oder ohne Stiel oder gestielt kopfförmig mit wabiggrubiger oder wulstiger bis lappiger Außenseite und innen hohl oder gestielt spatelförmig; Sporen in Schläuchen: Scheibenpilze, *Discales* (Bestimmungsschlüssel 2)

b. Pilz anfangs geschlossen krug- oder birnförmig, später oben offen oder aber zerfallend, mit linsenartigen Innenkörperchen: Bauchpilze, *Gasterales* (Bestimmungsschlüssel 7)

c. Pilz anders gebaut 9

9a. Pilz keulenförmig schwarz, innen gelb, auf unterirdischen Hirschtrüffeln oder gelb auf toten Insekten: Gattung Kernkeule, *Cordyceps*, der Ordnung *Hypocreales* (S. 220)

b. Pilz schwarz, innen weiß, zäh, an Holz: Gattung Holzstiel, *Xylaria*, der Ordnung *Xylariales* (S. 220)

c. Pilz außen und innen schwarz oder grün, auf dem Erdboden: Familie Erdzungen, *Geoglossaceae*, der Ordnung Scheibenpilze, *Helotiales* (Bestimmungsschlüssel 2)

d. Pilz anders gebaut oder gefärbt 10

10a. Pilz krustenartig, keulig, trompeten- bis trichterförmig; wenn gestielt mit Hut, dann Stachelchen auf der Hutunterseite oder unten nur runzelig: Nichtblätterpilze, *Aphyllophorales* (Bestimmungsschlüssel 4)

b. Pilz halbkreis-, konsolartig oder gestielt einfach bis vielhütig, unterseits mit kurzen, schwer ablösbaren Röhrchen, meist korkig zäh; wenn krustenartig, dann mit oberseitiger Röhrchenschicht: Nichtblätterpilze, *Aphyllophorales* (Bestimmungsschlüssel 4)

c. Pilz unterseits mit strahligen Blättchen (Lamellen) oder mit leicht ablösbarer, weichfleischiger Röhrchenschicht 11

11a. Lamellen an stiellos ansitzendem Hut, korkig zäh, öfters löcherig verbunden: Nichtblätterpilze, *Aphyllophorales* (Bestimmungsschlüssel 4)

b. Pilz saftig weich bis fast lederig, zentral bis seitlich gestielt, auch ungestielt, unterseits mit Lamellen, die bei zäher Beschaffenheit nicht löcherig verbunden sind oder mit Röhrchenschicht, die vom Hutfleisch leicht ablösbar ist; Pilz in diesem Fall stets weichfleischig und zentralgestielt: Blätterpilzartige, *Agaricales* (Bestimmungsschlüssel 5 und 6)

Bestimmungsschlüssel 2

Ordnung: Scheibenpilze, *Helotiales*

Ordnung: Becherpilze, *Discales* (= *Pezizales*)

1a. Pilz keulenförmig, schwarz, feinborstig: Haarzunge (1), *Trichoglossum* (S. 213)
Pilz keulenförmig, schwarz, glatt: Erdzunge (4), *Geoglossum* (S. 213)
Pilz keulenförmig, olivgrün, selten andersfarbig: Erdzunge (3), *Microglossum* (S. 213)
(Fam. Erdzungen, *Geoglossaceae*)
b. Pilz anders 2
2a. Gestielt mit Köpfchen oder flach spatelig 3
b. Flach schüsselig, krug- oder becherförmig, mit oder ohne Stiel . 7
c. Pilz anders 5
3a. Spatelförmig, gelb: Spatelpilz (3), *Spathularia* (Fam. Erdzungen, *Geoglossaceae*) (S. 214)
b. Stiel mit Käppchen, kleine Pilze 4
c. Kopf oder Kappe auf Stiel, größere Pilze 6
4a. Zart, oben kopfig verdickt, bis 2 cm hoch: Haubenpilz (6), *Mitrula* (Fam. wie 3a) (S. 214)
b. Derber, mit welligem Hütchen, über 2 cm hoch, reihenweise im Nadelwald: Kreisling (5), *Cudonia* (Fam. wie 3a) (S. 214)
5a. Pilz braun, blasigwellig, als wachsartige Kruste ohne Stiel auf dem Boden: Wurzellorchel (1), *Rhizina* (Fam. Lorchelpilze, *Helvellaceae*) (S. 215)
b. Pilz schwarz, als kohlige Kruste auf Holz: Brandkrustenpilz (1), *Ustulina*, der Ordnung *Xylariales* (S. 220)
c. Pilz gestielt 6
6a. Wabenähnliche Gruben auf rundlichem oder länglichem Kopf, Pilz hohl: Morchel (13), *Morchella* (Tf. 78, 79) (Fam. Morchelpilze, *Morchellaceae*) (S. 218)
b. Wulstige braune Kappe auf hohlem Stiel: Lorchel (3), *Gyromitra* (Fam. Lorchelpilze, *Helvellaceae*) (S. 215 und Tf. 76)
c. Lappig zusammengesetzter Hut auf zellig gefurchtem oder enghohlem Stiel: Lorchel (12), *Helvella* (Tf. 77) (Fam. Lorchelpilze, *Helvellaceae*) (S. 215)
d. Glockige Kappe mit flachwulstiger Oberfläche auf zylindrischem hohlem, mehligkörnigem Stiel: Verpel (3), *Verpa* (Fam. Morchelpilze, *Morchellaceae*) (S. 218)
7. Becherlinge (im weiten Sinn) (Familie Großbecherlinge, *Pezizaceae*, Erdbecherlinge, *Pyronemataceae* und Kelchbecherlinge, *Sar-*

coscyphaceae). Die kleineren Arten sind ohne Mikroskop nicht bestimmbar. Für einige Formen kann nachstehende Bestimmungshilfe dienen:

a. Pilz schwarz oder grau; langgestielt: Langfüßler (1), *Cyathipodia* (S. 216) (Fam. *Helvellaceae)*

Pilz schwarz oder grau; kurzgestielt, Stiel gerippt; Pilz kelchartig: Rippenbecherling (5), *Acetabula* (S. 216) (Fam. wie vor.)

Pilz schwarz; kaum gestielt, becherförmig, innen glänzend: Schwarzborstling (2), *Pseudoplectania* (S. 216) (Fam. *Sarcoscyphaceae)*

b. Pilz anders gefärbt 8

8a. Pilz außen fein borstig; rot: Striegelborstling (15), *Scutellinia* (S. 217) (Fam. *Pyronemataceae)*

— ebenso, aber außen braun: *Humaria* (S. 217)

b. Pilz außen kahl oder kleiig, allenfalls feinhaarig 9

9a. Pilz irgendwo violett 10

b. Pilz anders gefärbt, meist braun, gelb oder rot 11

10a. Pilz groß, fleischig, erst hohlkugelig, dann sternförmig aufspringend, innen violett: Kronenbecherling (1), *Sarcosphaera* (S. 216) (Fam. *Pezizaceae)*

b. Pilz dünner, flachschüsselig, Schlauchspitzen mit Jod blau: Becherling (26), *Peziza* (S. 216) (Fam. wie vor.)

11a. Pilz einseitig eingeschnitten und oft ohrartig verlängert: Öhrling (10), *Otidea* (Tf. 75) (S. 216) (Fam. *Pezizaceae)*

b. Pilz ringsum gerandet 12

12a. Pilz orangefarben oder bräunlich oder blaß 13

b. Pilz rot oder braun 14

13a. Fruchtkörper ungestielt, zuletzt flach; Sporen warzig. Schlauchspitzen mit Jod nicht blau: Orangebecherling (4), *Aleuria* (S. 217) (Fam. *Pyronemataceae)*

b. Fruchtkörper nicht oder wenig gestielt, schüsselförmig. Schlauchspitzen mit Jod blau; Sporen elliptisch, warzig oder glatt: Becherling (26), *Peziza* (S. 216) (Fam. *Pezizaceae)*

c. Fruchtkörper kurzgestielt; Sporen rund, glatt: Prachtbecher (8), *Caloscypha* (Tf. 74) (S. 217) (Fam. wie vor.)

14a. Pilz 4—15 cm breit, braun, Stiel kurz, gerippt 15

b. Pilz kleiner 16

15a. Pilz bald scheibenartig verflacht, Sporen spindelig: Scheibenpilz (8), *Discina* (S. 215) (Fam. *Helvellaceae)*

b. Pilz bleibend kelchförmig, dickwandig, Sporen elliptisch: Morchelbecherling (1), *Disciotis* (S. 218) (Fam. *Morchellaceae)*

16a. Stiel 3—4mal so lang wie der Becher. Pilz auf Pflanzenwurzeln oder Früchten: Schmarotzerbecherling (17), *Sclerotinia* (S. 214) (Fam. *Sclerotiniaceae*)

b. Stiel viel kürzer 17

17a. Becher prächtig scharlachrot, bis 5 cm breit: Kelchbecherling (4), *Sarcoscypha* (S. 218) (Fam. *Sarcoscyphaceae*)

b. Becher gelbbraun bis braunrot, bis 1 cm breit: Kelchpilz (4), *Geopyxis* (S. 217) (Fam. *Pyronemataceae*)

Bestimmungsschlüssel 3

Ordnung: Trüffelpilze, *Tuberales*

1a. Fruchtkörper mit Höhlungen 2

b. Fruchtkörper dicht, ohne Löcher oder größere Hohlräume . . . 4

2a. Eine einzige, nach außen offene Höhlung vorhanden: Blasentrüffel (4), *Genea* (S. 219)

b. Eine vielfach gewundene Höhlung mit mehreren Öffnungen nach außen: Morcheltrüffel (1), *Hydnotrya* (S. 219)

c. Außenwand ohne Öffnung 3

3a. Pilz innen von flachen Gängen durchsetzt: Löchertrüffel (3), *Geopora* (S. 218)

b. Pilz innen mit Kämmerchen: Balsamtrüffel (1), *Balsamia* (S. 219)

4a. Pilz knollig, innen blaß, derb, mit dunkleren Adern marmoriert: Weißtrüffel (1), *Choiromyces* (Tf. 80) (S. 220)

b. Pilz innen reif dunkel, von helleren Adern durchzogen: Echte Trüffel (9), *Tuber* (S. 219)

c. Pilz ähnlich gebaut, aber Fleisch ziemlich hart: Harttrüffel (3), *Aschion* (S. 219)

Bestimmungsschlüssel 4

Ordnung: Nichtblätterpilze, *Aphyllophorales*

1a. Pilz krustenartig aufgewachsen, häutig, wachsartig bis zählederig, ausgebreitet, meist an Holz: Familie Rindenpilze. *Protohydnaceae*

Sehr formenreich; ohne Mikroskop nicht weiter unterscheidbar. Die hier genannten Gattungen geben zugleich den betreffenden Unterfamilien den Namen:

— Dünnhäutig, Oberseite (Hymenium) glatt: Rindenpilz (130), *Corticium*

— Ebenso, aber Zystiden im Hymenium: Rindenpilz (80), *Peniophora*

— Derbhäutig, oft hütig überstehend: Schichtpilz (30), *Stereum* und *Hymenochaete* (S. 221)

— Hymenium runzelig oder adrigfaltig: Fältling (8), *Merulius* (S. 221)
— Ebenso, mit rostbraunen Sporen: Hausschwamm (4), *Gyrophana* (S. 221)
— Napfförmig, unscheinbar: Napfpilz (30), *Cyphella*

b. Oberflächlich ausgebreitet aufgewachsen, mit Pusteln, Wärzchen, Stachelchen oder aufwärts gerichteten Röhrchen besetzt 9
c. Pilz mit oder ohne Stiel, aufrecht, keulig, ästig oder kreiselförmig bis hutförmig 2

2a. Pilz einfach keulig oder ästig verzweigt, Enden nicht hütig erweitert, Sporen gelb oder weiß: Familie Keulenpilze, *Clavariaceae* 3
b. Pilz halbkreisförmig ansitzend, tieftrichterig oder aufwärts aus stieligem Grund verbreitert, kreiselförmig bis gestielt, hutförmig 6

3a. Pilz zäh bis lederig, dünnfädig verästelt oder flachlappig zerteilt 4
b. Pilz fleischig, faulend, keulig-zylindrisch, einfach oder ästig korallig verzweigt 5
c. Pilz winzig, kaum 1 cm lang, fädig, auf länglichem Stielchen: Fadenkeulchen (8), *Typhula* (S. 230)
d. Pilz ebenso, oben mehr oder weniger erweitert, Stielchen nur sehr kurz: Stempelkeulchen (9), *Pistillaria* (S. 230)

4a. Pilz fädigästig, feinzerteilt, bürstchenartige Räschen auf Erde: Bürstenkoralle (2), *Pterula* (S. 230)
b. Pilz trichterig aufrecht, lappiggerandet: Kreiselpilz (2), *Thelephora* (S. 230)

5a. Pilz keulig spindelig oder verästelt, über 1 cm lang: Keulenpilz (70), *Clavaria* (Tf. 67, 68) (S. 231)
b. Pilz reich verästelt, Endäste breitgedrückt, blaßocker: Glucke (2), *Sparassis* (S. 231)

6a. Pilz flach aufgewachsen oder häufiger mit Stiel, der allmählich in den Hut übergeht oder seitlich ansitzend, oft ansehnlich. Unterseite (bei häutig anliegendem Fruchtkörper die Oberseite) mit Pusteln, Wärzchen oder Stachelchen besetzt: Familie Stachelpilze, *Hydnaceae* 9
b. Pilz ähnlich geformt, meist halbkreisförmig, konsolig oder dachziegelig gehäuft ansitzend; Hymenium feine Röhrchen auskleidend, die kaum ablösbar sind, oft nicht einmal als gesonderte Schicht 14
c. Pilz kreisel- bis trompetenförmig; Unterseite undeutlich runzelig oder mit verzweigten Adern oder gegabelten Leisten: Familie Leistenpilze, *Cantharellaceae* 7

7a. Hymenium fast glatt bis schwach runzelig: Kraterpilz (3), *Craterellus* (Tf. 66 und S. 232)

b. Hymenium deutlich aderig gerunzelt oder mit stumpfen, gabeligen Leisten 8

8a. Hymenium nicht violettlich, Sporen blaß, glatt: Leistling (11), *Cantharellus* (Tf. 62—64 und S. 232)

b. Hymenium violettlich, Sporen ocker, rauh: Schweinsohr (1), *Nevrophyllum* (Tf. 65 und S. 232)

9a. Pilz krustig ausgebreitet oder hautartig, Hymenium oberseits: Raspelpilz (4), *Radulum,* und die Gattungen *Grandinia, Acia* und *Odontia* (Unterscheidung ohne Mikroskop unmöglich; wenn oberseits Röhrchen, siehe 15)

b. Pilz fleischiger, saftig oder korkig, seitlich oder zentral mit Stiel; Stachelchen oder nur unebenes, rauhes Hymenium unterseits . . 10

10a. Pilz saftig, allenfalls käsigfleischig 11

b. Pilz zäh, korkig oder lederig 12

11a. Pilz seitlich an Holz ansitzend, halbiert, konsolig, oder ansehnlich knollig bis korallig gebaut: Stachelbart (5), *Dryodon* (S. 222)

b. Pilz zentralgestielt, auf dem Erdboden 13

12a. Zentralgestielt oder kreiselförmig dem Boden aufsitzend, oft zusammenfließend in Ringen und Reihen angeordnet, unterseits deutlich bestachelt: Korkstacheling (12), *Calodon* (S. 222)

b. Seitlich oder zentral-trichterig, unterseits nur rauh, Rand fransig: Wärzchen (8), *Phylacteria* (S. 223)

c. Stiel dünn, aufrecht, mit rechtwinklig ansitzendem Hütchen: Stachelseitling (2), *Pleurodon* (S. 222)

13a. Stacheln weißgelblich, Fleisch weiß, Sporen blaß: Stoppelpilz (1), *Hydnum* (Tf. 69 und S. 222)

b. Stacheln allmählich dunkelnd, Fleisch meist farbig: Sporen bräunlich: Fleischstacheling (17), *Sarcodon* (Tf. 70 und S. 222)

14a. Einzelröhrchen der saftigen Röhrenschicht nicht unter sich verwachsen; seitlich an Eichen: Familie Reischlinge, *Fistulinaceae;* einzige Gattung Reischling (1), *Fistulina* (S. 230)

b. Röhrchen der saftigfeuchten bis trockenzähen Röhrenschicht miteinander verwachsen: Familie Löcherpilze, *Poriaceae* 15

15a. Pilz seitlich oder zentral gestielt 26

b. Pilz ungestielt, halbkreis-konsolartig oder dachziegelig 16

c. Pilz umgewendet krustig mit aufwärts gerichteten Röhrchen. Sammelgattung Krustenporling, *Poria;* vielfach Wuchsformen von normal mit Hut ausgebildeten Arten anderer Gattungen

16a. Saftig zähfleischig, radial leicht zerreißbar 29

b. Wergig, korkig oder holzartig 17

17a. Substanz rost- bis dunkelbraun 22

b. Substanz hellbräunlich, zinnoberrot, gelblich bis weiß 18

18a. Poren labyrinthisch hin und her gewunden 19
b. Poren rundlich oder eckig, strichartig verlängert oder in Lamellen aufgelöst 20
19a. Substanz zweischichtig, obere weich, untere zäh; Pilz am Grunde von Laubbäumen, dünn, flatterhütig: Flatterwirrling (1), *Heteroporus* (S. 225)
b. Substanz einheitlich korkig, an Eichenstümpfen: Eichenwirrling (1), *Daedalea* (S. 227)
20a. Hymenium überkleidet Lamellen, diese am Ansatz auch porig, an Holz: Weißblättling (2), *Lenzites* (S. 227)
b. Hymenium kleidet Röhrchen aus 21
21a. Substanz hellbräunlich bis weiß oder zinnoberrot, zäh, wattigwergig, meist dünn, ohne derbe Kruste: Tramete (25), *Trametes* (Tf. 21 u. S. 227)

(Die Arten mit feinzottigem, oft konzentrisch gezontem Hut werden auch als Lederporling, *Coriolus*, abgegrenzt)

b. Substanz hell bis weiß, zäh, korkig, mit derber, oft harzig glänzender Kruste: Schichtporling (12), *Fomes* (S. 228)
22a. Pilz auf Nadelholz, angenehm fenchelartig riechend: Fenchelporling (1), *Anisomyces* (S. 228)
b. Pilz auf Nadel- oder Laubholz, ohne Fenchelgeruch 23
23a. Pilz oberseits lackartig glänzend oder aber braunpuderig bestäubt, Poren eng; seitlich flachkonsolig ansitzend: Lackporling (3), *Ganoderma* (S. 229)
b. Pilz korkig bis sehr hart oder holzig; Poren eng oder verlängert bis lamellig 24
24a. Unterseite überwiegend oder ganz lamellig ausgebildet; meist dünnere, korkige Pilze: Braunblättling (3), *Gloeophyllum* (S. 228)
b. Unterseite feinporig; meist dickere, größere konsolartige Pilze . . 25
25a. Pilz faserzäh bis saftig bis korkig; stets nur eine Röhrchenschicht: Rostporling (5), *Inonotus* (S. 229)
b. Pilz korkig bis holzig, meist ansehnlich; mehrjährig, daher mit mehreren übereinanderfolgenden Röhrchenschichten: Korkporling (12), *Phellinus* (S. 228)
26a. Pilz innen rostig oder gelbbraun 27
b. Pilz innen gelblich oder weiß 28
27a. Pilz auf dem Erdboden, Stiel oft kurz, zentral: Dauerporling (2), *Polystictus* (S. 230)
b. Pilz an Holz, mit kurzem oder verlängertem, wie lackiert aussehendem Stiel; auch Hut wie lackiert: Lackporling (3), *Ganoderma* (S. 229)

28a. Pilz anfangs saftig, bald zählederig, an Holz: Stielporling (7), *Polyporellus* (S. 224)

b. Pilz erst fleischig-saftig, dann käsigmürb, oft fächerig und ringsum gerandet; auf Erdboden: Fleischporling (8), *Polyporus* (S. 223)

29a. Substanz weiß oder weißlich 30

b. Substanz rostig oder gelb; an Holz: Braunporling (2), *Phaeolus* (S. 225)

30a. Einzelhüte halbkreisförmig, meist über 6 cm breit, dachziegelig gehäuft oder aber kleiner und aus knolligem Grund gestielt, lappig oder verästelt mit kleinen rundlichen Hütchen, ohne besondere Huthaut; an Holz: Fleischporling (8), *Polyporus* (S. 223)

b. Mit trennbarer Huthaut, seitlich an Birken; auch Röhrchen als Schicht ablösbar: Hautporling (1), *Piptoporus* (S. 225)

c. Keine trennbare Huthaut, meist dachziegelig, selten über 6 cm breit, aber öfters zusammenfließend, anfangs saftig, später mürb bis fast zäh; an Holz: Saftporling (30), *Leptoporus* (S. 225)

d. Hut aus weicher Ober- und zäher Unterschicht, Röhrchen labyrinthisch; Pilz am Grunde von Laubbäumen rosettig angeordnet: Flatterwirrling (1), *Heteroporus* (S. 225)

Bestimmungsschlüssel 5

(nach A. A. Pearson, etwas verändert)

Ordnung: Blätterpilze, *Agaricales* (ohne Familie Röhrlinge)

Sporenstaub weiß oder weißlich (sporenreifen Hut abgeschnitten mehrere Stunden lang auf weißem oder blauem Papier auslegen) 1
„ rosa oder fleischfarben 20
„ lila oder violett 27
„ ocker, gelb oder rostbraun 28
„ schmutzigbraun 38
„ schwärzlich, bräunlichschwarz oder violettschwarz . . . 41
„ dunkelrot oder rötlichbraun 47

Sporenstaub weiß oder weißlich

1a. Fleisch käsig oder schwammigmürb; Stiel bröckelig; Lamellen meist gleichlang (Sporen warzig, stachelig) 2

b. Pilz anders 3

2a. Lamellen bei Bruch milchend: Milchling (45), *Lactarius* (9. Fam. Sprödblättler, *Russulaceae*) (S. 264 u. Tf. 18—22)

b. Nicht milchend: Täubling (80), *Russula* (Fam. wie vor.) (S. 261 u. Tf. 23—27)

3a. Stiel zentral 4
b. Stiel exzentrisch, seitlich oder fehlend 18

4a. Außenhülle (Volva = Scheide) mit oder ohne Innenhülle (Anulus = Ring oder Manschette); Lamellen frei: Wulstling (20), *Amanita* (4. Fam. Freiblättler, *Agaricaceae*) (S. 244 u. Tf. 29—34)
b. Ring doppelt, Lamellen herablaufend: Hartpilz (1), *Catathelasma* (2. Fam. Hellblättler, *Tricholomataceae*) (S. 235)
c. Nur Innenhülle vorhanden 5
d. Weder Innen- noch Außenhülle vorhanden 6

5a. Lamellen am ungerandeten Stiel ausgebuchtet angeheftet: Ritterling (70), *Tricholoma* (2. Fam. Hellblättler, *Tricholomataceae*) (S. 236 u. Tf. 55—59)
— Stielgrund mit gerandeter Knolle: Schleierritterling (1), *Leucocortinarius* (8. Fam. Schleierblättler, *Cortinariaceae*) (S. 258)
b. Lamellen am Stiel schwachbuchtig angewachsen, Ring stiefelig aufsteigend, Huthaut und Ringaußenseite körnelig: Körnchen-Schirmling (5), *Cystoderma* (4. Fam. Freiblättler, *Agaricaceae*) (S. 247)
c. Lamellen angewachsen bis schwach herablaufend: Ringling (3), *Armillariella* (2. Fam. Hellblättler, *Tricholomataceae*) (S. 235 u. Tf. 54)
d. Lamellen frei, d. h. den Stiel nicht erreichend: Schirmling (50), *Lepiota* (4. Fam. Freiblättler, *Agaricaceae*) (S. 246 u. Tf. 35, 36)
— Hut schleimig oder klebrig: Schleimschirmling (6), *Limacella* (Fam. wie vor.) (S. 245)

6a. Fleisch weich und leicht faulend 7
b. Fleisch biegsam oder zäh, nicht leicht faulend 15

7a. Lamellen undeutlich oder durch Runzeln ersetzt. Pilz trichterig: Kraterpilz (3), *Craterellus* (S. 232 u. Tf. 66)
(Gehört zur Familie Leistenpilze, *Cantharellaceae* der Ordnung Nichtblätterpilze, *Aphyllophorales*)
b. Lamellen mit stumpfer dicker Schneide oder aderig 8
c. Lamellen dünn, häutig oder dicklich, wachsartig 9

8a. Pilz mittelgroß, dick, meist deutliche, gabelige Lamellen (Leisten): Leistling (11), *Cantharellus* (Familie wie *Craterellus*, vgl. 7a) (S. 232 u. Tf. 62—65)
b. Pilz klein, weißlich, auf faulenden Milchlingen oder Täublingen: Zwitterling (2), *Asterophora* (2. Fam. Hellblättler, *Tricholomataceae*) (S. 236)

9a. Lamellen etwas wachsartig dicklich: Wachsblätterpilz (52), *Hygrophorus* (1. Fam. Wachsblättler, *Hygrophoraceae*) (S. 232 u. Tf. 17 bis 19)

— Stiel und Hut schleimig überzogen, Stielspitze fast stets mehlig: Untergattung Schneckling (23), *Limacium* (S. 232 u. Tf. 15, 16)

— Hut nur feucht, nicht schleimig, Stielspitze nackt: Untergattung Ellerling (13), *Camarophyllus* (S. 233)

— Hut feucht oder schleimig, meist lebhaft farbig, kegelig: Untergattung Saftling (16), *Hygrocybe* (S. 233 u. Tf. 17)

b. Lamellen nicht wachsartig, sondern häutig dünn 10

10a. Lamellen frei, Ring undeutlich, daher leicht zu übersehen . . . 5d

b. Lamellen nicht frei 11

11a. Lamellen weit oder schwach herablaufend 12

b. Lamellen angeheftet oder angewachsen 14

12a. Stiel etwas knorpelig, röhrig, meist kleine Pilze: Nabeling (10), *Omphalina*

(Auch einige Helmlinge, *Mycena*, haben herablaufende Lamellen) (2. Fam. Hellblättler, *Tricholomataceae*) (S. 242)

b. Pilz anders 13

13a. Stiel dünn- oder dickfleischig, kaum röhrig; Sporen glatt, mit Jod keine Blaufärbung: Trichterling (50), *Clitocybe* (Fam. wie vor.) (S. 234 u. Tf. 49—51)

(Die Untergattungen bzw. nahestehenden Gattungen sind nur mikroskopisch abtrennbar)

b. Stiel schlank, dünnfleischig, Lamellen rosafleischrot, zuletzt weißmehlig, etwas dicklich; Sporen grobstachelig; Lackpilz (3), *Laccaria* (2. Fam. Hellblättler, *Tricholomataceae*) (S. 235 u. Tf. 53)

14a. Lamellen ausgebuchtet angewachsen: Ritterling (70), *Tricholoma* (Fam. wie vor.) (S. 236 u. Tf. 55 bis 59)

— Sporen amyloid (mit Jod blau), stachelig; Lamellenschneide meist mit lanzettlichen Zystiden: Untergattung Weichritterling (10), *Melanoleuca* (2. Fam. Hellblättler, *Tricholomataceae*) (S. 238)

b. Lamellen angewachsen oder angeheftet, nicht eigentlich ausgebuchtet, Hut anfangs eingerollt: Rübling (30), *Collybia* (Fam. wie vor.) (S. 239)

— Hut schmierig, ± braun, Sporen und Zystiden groß: Schleimrübling (2), *Oudemansiella* (S. 239)

— Hut schmierig, freudig gelb, Sporen klein: Samtfußrübling, *Flammulina* (1) (S. 239)

— Hut trocken, haarig, Sporen und Zystiden groß: Filzrübling (2), *Xerula* (S. 239)

c. Lamellen angewachsen, Hutrand anfangs nicht eingerollt, meist klein und zart; Helmling (100), *Mycena* (2. Fam. Hellblättler, *Tricholomataceae*) (S. 241)

15a. Hut von dünnen Haaren filzig; klein, Stiel fädig: Haarrübling (1), *Crinipellis* (Fam. wie vor.) (S. 241)

b. Pilz anders 16

16a. Lamellen grob gesägt: Sägeblättling (12), *Lentinus* (3. Fam. Zähblättler, *Lentinaceae*) (S. 243)

b. Lamellen nicht grob gesägt 17

17a. Lamellen fast oder ganz herablaufend: Zähnabeling (2), *Xeromphalina* (2. Fam. Hellblättler, *Tricholomataceae*) (S. 242)

b. Lamellen angewachsen: Schwindling (50), *Marasmius* (Fam. wie vor.) (S. 240 u. Tf. 52)

18a. Fleisch weich, faulend, Lamellen normal dünn: Seitling (9), *Pleurotus* (2. Fam. Hellblättler, *Tricholomataceae*) (S. 243)

— Sehr zarte Pilze mit aderigen Lamellen: Adermoosling (5), *Leptoglossum* (Fam. wie vor.) (S. 243)

b. Fleisch zäh und entweder biegsam oder starr 19

19a. Lamellen grob gesägt: Sägeblättling (12), *Lentinus* (3. Fam. Zähblättler, *Lentinaceae*) (S. 243)

b. Lamellen an der Schneide längsgespalten: Spaltblättling (1), *Schizophyllum* (Fam. wie vor.) (S. 244)

c. Lamellen aderig: Faltblättling (1), *Plicatura* (gehört zu den *Aphyllophorales*)

d. Lamellen dick, hart, starr, entfernt stehend: Blättlinge, Gattungen *Lenzites* und *Gloeophyllum* der Ordnung *Aphyllophorales*, siehe Bestimmungsschlüssel 4 bei 16b

e. Lamellen normal: Knäuling (2), *Panus* (3. Fam. Zähblättler, *Lentinaceae*) (S. 244)

f. Lamellen zart, wenig zäh, Sporen amyloid: Zwergknäuling (4), *Panellus* (2. Fam. Hellblättler, *Tricholomataceae*) (S. 243)

Sporenstaub rosa oder fleischfarben

20a. Pilz mit allgemeiner Hülle, ohne Ring: Scheidling (12), *Volvariella* (4. Fam. Freiblättler, *Agaricaceae*) (S. 246)

b. Pilz ohne Außenhülle und ohne Ring 21

21a. Lamellen frei: Dachpilz (30), *Pluteus* (Fam. wie vor.) (S. 246)

b. Lamellen milchend: Milchling (45), *Lactarius* (9. Fam. Sprödblättler, *Russulaceae*) (S. 264 u. Tf. 18—22)

c. Lamellen leicht vom Hut trennbar 22
d. Lamellen anders 23

22a. Sporen eirund, stachelig oder glatt: Rötelritterling (8), *Rhodopaxillus* (2. Fam. Hellblättler, *Tricholomataceae*) (S. 236 u. Tf. 60, 61)

b. Sporen mehr oder weniger spindelig, undeutlich gerieft oder längsgerippt: Mehlpilz (5), *Clitopilus* (5. Fam, Rotblättler, *Rhodophyllaceae*) (S. 250)

23a. Stiel zentral 24
b. Stiel seitlich oder fehlend 25

24a. Sporen eckig oder abgerundet eckig: Sammelgattung Rötling (68), *Rhodophyllus* (Fam. wie vor.) (S. 248 u. Tf. 48)
- Lamellen ausgebuchtet angewachsen: Untergattung Rötling (25), *Entoloma* (S. 248 u. Tf. 48)
- Lamellen herablaufend: Untergattung Nabelrötling (10), *Rhodophyllus* (im engeren Sinn) (S. 249)
- Lamellen angewachsen oder angeheftet:
  - Hut stumpf, faserig oder schuppig: Untergattung Zärtling (25), *Leptonia* (S. 249)
  - Hut kegelig oder mit Papille, glatt: Untergattung Glöckling (18), *Nolanea* (S. 249)

b. Sporen stachelig, weißpuderige Sporen auf rosafarbenen Lamellen: Lackpilz (3), *Laccaria* (2. Fam. Hellblättler, *Tricholomataceae*) (S. 235 u. Tf. 53)

25a. Substanz lederig, elastisch: Spaltblättling (1), *Schizophyllum* (3. Fam. Zähblättler, *Lentinaceae*) (S. 244)

b. Substanz weich 26

26a. Sporen eckig: Rötling, *Rhodophyllus:* Untergattung Nabelrötling (10), *Rhodophyllus* (im engeren Sinn) (S. 249)

b. Sporen glatt oder feinwarzig, schmutzigrosa: Krüppelfuß (7), *Crepidotus* (8. Fam. Schleierblättler, *Cortinariaceae*) (S. 254)

c. Sporen glatt, lachsfleischfarbig: Orangenseitling (1), *Phyllotopsis* (3. Fam. Zähblättler, *Lentinaceae*) (S. 243)

Sporenstaub lila oder violett

27a. Stiel zentral, Sporen stachelig: Lackpilz (3), *Laccaria* (2. Fam. Hellblättler, *Tricholomataceae*) (S. 235 u. Tf. 53)

b. Stiel exzentrisch oder seitlich: Seitling (9), *Pleurotus* (3. Fam. Zähblättler, *Lentinaceae*) (S. 243)

Sporenstaub ocker, gelb oder rostbraun

28a. Stiel zentral 29
b. Stiel seitlich oder fehlend 36

29a. Pilz mit Ring, meist an Holz: Schüppling (20), *Pholiota* (7. Fam. Dunkelblättler, *Strophariaceae*) (S. 253 u. Tf. 42)
— Pilz mit Ring, Hut blaßbereift, auf dem Boden: Reifpilz (1), *Rozites* (8. Fam. Schleierblättler, *Cortinariaceae*) (S. 258 u. Tf. 47)
— Pilz mit Ring, Schleier braunmehlig: Goldschüppling (1), *Phaeolepiota* (7. Fam. Dunkelblättler, *Strophariaceae*) (S. 253)
— Pilz mit Ring, Sporen mit Keimporus, hellbraun: Ackerling (10), *Agrocybe* (Fam. wie vor.) (S. 254)
— Pilz beringt, zart, klein: Zwergschüppling (5), *Pholiotina* (7. Fam. Dunkelblättler, *Strophariaceae*) (S. 254)
b. Pilz ohne Ring, höchstens mit seidigen Schleierresten 30
30a. Sporenstaub ocker- bis eigelb 31
b. Sporenstaub rostbraun 32
31a. Fleisch schwammig mürb; Lamellen gewöhnlich gleich lang und brüchig, Milch absondernd: Milchling (45), *Lactarius* (9. Fam. Sprödblättler, *Russulaceae*) (S. 264 u. Tf. 18—22)
b. Fleisch und Lamellen ebenso, aber ohne Milchsaft: Täubling (80), *Russula* (Fam. wie vor.) (S. 261 u. Tf. 23—27)
c. Pilz anders 32
32a. Junger Pilz mit spinnwebigem Schleier, Reste davon beim alten Pilz gewöhnlich mit Lupe sichtbar: Schleierling (180), *Cortinarius* (mit 5 Untergattungen) (8. Fam. Schleierblättler, *Cortinariaceae*) (S. 258 u. Tf. 43, 44)
b. Kein spinnwebiger Schleier, höchstens Hutrand seidig gefasert . 33
33a. Lamellen frei, Hut hell eidotterfarbig, wie Tintling, *Coprinus*, aber gelbsporig: Goldmistpilz (3), *Bolbitius* (7. Fam. Dunkelblättler, *Strophariaceae*) (S. 253)
b. Lamellen herablaufend, manchmal nur schwach 34
c. Lamellenanheftung anders 37
34a. Lamellen vom Hut abtrennbar; Sporen elliptisch: Krempling (3), *Paxillus* (11. Fam. Kremplinge, *Paxillaceae*) (S. 267 u. Tf. 12, 13)
b. Lamellen abtrennbar, dick, aderiglöcherig verbunden; Sporen spindelig: Goldkrempling (1), *Phylloporus* (12. Fam. Röhrlinge, *Boletaceae*) (S. 270)
c. Lamellen nicht leicht abtrennbar, aber dick oder aderig; Sporen elliptisch, gelb: Leistling (11), *Cantharellus* (Fam. Leistenpilze in der Ordnung Nichtblätterpilze) (S. 232 u. Tf. 62 bis 65)
d. Fruchtkörper kreiselförmig, oben flach, geschweift, Hymenium der Unterseite flachaderig: Schweinsohr (1), *Gomphus* (Fam. wie 34c) (S. 232 u. Tf. 65)
e. Pilz anders 35

35a. Pilz fleischig, irgendwo gelb gefärbt, St. mit Schüppchen: Schüppling (20), *Pholiota* (7. Fam. Dunkelblättler, *Strophariaceae*) (S. 253 u. Tf. 42)

b. St. blaßseidig, Sporen warzig: Tannenflämmling (7), *Gymnopilus* (8. Fam. Schleierblättler, *Cortinariaceae*) (S. 257)

c. Pilz dünn, braungetönt, Lamellen etwas herablaufend: Trichterschnitzling (5), *Tubaria* (Fam. wie vor.) (S. 254)

36a. Mittelgroß, Lamellen abtrennbar: Krempling (3), *Paxillus* (11. Fam. Kremplinge, *Paxillaceae*) (S. 267)

b. Klein, zart: Krüppelfuß (7), *Crepidotus* (8. Fam. Schleierblättler, *Cortinariaceae*) (S. 254)

37a. Lamellen ausgebuchtet; Pilz auf dem Erdboden, fleischig, Lamellenschneide mit keuligen Zellen: Fälbling (11), *Hebeloma* (Fam. wie vor.) (S. 257)

— Pilz meist an Holz, Stiel mehr oder weniger zäh: Tannenflämmling (7), *Gymnopilus* (8. Fam. Schleierblättler, *Cortinariaceae*) (S. 257)

b. Pilz klein, ziemlich knorpelig: Schnitzling (3), *Simocybe* (Fam. wie vor.) (S. 255)

c. Pilz klein bis mittelgroß, Hut kegelig, Stiel wurzelnd: Braunrübling (6), *Phaeocollybia* (8. Fam. Schleierblättler, *Cortinariaceae*) (S. 257)

— Hut bald flach, nicht wurzelnd; starker Trangeruch: Gurkenschnitzling (1), *Macrocystidia* (Fam. wie vor.) (S. 255)

d. Pilz klein und zart, ocker oder zimtbräunlich; Huthaut mit runden Zellen: Kegelhäubling (10), *Conocybe* (7. Fam. Dunkelblättler, *Strophariaceae*) (S. 254)

— Huthaut mit langgestreckten Zellen: Glockenhäubling (20), *Galerina* (8. Fam. Schleierblättler, *Cortinariaceae*) (S. 257)

Sporenstaub schmutzigbraun
(tabak-, erd-, umbrabraun)

38a. Ring vorhanden; Sporen mit Keimporus: Ackerling (10), *Agrocybe* (7. Fam. Dunkelblättler, *Strophariaceae*) (S. 254)

b. Ring vorhanden; Sporen ohne Keimporus: Fälbling (11), *Hebeloma* (8. Fam. Schleierblättler, *Cortinariaceae*) (S. 257)

c. Ohne Ring; Stiel mittelständig 39

d. Ohne Ring; Stiel seitlich oder fehlend: Krüppelfuß (7), *Crepidotus* (Fam. wie vor.) (S. 254)

39a. Hut strahlig rissigfaserig oder schuppig: Rißpilz (40), *Inocybe* (8. Fam. Schleierblättler, *Cortinariaceae*) (S. 255 u. Tf. 45, 46)

— Sporen eckigzapfig: Untergattung Rißpilz (25), *Astrosporina* (S. 256)

b. Hut nackt 40

40a. Pilz groß oder mittelgroß, trocken oder klebrig, Lamellen ausgebuchtet: Fälbling (11), *Hebeloma* (Fam. wie vor.) (S. 257)

b. Pilz klein, 3 bis 4 cm, weißlich, Hutrand bewimpert, Lamellen herablaufend, Sporen rund, stachelig: Afterkrempling (3), *Ripartites tricholoma* (A. et S. ex Fr.) Karst. (2. Fam. Hellblättler, *Tricholomataceae*)

c. Meist klein und trocken, Lamellen verschieden angeheftet:

— Sporen mit Keimporus: Ackerling (10), *Agrocybe* (7. Fam. Dunkelblättler, *Strophariaceae*) (S. 254)

— Sporen nicht spindelig: Schnitzling (3), *Simocybe* (8. Fam. Schleierblättler, *Cortinariaceae*) (S. 255)

— Sporen zitronenspindelig, punktiert; meist unter Erlen: Erlenschnitzling (7), *Alnicola* (Fam. wie vor.) (S. 255)

Sporenstaub schwärzlich, braunschwärzlich oder violettschwarz

41a. Ring vorhanden am jungen Pilz 42

b. Ring fehlt 43

42a. Lamellen frei, wie die reifen Sporen schwärzlichbraun: Egerling (21), *Agaricus* (Fam. wie folgende) (S. 247 u. Tf. 37 bis 39)

b. Lamellen frei, dunkelrot, Sporen bräunlicholiv: Buntschirmling (2), *Melanophyllum* (4. Fam. Freiblättler, *Agaricaceae*) (S. 247)

c. Lamellen frei, mit den Sporen schwarz werdend, meist zerfließend: Tintling (50), *Coprinus* (6. Fam. Schwarzblättler, *Coprinaceae*) (S. 250 u. Tf. 28)

d. Lamellen angewachsen oder angeheftet: Sporen violett- oder bräunlichschwarz: Träuschling (12), *Stropharia* (7. Fam. Dunkelblättler, *Strophariaceae*) (S. 252)

e. Lamellen ebenso, aber Sporen schwarz: Ringdüngerling (2), *Anellaria* (6. Fam. Schwarzblättler, *Coprinaceae*) (S. 252)

43a. Hut oder wenigstens Lamellen zerfließend: Tintling (50), *Coprinus* (Fam. wie vor.) (S. 250 u. Tf. 28)

b. Pilz anders 44

44a. Lamellen herablaufend, Hut dickfleischig; allgemeine Hülle schleimig: Gelbfuß (5), *Gomphidius* (10. Fam. Gelbfüßer, *Gomphidiaceae*) (S. 234 u. Tf. 14)

b. Lamellen herablaufend oder am Stiel angewachsen; Pilz nicht schleimig, höchstens schwach klebrig 45

45a. Lamellen schwarz, gefleckt, Sporen glatt, schwarz: Düngerling (8), *Panaeolus* (6. Fam. Schwarzblättler, *Coprinaceae*) (S. 251)

b. Lamellen dunkelbraun, gefleckt, Sporen warzig, schwärzlichbraun: Heudüngerling (1), *Panaeolina* (Fam. wie vor.) (S. 251)

c. Pilz anders 46

46a. Pilz mittelgroß, Velum oft als Saum am Hutrand; irgendwo gelb oder orangefarben; meist an Holz: Schwefelkopf (10), *Nematoloma* (7. Fam. Dunkelblättler, *Strophariaceae*) (S. 252 u. Tf. 40, 41)

b. Pilz mittel bis klein, gebrechlich, meist auf Boden; Velum faserig, jung vorhanden: Faserling (32), *Psathyrella* (6. Fam. Schwarzblättler, *Coprinaceae*) (S. 251)

c. Pilz schmutzigbraun, ohne Velum: Kahlkopf (4), *Psilocybe* (7. Fam. Dunkelblättler, *Strophariaceae*) (S. 252)

Sporenstaub dunkelrot oder rötlichbraun

47. Lamellen zuletzt schmutzigrötelrot; büschelig wachsende Pilze: Kahlkopf (4), *Psilocybe* (7. Fam. Dunkelblättler, *Strophariaceae*) (S. 252)

Bestimmungsschlüssel 6

Ordnung: Blätterpilze, *Agaricales*, 13. Familie Röhrlinge, *Boletaceae*

1a. Stiel beringt, junge Röhren durch Hülle verschlossen 2

b. Stiel ohne Ring, Röhren von Anfang an sichtbar 4

2a. Hut schleimig: Schleimröhrling (14), *Suillus* (S. 268 u. Tf. 8—11)

b. Hut trocken, zumindest anfangs 3

3a. Hut braun- oder gelbschuppig, Röhrchen lamellig angeordnet, Stiel hohl: Hohlfußröhrling (1), *Boletinus* (S. 269)

b. Hut schwarzgrauschuppig, Stiel voll, langgestreckt: Schuppenröhrling (1), *Strobilomyces* (12. Fam. Schuppenröhrlinge) (S. 268)

4a. Stiel mit feinem Adernetz, voll, kräftig: Dickröhrling (14), *Boletus* (S. 270 u. Tf. 1, 3, 4)

b. Stiel grob und rauh, dunkler punktiert oder wenigstens ruppig abstehend rauh: Rauhstielröhrling (6), *Leccinum* (S. 270 u. Tf. 5)

c. Stiel glatt oder feinpunktiert, oder aber grobrippig, weitgenetzt 5

5a. Röhrchenschicht sehr kurz, am Stiel herablaufend, Poren weit, eckig: Grübling (1), *Gyrodon* (S. 268)

b. Röhrenschicht anders 6

6a. Röhren von Anfang an umbrabraun wie Hut und Stiel: Porphyrröhrling (1), *Porphyrellus* (S. 268)

b. Röhrchen andersfarbig 7

7a. Röhren bleibend weiß oder rahmgelblich: Blaßsporröhrling (2), *Gyroporus* (S. 268)

b. Röhren zuletzt fleischrosa: Rosasporröhrling (1), *Tylopilus* (S. 270 u. Tf. 2)
c. Röhren dunkler oder dunkelnd 8
8a. Röhrenmündungen blutrot oder schöngelb, Stiel kräftig: Dickröhrling (14), *Boletus* (S. 270 u. Tf. 1, 3, 4)
b. Röhrenmündungen meist gelb oder olivgrün bis bräunlich, Stiel schlank, nicht bauchig 9
9a. Hut trocken, filzig; Röhrchen besonders in der Jugend eng: Filzröhrling (9), *Xerocomus* (S. 269 u. Tf. 6, 7)
b. Hut filzig, rotbraun, Röhren fast lamellig, in der Tiefe aderige Verbindung, am Stielansatz auch löcherig: Goldkrempling (1), *Phylloporus* (S. 270)
c. Hut schmierig: Schleimröhrling (14), *Suillus* (S. 268 u. Tf. 8—11)

Bestimmungsschlüssel 7

Ordnung: Bauchpilze, *Gasterales*

1a. Pilz eikugelig, halb im Boden eingesenkt, später oben sich öffnend, den Innenkörper hervortreibend oder freilegend 2
b. Pilz bleibend kugelig, knollig, birnförmig, gestielt rundköpfig . . 6
c. Pilz enthält innen im entwickelten Zustande linsenförmige Körperchen (Peridiolen), welche die eigentlichen Fruchtkörper darstellen 12
2a. Pilz entwickelt poröszelligen, zerbrechlichen Stiel, der in gallertiger, außen zähhäutiger Eihülle steckt 3
b. Pilz im entwickelten Zustand ein rotes Gitternetz darstellend; Aasgeruch: Gitterling (1), *Clathrus* (S. 276)
c. Pilz mehrere hochrote, innen grünschleimige Arme aufwärts und auswärts breitend; Aasgeruch: Tintenfischpilz (1), *Anthurus* (S. 276)
d. Pilz anders 4
3a. Stiel mit orangerotem, olivgrünschleimig überzogenem Ende: Hundsrute (1), *Mutinus* (S. 277)
b. Stiel mit außen gekammertem Glockenhut, der anfangs olivschleimig überkleidet ist; Aasgeruch: Stinkmorchel (2), *Phallus* (S. 276)
4a. Der kugelige, später mit Mündung stäubende Innenkörper wird auf einem Stiel emporgehoben: Stielbovist (5), *Tulostoma* (S. 273)
b. Die äußere Hülle springt sternförmig auseinander, dadurch den kugeligen Innenkörper hochhebend 5
5a. Die sternförmige Unterlage (äußere Hülle) erst wachsartig, dann vertrocknend, Innenkörper mit deutlicher, bald stäubender Mündung: Erdstern (15), *Geastrum* (S. 276)

b. Äußere Hüllappen derb, fast lederig, bei Trockenheit nach oben zusammenrollend. Innenkörper unregelmäßig aufreißend: Wetterstern (1), *Astraeus* (S. 274)

c. Winziger Pilz. Die innen rötliche Hülle springt sternförmig auf und schleudert das kleine Innenkörperchen weit weg: Kugelschneller (1), *Sphaerobolus* (S. 274)

6a. Pilz halb oder ganz unterirdisch: „Hypogäen" 7

b. Pilz fast oder ganz oberirdisch 13

7. (Hypogäengattungen erfordern mikroskopisches Studium. Im folgenden Anhaltspunkte für die Gattungsbestimmung)

a. Pilz außen stark umfasert; Knolleninneres schwärzlich, kleingekammert, gallertigschleimig, mit helleren Wänden: Schleimtrüffel (2), *Melanogaster* (S. 272)

b. Gleichfalls umfasert, aber innen oliv bis braun, Kämmerchen hohl; Pilz meist zur Hälfte sichtbar: Barttrüffel (4), *Rhizopogon* (S. 272)

c. Pilz außen ohne Umfaserung, doch bisweilen in Myzel eingebettet 8

8a. Wie ein kleiner ungestielter Morchelkopf, d. h. rundlich, ohne Wand, mit zelligen Höhlungen der Außenseite: Morchling (1), *Gautieria* (S. 272)

b. Pilz mit Außenwand 9

9a. Pilz wie bei einem Stäubling in der Basis ohne Sporenbildung (steril); Sporen braun, stachelig: Laubtrüffel (1), *Octaviania* (S. 273)

b. Pilz innen überall Sporen bildend (fertil), Sporen blaß 10

10a. Außenwand (Peridie) leicht ablösbar, Sporen glatt: Schwanztrüffel (14), *Hysterangium* (S. 273)

b. Außenwand kaum ablösbar, Sporen warzig bis stachelig 11

11a. Sporen länglich: Erdnuß (17), *Hymenogaster* (S. 272)

b. Sporen rund, stachelig: Heidetrüffel (14), *Hydnangium* (S. 273)

12a. Pilz regelmäßig becherförmig, etwa 1 cm breit, anfangs von einer Haut verschlossen, später die Innenkörperchen freiliegend: Teuerling (5), *Cyathus* (S. 274)

b. Pilz ähnlich gebaut, 1 cm groß, ohne deckende Haut, ungleich aufreißend: Nestling (5), *Nidularia* (S. 274)

c. Pilz bedeutend größer, birnförmig, innen gekammert, mit eingelagerten Innenkörperchen: Erbsenstreuling (3), *Pisolithus* (S. 274)

13a. Pilz rundlich. Basis ganz fertil, färbt sich bei der Sporenreife innen ganz um; äußere Hülle glatt, in Stücke brechend 14

b. Pilz birnförmig bis gestielt kopfig. Äußere Hülle flockig, mehlig, körnig. Unterer Teil bleibt steril, färbt sich bei der Reife nicht um: Stäubling (26), *Lycoperdon* (S. 275 u. Tf. 72, 73)

14a. Pilz hart, ockergelb, warzig, gefeldert, reif innen violettschwarz: Hartbovist (4), *Scleroderma* (S. 273)

b. Pilz leicht zusammendrückbar, jung meist weiß, glatt, reif innen oliv oder braun 15

15a. Sporen mit deutlichem Stiel. Pilz klein bis mittelgroß: Bovist (2), *Bovista* (S. 275)

b. Sporen nicht oder kaum gestielt. Pilz meist ansehnlich: Staubkugel (5), *Calvatia* (Untergattung von Stäubling, *Lycoperdon*) (S. 275)

Bestimmungsschlüssel 8

Ordnung: Ohrlappenpilze, *Auriculariales*

Ordnung: Gallertpilze, *Tremellales*

Ordnung: Gallerttränenpilze, *Dacrymycetales*

1a. Seitlich an Holz sitzend, graubräunlich, unterseits mit stachelartigen Vorsprüngen; an Nadelholz: Zitterzahn (1), *Tremellodon* (S. 277)

b. Pilz zungen-, löffelartig, bis 10 cm hoch, schön ziegel-orangefarbig: Gallerttrichter (1), *Guepinia* (S. 277)

c. Pilz anders 2

2a. Kleine hell- oder orangegelbe Gallerttröpfchen, bisweilen zusammenfließend; auf Holz: Gallertträne (13), *Dacrymyces* (S. 278)

b. Goldorangegelber, verzweigter, zähgallertig gummiartiger Pilz; an Nadelholz: Schönhorn (3), *Calocera* (S. 278)

3a. Ohrartig gelappter Pilz, oft mit entfernt gerunzelter Unterseite; an Laubholz seitlich ansitzend: Ohrlappenpilz (2), *Auricularia* (S. 277)

b. Pilz nicht ohren- oder muschelartig abstehend 4

4a. Gehirnartig oder blättrig gewundene gelbe oder hellbraune Gallertgebilde auf Holz; Sporen rund: Zitterling (8), *Tremella* (S. 277)

b. Blasse, olivbraune, rotbraune, meist kreiselförmige Fruchtkörper; wenn gehirnartig, von pustelartigen kleinen Drüsen punktiert; Sporen wurstförmig gebogen: Drüsling (11), *Exidia* (S. 277).

Verzeichnis der in der nachfolgenden Bestimmungsübersicht verwendeten Abkürzungen

außerh.	außerhalb
bes.	besonders
bisw.	bisweilen
br.	breit
Dm.	Durchmesser
einsch.	einschließlich
Eßb!	eßbar (= vorzüglich)
Eßb.	eßbar (= genießbar)
etw.	etwas
Expl.	Exemplar
fb.	-farben
Fk.	Fruchtkörper
Fl.	Fleisch
fm.	-förmig
Frü.	Frühjahr (März-Mai)
Gattg	Gattung
gelbl.	gelblich (Endung „-lich" immer als „-l.")
Ger.	Geruch
ges.	gesellig
Gesch.	Geschmack
gzj.	ganzjährig
H.	Hut
hblfd	herablaufend
Hbst	Herbst (September-November)
hfg	häufig
Hym.	Hymenium
jg	jung
Lam.	Lamellen
Lb	Laub
Lbhz	Laubholz
Lbwd	Laubwald
lg	lang
Mansch.	Manschette
mikrosk.	unter dem Mikroskop betrachtet
Nd.	Nadel (Nadeln)
Ndhz	Nadelholz
Ndwd	Nadelwald
obers.	oberseits
Po.	Poren
Rö.	Röhren
selt.	selten
So.-H.	Sommer-Herbst
Som.	Sommer (Juni-August)
sp.	später
Sp.	Sporen
Spstb	Sporenstaub
St.	Stiel
Stch.	Stacheln
subsp.	subspecies (= Unterart)
Subst.	Substanz
syn.	synonym
u.	und
unters.	unterseits
var.	varietas (= Abart)
vor.	vorige(r)
Wd	Wald
Wint.	Winter (Dezember-Februar)
zstr.	zerstreut
z. T.	zum Teil
zus.	zusammen
Zyst.	Zystiden

Bestimmungsübersicht

für die häufigsten und auffälligsten Pilzarten

(Bestimmungsschlüssel für die Ordnungen und Gattungen siehe S. 191)

In der Übersicht sind alle in den Bestimmungsschlüsseln 1—8 enthaltenen Gattungen mit einer oder mehreren Arten vertreten. Wenn diese farbig dargestellt sind, ist auf die betr. Tafel verwiesen. Insgesamt werden 556 Arten aufgeführt, d. i. etwa $^1/_6$ der mitteleuropäischen Pilzflora. Man bestimme zuerst die Gattung und gehe dann in der Bestimmungsübersicht auf S. 213 u. ff. die aufgenommenen Arten durch. Dem Bestimmer werden immer wieder auch Arten vorliegen, für die kein zutreffender Name gefunden werden kann. Dann müssen größere Pilzwerke oder Monographien zu Rate gezogen werden.

Alle Arten ohne Bezeichnung ihres Genußwertes sind ungenießbar oder wertlos.

KLASSE: Schlauchpilze, *Ascomycetes*

ORDNUNG: Scheibenpilze, *Helotiales*

FAMILIE: Erdzungen, *Geoglossaceae* Fk. keulen-, zungen-, spatelfm., Köpfchenteil abgesetzt, die Sp. bildend. Erdboden

GATTG: Erdzunge, *Geoglossum* Pers. Fk. schwarz, glatt, Sp. braun, quergeteilt, vielzellig

1. Klebrige E., *G. glutinosum* Pers. ex Fr. Fk. flach, 5 cm lg, Moorwiesen, So.-H., selt.

GATTG: Haarzunge, *Trichoglossum* Boud. Fk. rauhborstig, trocken

2. Gemeine H., *Tr. hirsutum* Pers. ex Fr. Fk. keulig oder verbreitert, bis 8 cm lg. Wiesen, Som. zstr.

GATTG: Erdzunge, *Microglossum* Gill. Fk. nicht schwarz, glatt, Sp. blaß, ein-, höchstens vierzellig

3. Grüne E., *M. viride* (Pers. ex Fr.) Gill. Fk. oliv, innen grün, 6 cm lg, Lbwd, So.-H., zstr.

GATTG: Spatelpilz, *Spathularia* Pers. Fk. spatelfm., St. abgesetzt

4. Gelber Sp., *Sp. flavida* Pers. ex Fr. (= *clavata* Pers.). Fk. hell dottergelb, 7 cm lg. Lb- u. Ndwd, oft in Kreisen, So.-H., zstr. Eßb.

GATTG: Haubenpilz, *Mitrula* Pers. Kopfteil gestreckt, keulig, vom dünnen St. abgesetzt

5. Sumpf-H., *M. paludosa* Fr. (= *phalloides* Bull.). Kopfteil orangegelb, St. blaß, zus. 2 cm lg. Auf faulendem Lb u. dgl. an sumpfigen Orten, Frü., selt.

GATTG: Kreisling, *Cudonia* Fr. Gestielt-hütig, Rand umgerollt, unters. gefaltet

6. Helm-Kr., *C. circinans* Pers. Kappe weißl. bis schmutziggelb, rundl., wellig, zuletzt runzelig, 3 cm br., St. fleischbräunl., 5 cm lg. Ndwd, ges. in Ringen, So.-H., zstr. Eßb.

FAMILIE: Gallertbecherlinge, *Bulgariaceae.* Fk. kreisel- bis schlüsselfm. oder spatelfm., gallertig.

GATTG: Gallertkäppchen, *Leotia* Pers. Kappe rundl., vom St. abgesetzt, Subst. gallertig

7. Grüngelbes G., *L. lubrica* Pers. (= *gelatinosa* Hill). H. oliv oder dunkler, unregelmäßig, 2 cm br., St. schön gelb, punktiert rauh, oben dicker, 6 cm lg, 5 mm dick, Fl. gelbl. Lbwd (selt. Ndwd), So.-H., ges., nicht selt.; Eßb.

GATTG: Schmutzbecher, *Bulgaria* Fr. Subst. schwarz, zähgallertig

8. Schwarzer Sch., *B. polymorpha* Oed. Fk. außen braun, körnelig, oben (Scheibe) tiefschwarz, 4 cm hoch, 3 cm br. Bes. an gefällten Eichen, ges., Frü.-Wint., hfg

GATTG: Gallertbecher, *Coryne* Tul. Fk. violett-rosa, kreisel- bis flach kelchfm., weichgallertig

9. Fleischroter G., *C. sarcoides* Jacq. ex Fr. Fk. 1—2 cm hoch. Lbhz-Stümpfe, ges., Frü.-Wint., nicht selt.

FAMILIE: Schmarotzerbecherlinge, *Sclerotiniaceae.* Becher gestielt, meist klein, auf Früchten oder Wurzeln, aus einem Knöllchen (Sklerotium) entspringend

GATTG: Schmarotzerbecherling, *Sclerotinia* Fuck. (Merkmale der Familie)

10. Anemonenbecherling, *Scl. tuberosa* (Hedw.) Fuck. Fk. braun, um 2 cm br., St. größtenteils eingesenkt, Sklerotium schwärzl. Auf dem Wurzelstock des Buschwindröschens *(Anemone nemorosa),* Frü., zstr.

ORDNUNG: Becherpilze, *Discales* (= *Pezizales*)

FAMILIE: Lorchelpilze, *Helvellaceae.* Fk. lappig gefaltet oder wulstig verbogen, deutl. gestielt

GATTG: Wurzellorchel, *Rhizina* Fr. Fk. wellig ausgebreitet, wachsartig, ohne St., mit Fransen am Boden haftend

11. Wurzellorchel, *Rh. undulata* Fr. (= *inflata* Schff.) Fk. kastanienbraun, schmal weißgerandet, unters. gelbl., bis 10 cm br. Sandiger Ndwd, Brandstellen, zus.-fließend, bisweilen sehr ges., So.-H., zstr.; Eßb.

GATTG: Lorchel, *Helvella* L. ex St. Amans. H. mit auf- und abgebogenen Lappen

a) St. rippig und längszellig (*Helvella* im engeren Sinn)

12. Herbst-L., *H. crispa* (Scop.). Fr. Fk. weißl. bis blaßocker (Abb. Tf. 77)

13. Gruben-L., *H. lacunosa* Afz. ex Fr. Fk. rauchgrau bis grauschwarz, sonst sehr ähnl. Nr. 12. Wd-Gräben, moosige Wd-Ränder, Hbst, zstr.; Eßb.

b) St. dünn, glatt, ungerippt (*Leptopodia* Boud.)

14. Elastische L., *H. elastica* Bull. ex St. Amans. H. ockergrau bis blaß, gelappt, oft 1 oder 2 Zipfel aufwärts gewendet, 3 cm br., St. weißl., flaumig, bis 8 cm lg. Wälder, auf Lehm- und Tonboden, ges., So.-H., nicht selt.; Eßb.

15. Kapuzen-L., *H. capucina* Quél. Ähnl. Nr. 14, aber kastanienbraun, oft zweispitzig, 3 cm br., St. weiß, 5 cm lg. Junger Ndwd, ges., Somm., sehr zstr.

GATTG: Lorchel, *Gyromitra* Fr. H.-Oberfläche wulstig oder gehirnartig gewunden, z. T. wellig gelappt, innen gekammert hohl

16. Früh-L., *G. esculenta* Pers. ex Fr. H. kastanienrotbraun, bis 8 cm br., St. bis 5 cm lg, Sp. elliptisch, zweitropfig. Kiefernwd, ges., Frü. Bedingt eßb. (vgl. S. 158, 160 u. 178)

17. Riesen-L., *G. gigas* (Krhz.) Cke. Kopf zimt- bis olivbraun, gewunden bis lappig gefaltet, bis 10 cm br., St. weißl., kurz, gedrungen, gefurcht, Sp. spindelig, eintropfig. Nd- u. Lbwd, feuchte, kräuterreiche Stellen, wenig ges., Frü., zstr.; Eßb., doch Vorsicht wie bei vor.!

18. Bischofsmütze, *G. infula* (Schff. ex Fr.) Quél. Lappen des Kopfteils nur flachwellig, in Zipfeln abstehend (Abb. Tf. 76)

GATTG: Scheibenpilz, *Discina* Fr. Fk. bald flach, St. sehr kurz, gerippt, Sp. spindelig zugespitzt

19. Breitester Sch., *D. perlata* Fr. Fk. kakao- bis zimtbraun, außen rosagelbl., bis 12 cm br., gebrechl., St. kurz gerippt, Fl. fast ohne Ger. Fichtenstümpfe u. deren Umgebung, Frü., zstr.; Eßb! (ähnl. Nr. 48)

GATTG: L a n g f ü ß l e r, *Cyathipodia* Boud. Becher flachschüsselig, St. sehr schlank, kaum gefurcht

20. G r a u e r L., *C. macropus* (Pers. ex Fr.) Dennis. Ganz grau, außen rauh, 3 cm br., 6 cm hoch, feuchter Lb- u. Ndwd, schwach ges., So.-H., zstr.

GATTG: R i p p e n b e c h e r l i n g, *Acetabula* Fuck. Fk. krugfm., sp. flacher, außen gerippt, auch St. kräftig längsgerippt

21. G r a u b r a u n e r R., *A. sulcata* (Pers.) Fuck. Fk. grau, außen blasser, bereift, bis 5 cm br., St. weiß, derbgerippt, dadurch gekammert, bis 5 cm lang. Bes. Ndwd, Wegränder, ges., Frü.-Som., nicht selt.; Eßb!

22. P o k a l - R., *A. vulgaris* Fuck. Fk. innen braunrußig, ockerbraun, außen blasser, weit herauf gerippt, bis 7 cm br., St. weiß, derbgerippt, 4 cm lg. Wd-Wege, Lichtungen, ges., Frü., sehr zstr.; Eßb!

FAMILIE: G r o ß b e c h e r l i n g e, *Pezizaceae*. Fk. krugbecher- oder scheibenfm., mit oder ohne St., z. T. ansehnl., von nahestehenden Familien mit sehr kleinen, hier nicht behandelten Formen nur mikroskopisch zu unterscheiden

GATTG: Ö h r l i n g, *Otidea* Fuck. Fk. bis zum Grunde gespalten, ohrartig verlängert

23. U m b r a b r a u n e r Ö., *O. umbrina* (Pers.) Bres. Fk. dunkelbraun, außen blasser, feinkleiig, nicht verlängert, bis 6 cm hoch. Nd.- u. Lbwd, ges. in Reihen, Hbst, zstr.; Eßb!

24. S c h n e c k e n f ö r m i g e r Ö., *O. cochleata* (L.) Fuck. Fk. dem vor. ähnl., viel heller braun, stärker eingerollt u. verbogen. Lbwd, So.-H., sehr zstr.; Eßb!

25. E s e l s o h r, *O. onotica* (Pers.) Fuck. Fk. orangegelb, einseitig ohrartig verlängert (Abb. Tf. 75)

26. H a s e n o h r, *O. leporina* (Batsch) Fuck. Fk. ähnl. vor., jedoch kleiner, ledergelb-braun (vgl. S. 156)

GATTG: F l e i s c h b e c h e r l i n g, *Sarcosphaera* Auersw. Fk. dickfleischig, anfangs eine Hohlkugel, dann strahlig von der Mitte aus in mehrere Lappen einreißend

27. K r o n e n b e c h e r l i n g, *S. eximia* (Dur. et Lév.) R. Mre. Fk. innen violett. Frü.; bedingt eßb. (s. S. 178)

GATTG: B e c h e r l i n g, *Peziza* St. Amans (inkl. *Galactinia* Cke.) Fk. schüsselfm., ungestielt, Schlauchspitzen durch Jod blau (Mikroskop!), Sp. elliptisch

28. G e l b m i l c h e n d e r B., *P. (G.) succosa* Bk. Fk. purpurn bis gelbl., auch violettl., außen fein gekörnelt, bei Bruch wasserhellen Saft aussondernd, der gelb wird, bis 4 cm br. Lb- u. Ndwd, So.-H., nicht selt.; Eßb!

29. Kastanienbrauner B., *P. badia* Pers. Fk. braunpurpurn, oft olivstichig, außen kastanienbraun, grobkleiig, bis 6 cm br., Sp. warzigrauh. Ndwd, Sandboden, ges., So.-H., nicht selt.; Eßb!

30. Kleiiger B., *P. umbrina* (Boud.). Fk. braun, außen weißl., stark kleiig, bis 5 cm br., Sp. feinwarzig. Wd, auch auf Kohleplätzen, Frü.-Hbst, nicht hfg.; Eßb.

31. Riesen-B., *P. varia* (Hedw.) Fr. Fk. gelbl. bis schmutzigbraun, formveränderl., kurzgestielt, bis 9 cm br., Wd u. außerhalb. So.-H., nicht selt.; Eßb!

32. Blasiger B., *P. vesiculosa* Bull. ex St. Amans. Fk. innen ockergelb, braunblaß, außen blaßocker, mehlig-körnig, bis 9 cm br., Rand eingebogen. Miststätten, gedüngte Erde, büschelig, Frü.-Hbst, nicht selt.; Eßb!

33. Violetter B., *P. violacea* Pers. Fk. violett, außen heller, feinkörnelig, 2 cm br. u. mehr, variable Art. Brandstellen, Frü.-Hbst., zstr.

GATTG: Prachtbecherling, *Plicariella* Sacc. (inkl. *Caloscypha* Boud.). Ähnl. *Peziza,* aber Sp. rund

34. Leuchtender P., *P. (C.) fulgens* (Pers.) Boud. (Abb. Tf. 74)

FAMILIE: Erdbecherlinge, *Pyronemataceae.* Ähnl. den Großbecherlingen, oft rot, außen behaart, im Alter meist flach

GATTG: Orangenbecherling, *Aleuria* Fuck. Fk. schüsselfm. bis flach ausgebreitet, ohne St. aufsitzend, Sp. netzartig gezeichnet

35. Orangenbecherling, *A. aurantia* (Fr.) Fuck. Fk. orangerot, bis 8 cm br. So.-H., nicht selt.; Eßb! (s. S. 156)

GATTG: Braunborstling, *Humaria* Fuck. Fk. braun mit dunkelbraunen Borsten, Paraphysen mit Jod nicht grün (Mikroskop!)

36. Halbkugeliger B., *H. hemisphaerica* (Wigg. ex Fr.) Fuck. Fk. napffm., nicht verflacht, innen weißl. bis graubläul., außen gelbbraun, braunborstig, bis 2 cm br. Nd- u. Lbwd, Erdboden, So.-H., nicht selt.

GATTG: Striegelborstling, *Scutellinia* (Cke.) Lamb. Fk. rot, außen filzig oder borstig, ungestielt, Paraphysen mit Jod grün (Mikroskop!)

37. Schildborstling, *S. scutellata* (L. ex Amans) Lamb. Fk. schön zinnoberrot, schüsselfm., dann flach, außen gelbbraun, borstig, 1 cm br., Sp. elliptisch, glatt. Waldwege, Gräben, faulendes Holz. So.-H., nicht selt.

38. Scharlachroter St., *S. trechispora* (Bk. et Br.) Lamb. Dem vor. zum Verwechseln ähnl., Fk. zinnober- bis scharlachrot. Sp. kugelig, rauh. Kaum auf Holz, sondern auf feuchter Walderde, So.-H., zstr.

GATTG: Kelchpilz, *Geopyxis* Pers. ex Fr. Fk. krugfm., Rand fransig gezähnt, St. kurz, glatt

39. Kohlen-K., *G. carbonaria* (A. et S. ex Fr.) Sacc. Fk. innen orange-

braun, außen blasser, kleinkörnig, Rand blaßgezähnt, 1 cm hoch, St. weißgelbl., bis 1 cm lg. Stets auf Brandstellen, sehr ges., Frü.-Hbst, nicht selt.

FAMILIE: Kelchbecherlinge, *Sarcoscyphaceae.* Fk. rot oder schwarz, außen feinfilzig, Schläuche in Jod nicht blau

GATTG: Kelchbecherling, *Sarcoscypha* (Fr.) Boud. Fk. rot, mit Stiel Holzresten aufsitzend

40. Zinnoberroter K., *S. coccinea* (Fr.) Lamb. Fk. leuchtend zinnoberrot, bis 5 cm br., außen blasser, samt St. feinborstig, St. bis 3 cm lg. Auf Lbhz-Ästchen, Frü., selt.

GATTG: Schwarzborstling, *Pseudoplectania* Fuck. Fk. schwarz, außen braunschwarzfilzig, Sp. kugelig

41. Glänzender Sch., *P. nigrella* (Pers. ex Fr.) Fuck. Fk. innen glänzend schwarz, sp. matt, bis 3 cm br. Fichtenwald, auf Nd- oder Moosboden, ges., Frü., nicht selt.

FAMILIE: Morchelpilze, *Morchellaceae.* Fk. kopfiggestielt, außen ± wabig, oder nur becherfm. mit kurzem, geripptem St.

GATTG: Morchel, *Morchella* St. Am. Fk. kopfiggestielt, reif über 4 cm hoch

42. Rund-M., *M. esculenta* Pers. ex St. Amans (Abb. Tf. 78)

43. Spitz-M., *M. conica* Pers. (Abb. Tf. 79)

44. Grau-M., *M. deliciosa* Fr. (s. S. 164)

45. Hohe M., *M. elata* Fr. (s. S. 164)

46. Käppchen-M., *M. (Mitrophora) rimosipes* DC. H. zur Hälfte frei, braunoliv, braungrau, dunkler längsrippig, St. ± verlängert, oben runzelig, körnelig, 5—10 cm lg. Lb-Gebüsche, Auwälder, Frü., zstr.; Eßb!

GATTG: Verpel, *Verpa* Sw. ex Pers. H. glockig, obers. längsfurchig bis flachwabig, dem hohlen St. aufsitzend

47. Fingerhut-V., *V. conica* Sw. ex Pers. H. außen braun, innen blaßgelb, nur leicht gerunzelt, bis 3 cm hoch, St. gelbl., mit bräunl. Flöckchenringen, bis 10 cm lg. Gebüsche, Auwälder, Frü., selt.; Eßb!

GATTG: Morchelbecherling, *Disciotis* Boud. Fk. becherfm., kurz oder nicht gestielt, dickfleischig, mit gefurchter Unter- u. wulstigunebener Oberseite

48. Aderiger M., *D. venosa* (Pers.) Boud. Fk. kakao- bis graubraun, außen blasser, rippig, bis 10 cm br., fleischig, Ger. chlorartig. Acker- u. Straßenränder, Auwälder, hier oft mit Speisemorcheln zus., Frü. zstr.; Eßb!

FAMILIE: Scheintrüffeln, *Pseudotuberaceae.* Fk. mit einem oder mit vielen Hohlräumen

GATTG: Löchertrüffel, *Geopora* Harkn. Oberfläche gewundenwulstig bis gelappt, Außenhaut etw. haarig-filzig, innen mit Hohlräumen, die durch die faltige Einstülpung der Fk.-Wand gebildet sind

49. Schacks L., *G. Schackii* P. Henn. Fk. bräunl., filzig, Windungen im Inneren hellbraun, Fk. bis 4 cm Dm., Ger. schwach aromatisch, Sp. elliptisch. Den Nd.-Boden durchbrechend, So.-H., selt.; Eßb.

GATTG: Morcheltrüffel, *Hydnotrya* Bk. Fk. fest, höckerig-wulstig, innen von Bändern in zentralgerichtete Höhlungen unterteilt

50. Fleischbraune M., *H. carnea* (Corda) Zobel. Fk. fleischfarben, rotbraun, fest, wulstig-uneben mit tief eindringenden Spalten, um 6 cm, Sp. rundl., mit Außenskulptur. In Wäldern, selt.; Eßb.

FAMILIE: Blasentrüffeln, *Geneaceae*. Fk. mit einfacher Höhlung u. enger Öffnung

GATTG: Blasentrüffel, *Genea* Vitt. Fk. rundl., höckerig warzig, innen hohl mit Vorsprüngen der Fk.-Wand, am Grunde mit Myzelschopf

51. Höckerige B., *G. verrucosa* Vitt. Fk. schwarz, stark höckerig, bis 3 cm, Sp. elliptisch, stachelig. Unter Buchen auf Kalk, So.-H., zstr.

ORDNUNG: Trüffelpilze, *Tuberales*

FAMILIE: Echte Trüffeln, *Tuberaceae*. Fk. hart oder festfleischig, dicht von Adern durchzogen, ohne Hohlräume

GATTG: Balsamtrüffel, *Balsamia* Vitt. Fk. braun, Oberfläche kaum wulstig, sondern gerundet, fein warzig, innen durch gewundene Kammerwände aufgeteilt

52. Gemeine B., *B. vulgaris* Vitt. Fk. rostbraun, rundl., schwach gefurcht, innen hellgelbl., zartfleischig, 3—4 cm, Ger. stark, Sp. zylindrisch, dreitropfig. Offene, baumbestandene Rasenplätze, Hbst-Wint., zstr.; Eßb!

GATTG: Harttrüffel, *Aschion* Wallr. Fk. bis holzig werdend

53. Olivbraune H., *A. excavatum* Vitt. Fk. ockerfarben, sp. olivbraun, rundl., bis 2 cm, von unten her enghohl, innen gelb, dann dunkelbraun, weißl. geädert, Sp. netziggezeichnet, Lbwd, Frü.-Wint., hfg

GATTG: Trüffel, *Tuber* Mich. ex Fr. Fk. festfleischig, jedoch nie holzhart

54. Winter-T., *T. brumale* Vitt. Fk. rotbraun, bald schwarz, rundl., warzig, sp. rissig, innen von weißl. über violettl. nach braun, heller geädert, Basis grubig, bis 5 cm, Sp. braun, stachelig. Unter Lb-Bäumen, Hbst-Wint., zstr.; Eßb!

55. Sommer-T., *T. aestivum* Vitt. Fk. schwarz, sehr grobwarzig, Basis ohne Grube, innen hellbraun, bis 7 cm. Unter Lb-Bäumen, auch Kiefern, auf Kalk, So.-H., zstr.; Eßb!

GATTG: Weißtrüffel, *Choiromyces* Vitt. Fk. weißl. bis ocker, wie eine blasse Kartoffelknolle, felderig aufgesprungen, innen mit helleren Adern u. dunkleren Bändern, Sp. kugelig, bestachelt

56. Weiße Trüffel, *Ch. maeandriformis* Vitt. (Abb. Tf. 80)

FAMILIE: Hirschtrüffelpilze, *Elaphomycetaceae.* Fk. unterirdisch, krustig berindet, innen meist staubig; Merkmale der Familie

GATTG: Hirschtrüffel, *Elaphomyces* Nees

57. Warzige H., *E. granulatus* Fr. Fk. gelb bis orangebraun, kugelig, auch abgeflacht, dicht körnig-warzig, bis 4 cm, Wandschicht weiß oder rötl., Inneres braunschwarz, von büscheligen Fasern durchsetzt, Sp. rundl. Ndwd, bes. Kiefern, ges. gzj., hfg

ORDNUNG: Kernkeulenpilze, *Hypocreales*

FAMILIE: Hypocreaceae. Winzige, kugelige Fk., frei oder einem größeren Träger (Stroma) eingesenkt

GATTG: Kernkeule, *Cordyceps* Fr. Parasitisch auf unterirdischen Hirschtrüffeln oder toten Insekten

58. Kopfige K., *C. capitata* Holmsk. Kopfteil braun, mit Pusteln besetzt, St. schön gelb, auch innen, 5 cm lg, Sp. langspindelig, Pilz mit gelbem Myzel. Auf Hirschtrüffeln, Ndwd, ges., So.-H., zstr.

ORDNUNG: Holzkernpilze, *Xylariales*

FAMILIE: *Xylariaceae* Fk. u. Stroma wie bei den *Hypocreaceae* (s. vor. Familie), jedoch schwarz u. oft kohlig

GATTG: Holzstiel, *Xylaria* Hill. Fk. geweih- oder keulenfm., an Holz

59. Vielgestaltiger H., *X. polymorpha* Pers. Fk. hart, schwarz, pustelig rauh, innen weiß, mit den schwärzl., kugeligen Gehäusen am Rand. Lbhz, bes. Stümpfe, gzj., nicht selt.

60. Geweihförmiger H., *X. hypoxylon* L. Fk. verästelt, schwarz, Spitzen weißpuderig von Myzel-Sp. (Konidien), Schlauch-Sp. in schlankkeuligen, weniger auffälligen Trägern. Auf altem Holz, gzj., hfg

GATTG: Brandkrustenpilz, *Ustulina* Tul. Fk. (Stroma) krustig ausgebreitet, *Stereum* ähnl., sp. kohlig, schwarz

61. Großer B., *U. maxima* Hall. Fk. erst grau, weißgerandet, flach ausgebreitet, sp. verkohlend, wellig, bis 15 cm Dm., Lbhz-Stümpfe, gzj., hfg

KLASSE: Ständerpilze, *Basidiomycetes*

ORDNUNG: Nichtblätterpilze, *Aphyllophorales*

FAMILIE: Rindenpilze, *Protohydnaceae*

Zur Bestimmung der Gattungen u. Arten ist das Mikroskop erforderlich. Hier nur einige auffällige, häufige Arten

GATTG: Schichtpilz, *Stereum* Fr. Fk. zäh bis fast holzig, Subst. ± deutl. geschichtet. In der Fruchtschicht (Hymenium) keine auffallenden Zyst. (d. s. zwischen den Basidien stehende, oft längere, abweichend gebaute Zellen)

a) Hym. bei Berührung blutrot anlaufend

62. Blutender Sch., *St. sanguinolentum* (A. et S.) Fr. Fk. 2—4 cm große, rundl. Flecken, zus.-fließend, am Rand meist hütig abgebogen, Hütchen oben weißl., schmutzigocker, bräunl., Hym. graul., gelbl., verletzt blutrot. Pilz Ndhz anhaftend, gzj., hfg

b) Hym. bei Berührung unveränderl.

63. Rötender Eichen-Sch., *St. rugosum* Pers. Fk. blaßocker, dann hellbraun, dickkrustig, kaum abgebogen, zus.-fließend, nur mm-br. abstehend. Krebserreger an Eichen, auch auf Stümpfen anderer Hölzer, gzj., hfg

64. Violetter Sch., *St. purpureum* Pers. Fk. mit dachziegeligen Hütchen abstehend, weißl. bis bräunl., filzig, Hym. violett, sp. bräunl., flach ausgebreitet. Lbhz, bes. Stümpfe u. liegende Stämme, Hbst-Frü., hfg

65. Striegeliger Sch., *St. hirsutum* (Willd.) Pers. Fk. vielfach hütig abgebogen, oben gelbl. bis graul., stark striegelig, Hym. schön gelb, dann schmutzigbräunl. Lbhz, bes. gefällte Eichen u. Stümpfe, auch Ndhz, Frü.-Wint., hfg

GATTG: Borsten-Schichtpilz, *Hymenochaete* Lév. Wie vor. Gattg, aber Hym. mit braunen, borstigen, vorstehenden Zyst., äußerl. als feine Bereifung sichtbar

66. Gebänderter B., *H. rubiginosa* (Schrad.) Lév. Fk. dunkelbraun, hütig abgebogen, oben braun gebändert, starr, unten rost-, dann dunkelbraun, samtig bereift. Bes. an Eichenholz, gzj., hfg

GATTG: Fältling, *Merulius* Fr. Fk. ausgebreitet, am Rand ± abgebogen. Hym. gefältelt zu flachen, unregelmäßigen Gruben, Sp. blaß

67. Gallertfleischiger F., *M. tremellosus* Schrad. ex Fr. Fk. hütig überstehend, oben weißzottig, Hym. blaß fleischfarben, sp. orangerot. Bes. Buchenstümpfe, größere Flächen überwachsend, Hbst-Frü., nicht selt.

GATTG: Hausschwamm, *Gyrophana* Pat. Fk. wie bei *Merulius*, aber Sp. gelb-rostbraun

68. E c h t e r H., *G. lacrymans* (Wulf.) Pat. Fk. dick wulstig, weiß gerandet, flächig aufgewachsen, bis 20 cm br. An verarbeitetem Holz mit grauen Strängen sich ausbreitend, gzj., gefährlichster Holzzerstörer in Häusern

FAMILIE: S t a c h e l p i l z e, *Hydnaceae.* Fk. gestielt mit H., kreiselfm., halbkreisfm. oder nur umgewendet krustenartig aufgewachsen, zart bis derbfleischig, Hym. aus Körnchen, Zäpfchen, Zähnen oder pfrieml. Stch. (Fk. lederig-korkig u. Sp. braun: auch als Fam. W ä r z l i n g e, *Phylacteriaceae* abgetrennt)

GATTG: S t a c h e l s e i t l i n g, *Pleurodon* Quél. Kleiner H. auf seitenständigem St., Subst. zäh

69. O h r l ö f f e l - St., *Pl. auriscalpius* (L. ex Fr.) Pat. H. braun, sp. dunkler, feinfilzig, bis 2 cm br., Stch. graul., sp. dunkelbraun, St. dem H. gleichfarbig, filzig, bis 7 cm lg. Auf eingesenkten Kiefernzapfen, Frü.-Wint., nicht selt.

GATTG: S t a c h e l b a r t, *Dryodon* Quél. Fk. dick, knollig oder in Äste aufgeteilt, fleischig, Stch. abwärts gerichtet, oft lg

70. K o r a l l e n - S t., *D. coralloides* (Scop. ex Fr.) Quél. Fk. rahmgelbl., trocken ockerfarben, aus kurzem Strunk korallig verzweigt, bis 30 cm Dm., Stch. die Verästelungen dicht bedeckend, bis 3 cm lg, Fk. fleischig, aber wenig saftig. An alten Buchen u. Tannen, Hbst, selt.; Eßb!

71. D o r n i g e r S t., *D. cirrhatus* (Pers.) Quél. Fk. weißl., ockerl., konsolig dachziegelig ansitzend, obers. derbgefasert u. mit schräg abstehenden Stch., unten mit dichtstehenden, pfrieml. Stch., Fl. weiß, dann ockergelb. An Lbhz-Stümpfen, So.-H., sehr zstr.; Eßb!

GATTG: S t o p p e l p i l z, *Hydnum* Fr. Fk. gestielt, fleischig, hellfarbig, Stch. pfrieml., blaß, Sp. blaß. Bodenbewohner

72. S e m m e l - S t., *H. repandum* L. ex Fr. (Abb. Tf. 69)

GATTG: F l e i s c h s t a c h e l i n g, *Sarcodon* Quél. Fk. ansehnl., gestielt, faserfleischig, Sp. braun

73. H a b i c h t s p i l z, *S. imbricatus* (L. ex Fr.) Quél. (Abb. Tf. 70)

74. G a l l e n s t a c h e l i n g, *S. amarescens* Quél. H. fleischfb. bis mattbraun, filzig oder angedrückt schuppig, bis 10 cm br., Stch. weißgraul., kurz, Fl. in der St.-Basis schwarzgrün (s. auch S. 146)

75. B i t t e r s ü ß e r F l., *S. laevigatus* (Sw.) Quél. H. graubraun, purpurgetönt, gewölbt, dann vertieft, glatt, höchstens schwach schuppig, bis über 15 cm br., Stch. graurötl., mit heller Spitze, Fl. leicht violettl., Ger. penetrant modrig-süßl., Gesch. bitter. Ndwd, Sandboden, Hbst, sehr zstr.

GATTG: K o r k s t a c h e l i n g, *Calodon* Quél. Fk. gestielt, innen oft gezont, korkig, Sp. braun

a) H. jg blau oder schwarz, oft weiß gerandet (Nr. 76—78)

76. W o h l r i e c h e n d e r K., *C. suaveolens* (Scop.) Quél. H. jg gz blau,

sp. entfärbt, bis 10 cm br., Stch. bläul., sp. schmutzigbraun, Fl. weiß, querblaugezont, Ger. anisartig. Ndwd, Kalkboden, in Kreisen, So.-H., zstr.

77. Himmelblauer K., *C. caeruleus* (Fl. Dan.) Quél. H. blau, dann weißl. bis rotbraun, Stch. bläul., bald rosig, St. rostgelb, Fl. braunbunt, blaugezont, ohne Ger. Ndwd, Kalk, in Kreisen, So.-H., zstr.

78. Schwarzer K., *C. niger* (Fr.) Quél. H. schwarz, jg weiß gerandet, samtig, sp. kahl, 4—7 cm br., Stch. weißl., sp. grau, St. dünn, schwarz, Fl. schwarz. Ndwd, bes. Kiefern auf Kalk, in Kreisen, fast stets mit anderen Arten der Gattg zus., So.-H., zstr.

b) Pilz ohne Blaufarbe, nicht schwarz (Nr. 79—81)

79. Orangegelber K., *C. aurantiacus* (A. et S.) Quél. H. orangegelb, weißgerandet, filzig, höckerig, kreiselfm., bis 7 cm br., Stch. weißl., dann orangefb. bis braun. Fl. gelbl., abwärts rostorangefb., gezont. Ndwd, oft mit Nr. 76, 77 oder 78 zus., in Kreisen, So.-H., zstr.

80. Gezonter K., *C. zonatus* (Batsch) Quél. H. rost- bis kaffeebraun, jg blaß gerandet, runzelig, gezont, dünn, bis 6 cm br., Stch. rostbraun mit blasser Spitze, St. dünn, abwärts verdickt, Fl. rostbraun, zäh. Nd.- u. Lbwd, ges. in Kreisen, Hbst, nicht selt.

81. Becherförmiger K., *C. cyathiformis* (Schff.) Quél. H. zimtbräunl., seidig-filzig, gezont, dünn, bis 4 cm br., oft zus.-fließend, Stch. weißl. Ger. beim Trocknen immer stärker nach Zichorien. Nd.- u. Lbwd, in Kreisen, Hbst, nicht selt.

GATTG: Wärzling, *Phylacteria* Pat. ex Pers. Fk. trichterig oder dachziegelig seitl. ansitzend oder aufrecht ästig verzweigt, dunkelbraun, Hym. unters. undeutl. warzig oder fast glatt, Sp. braun

82. Nierenförmiger W., *Ph. terrestris* (Ehrh. ex Fr.) Pat. Fk. braun, jg weißgerandet, ungestielt, gelappt-hütig, dachziegelig, mit fransigem Rand, 4 cm br., bis 15 cm verwachsen, unters. warzig-uneben, auf bräunlichem Grund blaß bereift. Sandiger Erdboden, auch modrige Stümpfe, So.-H., nicht selt.

83. Stinkende Lederkoralle, *Ph. palmata* (Scop. ex Fr.) Pat. Fk. dunkelbraun, aufrecht verästelt, einem Ziegenbart *(Clavaria)* ähnl., Enden weißl.-fransig, bis 7 cm hoch, Ger. widerl. lauchähnl. Ndwd, Hbst, hfg

FAMILIE: Porlinge *Poriaceae* (im weitesten Sinn). Fk. gestielt, mit H. oder ohne St. ansitzend, oft halbiert oder nur krustig aufgewachsen. Subst. faserig-zäh, korkig oder holzig, auf Holz, selt. fleischig auf Erdboden. Fruchtschicht (Sporen erzeugendes Hym.) in Röhrchen, unters. eine nicht oder schwer ablösbare Schicht bildend, Rö. selt. labyrinthisch, lamellig oder gefranst

GATTG: Fleischporling, *Polyporus* Fr. (z. T.). Fk. mit St. oder seitl. dachziegelig, Fl. weiß, saftig, Sp. blaß

a) Fk. zentral oder exzentrisch gestielt, oft verwachsen. Erdboden *(Caloporus* Quél. z. T.) (Nr. 83—86)

84. Schafporling, *P. ovinus* Schff. ex Fr. H. gelbl., graul., glatt, dann feinschuppig, rissig, bis 10 cm br., berührt chromgelb. Po. weißl., gilbend. Fl. weiß, dann gelb, brüchig. Gebirgs-Ndwd, auf Sand u. Kalk in Kreisen, So.-H., zstr. Eßb!

85. Semmelporling, *P. confluens* A. et S. ex Fr. H. ockerrötl., matt ziegelorange (ähnl. *Hydnum repandum*), verwachsen, Gruppe bis 25 cm br., Rö. blaß, kurz, eng, am St. hblfd, Fl. etw. gebrechl., sp. bitterl. Ndwd, Sandboden, Hbst, zstr. Jg eßb!

86. Ziegenfußporling, *P. pes caprae* Pers. ex Fr. H. rotbraun schuppig zerklüftet, 10 cm br., Po. blaßgelb, eckigweit, St. weiß, rahmgelb, brüchig. Nd.- u. Lbwd, Sandboden, Hbst, sehr zstr. Eßb!

87. Kammporling, *P. cristatus* Pers. ex Fr. H. grün, Mitte braunoliv, feinfilzig, bald rissig, uneben, zus.-fließend, bis 12 cm br., Po. weiß gezähnelt, hblfd, St. weißl., grünl., Fl. weiß, etw. brüchig, herb. Nd.- u. Lbwd, ges., So.-H., nicht selt. Eßb!

b) Seitl. vielhütig ansitzend oder aus gemeinsamem Strunk vielfach aufgeteilt, sehr ansehnl. Holzbewohner (*Grifola* Gray) (Nr. 87—90)

88. Schwefelporling, *P. sulfureus* Bull. ex Fr. Fk. schwefelorangegelb, dachziegelig, H. bis über 30 cm br., Po. schwefelgelb, eng, Fl. gelbl., dann weiß, jg saftig, zuletzt käsig-faserig, säuerl. An Lbhz-Stämmen, Frü.-Som., hfg. Jg eßb.

89. Riesenporling, *P. giganteus* Pers. ex Fr. Hüte schmutzigbraun, Rand blaß, aus gemeinsamem Strunk dachziegelig, radial-runzelig, über 50 cm groß. Po. weiß, langsam schwärzend, Fl. faserig, weiß, schwärzend. An alten Buchen u. Eichen, So.-H., zstr. Jg eßb.

90. Klapperschwamm, *P. frondosus* Dicks. ex Fr. Hüte graubraun, aus knolligem Strunk lappig verbreitert, dicht dachziegelig, bis 30 cm br., rauh, bereift, Rö. weiß, kurz, Fl. weiß, brüchig-zäh. Am Grunde von Lbhz-Stämmen, So.-H., zstr. Jg eßb.

91. Eichhase, *P. umbellatus* Pers. ex Fr. Hüte hellbraun, rundl., rings gerandet, etw. genabelt, 3 cm br., zu vielen auf verästeltem Strunk einen bis 25 cm großen Fk. bildend. Rö. weiß, sehr kurz, Fl. faserig-brüchig. Ger. etw. nach Mehl. Am Grunde alter Lbhz-Stämme, So.-H., sehr zstr. Eßb!

GATTG: Stielporling, *Polyporellus* Karst. (Wird neuerdings zu *Pleurotus* u. *Lentinus* in der Ordnung *Agaricales* gestellt. Familie *Lentinaceae,* s. S. 243). Fk. zentral oder seitl. gestielt. St. oft schlank, Subst. bald zäh, Sp. weiß. Holzbewohner

a) St. an Basis oder ganz schwarz (*Melanopus* Pat.)

92. Löwengelber Schwarzfußporling, *P. varius* (Fr.)

Karst. H. blaß zimtfb. (bei der zierl. Abart *elegans* Bull. ockergelb), bis 10 cm br., Po. weißl., gelbl., St. schwarzbraun, wenigstens unten, feinsamtig. An Lbhz, Stümpfen, Ästen, Frü.-Hbst, nicht selt.

93. Schuppiger Schwarzfußporling, *P. squamosus* (Huds. ex Fr.) Karst. H. ockergelbl., mit braunen Schuppen geziert, rings gerandet oder halbiert, fleischig, bis über 10 cm br. Po. weißl., ockerl., eckig, hblfd, St. weiß, abwärts schwarz, seitl., kurz, stämmig, Fl. sp. zäh, Ger. mehlartig. An lebendem u. totem Lbhz, Frü.-Hbst, nicht selt. Jg eßb.

b) St. nicht schwarz (*Leucoporus* Quél. z. T.)

94. Maiporling, *P. ciliatus* Fr. H. matt bis dunkelbraun, bleichend, rundl., bis 8 cm br., jg eingerollt, gefranst u. filzig, sp. kahl, Po. sehr fein, weißgelbl., St. blaß bis bräunl., Fl. zart, bald zäh. Lbhz-Stümpfe, Frü., hfg

95. Winterporling, *P. brumalis* (Pers. ex Fr.) Pil. Sehr ähnl. dem vor., aber Po. eckigweit, schon jg deutl. erkennbar. Lbhz, Hbst-Frü., nicht selt.

GATTG: Flatterwirrling, *Heteroporus* (Lanzi) Donk. Fk. kurzgestielt, Hüte aufsteigend gelappt, obers. dickfilzig, weich, Rö. labyrinthisch zerrissen, Subst. zäh

96. Gefächerter Fl., *H. biennis* (Bull. ex Fr.) Lanzi. H. weißl., dann rötl.-braun, samtfilzig, unregelmäßig, Rand verdünnt, bis 8 cm br., rosettig oder dachziegelig, Po. oft fast lamellig, blaßrötl., St. kurz, filzig, wie H. gefärbt. An oder neben Lbhz-Stümpfen, Frü.-Hbst, selt.

GATTG: Hautporling, *Piptoporus* Karst. Fk. konsolig oder etw. gestielt ansitzend, H. mit bes. dünner Haut, Fk. einjährig

97. Birkenporling, *P. betulinus* (Bull. ex Fr.) Pers. H.-Haut weißl., blaßbraun, glatt, sich sp. oft ablösend, Rand schmal eingerollt, bis über 16 cm br. Rö.-Schicht weißl., graul., abtrennbar, Fl. weiß, sp. wattig-zäh, säuerl. An Birken, Frü.-Wint., hfg

GATTG: Braunporling, *Phaeolus* Pat. Fk. konsolig oder rings gerandet, ohne bes. H.-Haut, einjährig, Fl. braun oder gelb, faserig, Sp. blaß

98. Kiefern-Br., *Ph. schweinitzii* (Fr.) Pat. Fk. rostgelb, kreiselfm., auch seitl. gestielt, Rand olivgelb, wulstig, obers. feinfilzig, bis 12 cm br., Rö. oliv, Po. blaß-schimmernd, Fl. rostgelb, jg saftig, sp. faserig-trocken, bes. am Grunde von Kiefernstämmen u. -stümpfen, So.-H., nicht selt.

99. Nistender Br., *Ph. rutilans* (Pers. ex Fr.) Pat. (syn. *nidulans* Fr.). Fk. zimtf., zitronengelbfilzig, halbiert ansitzend, 3—7 cm br., Rö. zimtgelb, Po. blaßgelb, bereift, sp. dunkler, Subst. faserig, aber weich, mit Salmiakgeist kräftig violett. An Lbhz-Ästen, bes. Eiche, Som.-Frü., zstr.

GATTG: Saftporling, *Leptoporus* Quél. Fk. seitl. dem Holz ansitzend, konsolig oder auf dem Substr. ausgebreitet hblfd u. nur schmalhütig abgebogen, faserfleischig zerreißbar, sp. etw. verhärtend, ohne bes. H.-Haut, nur eine Rö.-Schicht

a) H.-Subst. von den Rö. durch eine dünne dunklere, fast gelatinöse Zwischenschicht getrennt (auch als Gattg *Gloeoporus* Mont. abgetrennt) (Nr. 100—102)

100. A n g e b r a n n t e r S., *L. adustus* (Willd. ex Fr.) Quél. Fk. gelbgrau, graurußig, runzelig, uneben, vielgestaltig muschelig, ausgebreitet, am Holz herabgezogen, meist dünn, etw. gezont, bis 9 cm br., mehrere verwachsen, Rö. rauchgrau, kurz, Po. weiß überhaucht, sp. grauschwarz, Rand weiß, Lbhz, auch Ndhz, gzj., hfg

101. R a u c h b r a u n e r S., *L. fumosus* (Pers. ex Fr.) Quél. (syn. *imberbis* Bull.). Fk. blaßbraun, ausblassend, feinfilzig, dann kahl, etw. gezont u. konzentrisch gefurcht, bis 12 cm br., mehrfach verwachsen. Po. weißl.-bräunl., eng, rundl. oder zerrissen gewunden, Subst. gelbl., faserig, trocken zäh, Ger. angenehm gebäckartig süßl. An Weichhölzern, bes. Weiden- u. Pappelstümpfen, gzj., zstr.

102. F o r m l o s e r S., *L. amorphus* (Fr.) Quél. Fk. weiß, filzig, muschelig abgebogen, am Holz herabgezogen, der Unterlage angepaßt, schmalhütig bis 2 cm dachziegelig abstehend, Rö. kurz, Po. weiß, dann bald auffällig orangegelb, eng, Subst. zartfleischig, gegen die Rö. gelatinös. Ndhz, bes. Kiefer, Frü.-Hbst, nicht selt.

b) Fk.-Subst. u. Rö.-Schicht ohne Trennschicht, Oberfläche auffällig schwammig-zottig (auch als Gattg *Spongipellis* Pat. abgetrennt) (s. auch c)

103. N ö r d l i c h e r S., *L. borealis* (Fr.) Pil. Fk. weiß, dann ockergelbl., etw. verschmälert ansitzend, nierenfm., aber vielgestaltig, wirr filzigzottig, feucht wasserreich, bis 12 cm br., Rö. weiß, gelbl., Po. eckig, verbogen, zerfranst, Subst. faserig, saftig, sp. verhärtet. Ndhz-Stümpfe, bes. Gebirge, bisweilen zu Hunderten, So.-H., zstr.

c) Oberfläche nicht eigentl. schwammig-zottig, höchstens kurz striegelig oder nur feinfilzig bis kahl u. glatt

104. B l a u e n d e r S., *L. caesius* (Schrad. ex Fr.) Quél. Fk. weiß, rußig, graul., bald ± blau, halbkreisfm. gerandet, gewölbt, bis 7 cm br., Rö. u. Po. weiß, meistens bald bläul., Subst. weiß oder bläul., faserfleischig, Ndhz-Stümpfe, Frü.-Hbst, hfg

105. H e r b e r S., *L. albidus* (Schff. ex Fr.) Bourd. et Galz. (syn. *stipticus* Pers.). Fk. weiß, dann leicht ocker, filzig-rauh, sp. glatt, um 5 cm br., am Ansatz bis 3 cm dick, Rö. und Po. weiß, vergilbend, Subst. weichfaserig, trokken verhärtend, schmeckt widerl. herb-bitter. Ndhz, bes. am verletzten Grund von Fichten, einzeln oder zu vielen, Frü.-Hbst, hfg

GATTG: T r a m e t e (L e d e r p o r l i n g), *Trametes* Fr. (einschl. *Coriolus* Quél.). Fk. ± seitl. dem Holz angewachsen, ohne St., Rö. einschichtig, vom H. nur undeutl. abgesetzt, Subst. lederzäh, korkig, Sp. blaß

a) Fk. weiß oder grau (Nr. 106—109)

106. A n i s - T r., *Tr. suaveolens* (L.) Fr. H. weiß, kurzzottig, seitl. ansitzend, bis 12 cm br., am Ansatz bis 3 cm dick, Po. weißl., sp. graul., Subst. weiß, zäh, Ger. stark nach Anis. Fast nur an Weidenstämmen, gzj., hfg

107. B u c k e l - T r., *Tr. gibbosa* Pers. ex Fr. H. weiß bis graubraun, filzig (Abb. Bd. II Tf. 36)

108. S t r i e g e l i g e T r., *Tr. hirsuta* (Wulf. ex Fr.) Pil. H. grau, olivblaß, auffallend striegelig gezont, seitl. ansitzend, dünn oder bis 2 cm dick, meist dachziegelig, Po. weißl., sp. graubräunl., rund, Subst. weiß, korkig. Lbhz-Stümpfe und -Äste, gzj., hfg

109. E i n f a r b i g e T r., *Tr. unicolor* (Bull. ex Fr.) Cke. H. schmutzigocker, dunkelgrau, alt schwärzl. u. von Luftalgen oft grün, wellig-gerandet, striegelfilzig, gezont, Po. weißl., dann graubräunl., verlängert gewunden, zerrissen, Subst. dünn, holzgelb, vom Filz des H. durch schwarzbraune Schicht getrennt, 6 cm br. An altem Lbhz, Stümpfen u. Stämmen, gzj., nicht selt.

b) Fk., H. oder Hym. farbig, nicht nur weiß oder grau (Nr. 110—112)

110. Z i n n o b e r - Tr., *Tr. cinnabarina* (Jacq.) Fr. Fk. zinnoberrot, etw. gerunzelt, halbiert ansitzend, 4—6 cm br., Rö. schön rot, sp. unregelmäßig eckig, Subst. bald korkig, Lbhz, gzj., zstr.

111. S c h m e t t e r l i n g s - T r., *Tr. versicolor* (L. ex Fr.) Pil. Fk. verschieden gefärbt, blaßgelb, bräunl., schiefergrau, bunt gezont, feinfilzig, mit kahlen Zwischenzonen, bis 6 cm, dachziegelig oder rosettig, Rö. weiß bis gelbl., Po. eng, rundl., Subst. zäh. An altem Holz, bes. Lbhz-Stümpfen, gzj., sehr hfg

112. T a n n e n - T r., *Tr. abietina* (Dicks ex Fr.) Pil. Fk. ausgebreitet u. hütig, muschelig abgebogen, oben weißl., graul., auch rötl., kurzfilzig, dünn, Rö. braunlila, grauviolett, kurz, bald eckig, zerrissen (von Anfang an gezähnt: *Irpex fuscoviolaceus* Fr., als Abart), Subst. braunrötl. Auf Ndhz, gzj., nicht selt.

GATTG: W i r r l i n g, *Daedalea* Fr. (z. T.). Von *Trametes* nur durch verlängerte, gegabelte labyrinthische, oft fast blättrige Po. verschieden. (Wird auch mit *Trametes* vereinigt)

113. E i c h e n - W., *D. quercina* L. ex Fr. Fk. lederockerfarben, sp. holzbraun, Po. blasser, verlängert löcherig, gewunden lamellig, Trennwände derb, Subst. ausgeprägt korkig. An altem Eichenholz, gzj., hfg

GATTG: B l ä t t l i n g, *Lenzites* Fr. Von *Trametes* durch die ausgesprochen lamellige H.-Unterseite verschieden. Subst. blaß, nicht braun. (Wird auch mit *Trametes* vereinigt)

114. Birken-Bl., *L. betulina* L. ex Fr. Von oben oft sehr Nr. 108 *(Tr. hirsuta)* gleichend, meist bunter gezont, durch die lamellige Unterseite einen Blätterpilz vortäuschend, aber Subst. korkigzäh, weißgelbl., Lbhz, bes. Stümpfe, gzj., hfg

GATTG: Braunblättling, *Gloeophyllum* Karst. Ähnl. *Lenzites*, aber Subst. rost- oder dunkelbraun

115. Tannen-Br., *Gl. abietinum* (Bull. ex Fr.) Karst. Fk. vielgestaltig, verlängert dachziegelig zus.-fließend, blaß- oder dunkelbraun, feinfilzig, dann kahl, bis 4 cm br., Lam. zimtbraun, dunkelnd, blaßbestäubt. Ndhz, auch in Gebäuden, Erreger der Lagerfäule des Bauholzes, gzj., hfg

116. Kiefern-Br., *Gl. sepiarium* (Wulf. ex Fr.) Karst. Fk. wie bei vor., aber rostgelb, sp. dunkler, oft rosettig, bis 6 cm br., Lam. kräftig rostockerfb., auch porig. An Kiefern- u. anderen Ndhz, gzj., hfg

GATTG: Fenchelporling, *Anisomyces* Pil. Wie Gattg *Trametes*, aber Subst. rostbraun

117. Fenchelporling, *A. odoratus* (Wulf. ex Fr.) Pil. Fk. konsolartig oder flachgewölbt, zimtrostbraun, dunkelnd, filzigrauh, sp. kahl, ausdauernd, bis 12 cm br., Rö. braun, Po. eng, Ger. angenehm fenchelartig. Ndhz, bes. Stümpfe, gzj., hfg

GATTG: Schichtporling, *Fomes* Fr. Fk. konsolfm., seitl. ansitzend, korkig hart, Oberhaut hornartig, meist glänzend, Rö. oft geschichtet, da Pilz mehrjährig, Subst. hellblaßbraun, Sp. blaß

118. Zunderschwamm, *F. fomentarius* (L. ex Fr.) Kickx. Fk. graubraunblaß, Rand dunkler, hartberindet, gefurcht, bis 40 cm br., 20 cm dick, Rö. hellrostigbraun, den Fk. fast ganz erfüllend, Subst. dünn, flockig-faserzäh, falbbraun. Bes. an Buchen, ausdauernd, gzj., zstr., gebietsweise hfg

119. Rotrandiger Sch., *F. marginatus* (Fr.) Gill. Fk. weißl., dann orangerostig, mit harziger Kruste, sp. dunkler, Rand orangeziegelgelb, außen weiß, bis 30 cm br., Po. weißgelb, dann bräunl., eng, Subst. weißgelb, korkig bis holzhart, Ger. streng säuerl. An Stämmen u. Stümpfen von Nd.- u. Lbhz, gzj., nicht selt.

120. Wurzel-Sch., *F. annosus* (Fr.) Cke. Fk. krustig aufgewachsen, Rand schmalhütig abgebogen, oben rotbraun bis schwarz, runzelig uneben, berindet, bis 20 cm ausgebreitet, Rö. weiß, gelbl., geschichtet, Po. rundl. bis labyrinthisch, Subst. weiß, falb, fast holzig. Ndhz, auch Lbhz, bes. Höhlungen am Stammgrund, gzj., hfg

GATTG: Korkporling, *Phellinus* Quél. Fk. konsolfm., selt. nur flach ausgebreitet, gelbbraun bis rostfb., sehr hart, ausdauernd, Sp. blaß bis gelbbräunl.

a) Fk. dünn, muschelig oder flachhütig, oft dachziegelig

121. Strauch-K., *Ph. ribis* (Schum. ex Fr.) Quél. H. braun bis

schwärzl., Rand heller, runzeliggezont, feinfilzig, sp. kahl, bis 12 cm br., Rö. braun, bereift, Subst. zweischichtig, oben dichtfilzig, unten hart, braun, im Querschnitt durch eine schwarze Linie getrennt. An Lbhz-Stümpfen u. -Sträuchern, bes. *Ribes*-Arten, gzj., hfg

122. Weiden-K., *Ph. conchatus* (Pers. ex Fr.) Quél. Fk. wie ausgegossen, muschelig, bis 4 cm abgebogen, dem vor. ähnl., aber Rinde hart, sp. schwarz, bis 10 cm br., Lbhz, bes. Weiden, gzj., nicht selt.

b) Fk. dicke Konsolen, nicht eigentl. dachziegelig

123. Feuerschwamm, *Ph. igniarius* (L. ex Fr.) Quél. Fk. braun, anfangs graubereift, bald grau, konzentrisch gefurcht, mehrjährig, bis 20 cm br., Rö. rostbraun, geschichtet, Po. hell bis dunkelzimtfb., sehr eng, Subst. zimtbraun, hart. Sehr variabel. Lbhz, bes. an Stämmen (an *Prunus* die kleinere, hellere var. *pomaceus* Pers.), gzj., sehr hfg

124. Derber K., *Ph. robustus* (Karst.) Bourd. et Galz. Fk. dem vor. ähnl., Po. zimtgelb, Subst. heller, sehr hart, massiger, stärker gefasert. Bes. an alten Eichen, auch an Tannen (var. *hartigii* All. et Schn.), lehr langlebig, gzj., zstr.

125. Kiefern-K., *Ph. pini* (Thore ex Fr.) Pil. Fk. rostbraun, sp. schwarz, filzig bis kahl, konzentrisch gefurcht, Rö. gelbbraun, Subst. ihrer Trennwände in die H.-Subst. übergehend, Po. bald unregelmäßig eckig. Ndhz, bes. an lebenden Kiefern (var. *abietis* Karst., dünner, dachziegelig, an anderem Ndhz), gzj., zstr., örtl. hfg

GATTG: Lackporling, *Ganoderma* Karst. Fk. ansitzend oder seitl. gestielt mit harter, glänzender oder matter Kruste, Sp. mit 2 Membranen, innere braun, meist skulpturiert, äußere farblos

126. Glänzender L., *G. lucidum* (Leyss. ex Fr.) Karst. Fk. glänzend rotbraun, wie lackiert, H. bis 10 cm br., oft mit braunen Sp. bedeckt, St. bis 8 cm lg (var. *typica* Mre.), Rö. graubraun, bis 2 cm lg, Po. bereift, Subst. hellbraun, korkig, filzig-faserig. Sehr formenreich, auch ganz ungestielt. An Lbhz-, auch Tannenstümpfen, gzj., zstr.

127. Flacher L., *G. applanatum* (Pers. ex Fr.) Pat. Fk. weißl., grau, bald rostbraun mit grauem Rand, glatt berindet, aber uneben, bis 40 cm br., nur um 5 cm dick, meist mit braunem Spstb bedeckt, Rö. braun, geschichtet. Po. weiß, dann dunkelbraun, Subst. korkig, faserig. Bes. Lbhz-Stümpfe, gzj., hfg

GATTG: Rostporling, *Inonotus* Karst. Fk. braun, anfangs saftig, sp. faserig zerreißbar, einjährig, Sp. rostbraun

128. Tropfender R., *I. dryadeus* (Pers. ex Fr.) Murr. Fk. blaßgelb, dann bräunend, knollig, schließl. halbiert konsolig mit dünner Haut, frisch reichl. bräunl. Tropfen absondernd, bis 30 cm br., Rö. rostbraun. Po. blaß bereift. Am Grunde von Eichen, raschwüchsig, So.-H., zstr.

129. Fleischigzottiger R., *I. hispidus* (Bull. ex Fr.) Karst. Fk. rostfb., sp. schwärzend, grobzottig, bis 30 cm br., Rö. 3 cm lg, Po. gelbrostig, dunkelnd, sp. gezähnelt, frisch Tropfen absondernd, Subst. faser-fleischig, saftig, dann trocken glänzend, brüchig. Schädling der Obstbäume, auch an anderen Lbhz-Stämmen, So.-H., hfg

130. Erlen-R., *I. radiatus* (Sow. ex Fr.) Karst. Fk. gelb- bis rostbraun, radial runzelig, feinfilzig, zus.-fließend dachziegelig, H. bis 6 cm br., Rö. braun, Po. graugelbl., bereift, schillernd. Bes. an Erlen (an Buchen: var. *nodulosus* Fr., kleinhütig, dicht dachziegelig), gzj., nicht selt.

GATTG: Dauerporling, *Polystictus* Fr. (im eng. S.). Fk. einjährig, zentralgestielt, H. dünn, trichterig, zäh, Sp. braun

131. Gezonter D., *P. perennis* L. ex Fr. Fk. blaß zimtfb. bis rostbraun, seidig, filzig, gezont, Rö. kurz, Po. zimtfb., weiß bereift, erweitert, eckig, St. feinfilzig, zentral, zäh. Ndwd, auch Lbwd, Sandboden, Wegränder, So.-H. hfg

FAMILIE: Reischlinge, *Fistulinaceae.* Fk. fleischig, seitl. verschmälert ansitzend, Rö. nicht miteinander verwachsen, daher einzeln herauslösbar

GATTG: Reischling, *Fistulina* Bull. ex Fr. (Merkmale der Familie)

132. Leberpilz, *F. hepatica* Schff. ex Fr. Fk. blut- bis leberbraunrot, samtig, dabei klebrig, oft zungenfm., bis 25 cm br., Rö. gelbl., Po. berührt rotbräunl., Fl. fleischrot, Saft bei Druck in roten Tropfen austretend, weichfaserig, Gesch. säuerl. Am Grunde u. an Stümpfen alter Eichen, So.-H., zstr. Jg. eßb.

FAMILIE: Keulenpilze, *Clavariaceae.* Fk. einfach keulenfm. oder gegabelt bis reich verästelt, selt. nur trichterig mit ± kompaktem Strunk

GATTG: Fadenkeulchen, *Typhula* Fr. Fk. winzig, aufrecht keulig, nur wenige mm hoch, relativ lang gestielt, Humus- u. Abfallbewohner

133. Weißes F., *T. candida* Fr. Keulchen weiß, St. weißl. oder leicht rötl., zus. nur 4 mm lg. Auf faulendem Lb, Hbst, hfg

GATTG: Stempelkeulchen, *Pistillaria* Fr. Ähnl. *Typhula,* aber kaum oder ganz kurz gestielt

134. Spitziges St., *P. aculina* Quél. Keulchen weiß, gelbl., spindelig, Stielchen etw. flaumig, Pilz nur bis 4 mm lg. An sumpfigen Orten auf alten Binsen u. dgl., So.-H., zstr.

GATTG: Bürstenkoralle, *Pterula* Fr. Fk. korallig dicht verzweigt, Äste feinfädig, Enden zugespitzt

135. Vielzähnige B., *Pt. multifida* Fr. Fk. blaßbraun bis weißl., dicht verzweigt, Enden weichborstig, 3 cm hoch. In Kreisen dicht angeordnet, auf Nd.-Boden, Hbst, selt.

GATTG: Kreiselpilz, *Thelephora* Fr. (z. T.) Fk. gestielt, aufrecht trichterig, gelappt, Sp. blaß, auf dem Erdboden

136. S t r i e g e l i g e r K r., *Th. pallida* Pers. ex Fr. Fk. leicht rötl. oder gelbl., trichterig, fransig, zottig geschuppt, etw. gezont, bis 3 cm br., St. kurz, Hym. rötl., ockerl., bereift, uneben, Subst. zäh. Lbwd in Kreisen, büschelig, So.-H., zstr.

GATTG: K e u l e n p i l z, *Clavaria* Fr. (einschl. Z i e g e n b a r t, *Ramaria* Holmsk.). Fk. einfach keulig oder verästelt in zylindrische Enden, Sp. blaß oder ocker

a) Fk. fleischig, aus knolligem Grund vielästig korallenartig verzweigt

137. G o l d g e l b e r Z., *Cl. (R.) aurea* Schff. ex Fr. (Abb. Tf. 67)

138. Z i t r o n e n g e l b e r Z., *Cl. (R.) flava* Schff. ex Fr. (s. S. 140)

139. D r e i f a r b i g e r Z., *Cl. (R.) formosa* Pers. ex Fr. (s. S. 140)

140. B l e i c h e r Z., *Cl. (R.) pallida* Schff. ex Fr. (Abb. Tf. 68)

141. T r a u b e n - Z., *Cl. (R.) botrytis* Pers. ex Fr. (s. S. 142)

b) Fk.-Strunk wenig entwickelt, oft schon vom Grund an, reich bis spärl. verzweigt. Mittelgroße Arten (vgl. auch c)

142. G r ü n s p i t z i g e r Z., *Cl. (R.) abietina* Pers. ex Fr. Fk. ockergelb, Äste bald grün, bes. beim Reiben, gezähnt, spitz, bis 6 cm hoch. Ndwd, in Kreisen u. Reihen, Hbst, hfg. Eßb.

143. O c k e r g e l b e r Z., *Cl. (R.) invalii* Cott. et Wakef. Fk. sehr ähnl. vor., aber nicht grünend. An ähnl. Orten, Hbst, nicht selt.

144. W i e s e n - Z., *Cl. (R.) muscoides* Fr. Fk. schön gelb, sp. ockerl., sehr locker u. bogig verästelt, bis 6 cm hoch, Ger. stark nach Mehl, Wiesen, Grasplätze, Hbst, zstr.

145. A n i s - Z., *Cl. (R.) gracilis* Pers. ex Fr. Fk. blaßocker, zierlich verästelt, Enden fleischfb., ocker, Ger. anisartig. Ndwd, in Kreisen, Hbst, zstr.

c) Fk. unverzweigt, keulenartig

146. W u r m f ö r m i g e r K., *Cl. vermicularis* Scop. ex Fr. Keule weiß, spindelig, gebrechl., oft gebogen, bis 8 cm lg. Büschelig auf moosigen Wiesen, Hbst., zstr.

147. Z u n g e n - K., *Cl. ligula* Schff. ex Fr. Keule ockergelbl. ockerrötl., längsrunzelig, lockerfleischig, um 6 cm lg. Ndwd, sehr ges., sogar zu Tausenden, So.-H., zstr. Eßb.

148. H e r k u l e s k e u l e, *Cl. pistillaris* L. ex Fr. Fk. schwefelgelbl., dann ockerfb., längsgerunzelt, oben ± abgerundet, abwärts verjüngt, gegen 20 cm lg, bis 2 cm dick, Fl. weiß, bitterl. Lbwd, bes. Kalkboden, So.-H., hfg

149. A b g e s t u t z t e r K., *Cl. truncata* Quél. Fk. ähnl. vor., etw. kleiner, oben flach, Fl. kaum bitter. Ndwd, meist in Kreisen, So.-H. Eßb. (vgl. auch S. 136)

GATTG: G l u c k e, *Sparassis* Fr. Fk. aus gemeinsamem kurzem Strunk stark verästelt, Äste bandartig und verbogen

150. K r a u s e G l., *Sp. crispa* Wulf. ex Fr. Fk. rahmgelbl., alt oder trock-

nend ockergelb, rundl., bis 40 cm Dm., Fl. weiß, sp. etw. zäh, Ger. aromatisch. Am Grunde alter Kiefern, So.-H., zstr. Eßb!

FAMILIE: Leistenpilze, *Cantharellaceae.* Fk. fleischig oder etw. zäh, meist gestielt, kreisel- bis trichterfm., Hym. nach unten gerichtet, gerunzelt oder aus Falten oder gegabelten Leisten gebildet

GATTG: Kraterpilz, *Craterellus* Fr. Pilz trichter- oder trompetenfm., unters. fast glatt bis runzelig

151. Herbsttrompete, *Cr. cornucopioides* (L.) Fr. (Abb. Tf. 66)

GATTG: Leistling, *Cantharellus* F. H. trichterig durchbohrt oder flacher u. dann vollfleischig, unters. runzlig-aderig oder mit gegabelten hblfd. Leisten, Sp. weiß. (Mit ockerfarbigen, rauhl. Sp.: Schweinsohr [*Gomphus* Pers., *Nevrophyllum* Pat.], als Gattg)

152. Duftender L., *C. lutescens* Pers. ex Fr. (s. S. 134)

153. Trompetenpfifferling, *C. tubaeformis* (Bull.) Fr. (Abb. Tf. 64)

154. Ganzgrauer Pfifferling, *C. cinereus* Pers. ex Fr. (s. S. 138)

155. Pfifferling, *C. cibarius* Fr. (Abb. Tf. 62), var. *amethysteus,* s. S. 132, var. *pallidus* R. Sch. Abb. Tf. 60; var. *albus* Fr. (s. S. 132)

156. Schweinsohr, *C. (G.) clavatus* Pers. ex Fr. (Abb. Tf. 65)

ORDNUNG: Blätterpilze, *Agaricales*

FAMILIE: Wachsblättler, *Hygrophoraceae* Lam., wachsartig, dick, saftig, voneinander entfernt, Sp. weiß

GATTG: Wachsblätterpilz, *Hygrophorus* Fr. (Merkmale der Familie)

Untergattg: Schneckling, *Limacium* Fr. H. u. St. schleimig oder wenigstens in der Jugend klebrig, St. an der Spitze fast immer flockig punktiert, vollfleischig

a) H. weiß oder gelbl.

157. Starkriechender Schn., *H. (L.) chrysaspis* Métr. (Abb. Tf. 15)

158. Gelbflockiger Schn., *H. (L.) chrysodon* Batsch ex Fr. (s. S. 36)

159. Trockener Schn., *H. (L.) penarius* Fr. (s. S. 36)

160. Schleimigberingter Schn., *H. (L.) gliocyclus* Fr. H. bis 6 cm br., wie der St. rahmgelbl., St. mit wulstigem, trocken fetzigem Schleimring. Bei Kiefern, bes. im Grase, Hbst, zstr.; Eßb!

161. Fichten-Schn., *H. (L.) piceae* Kühn. (s. S. 36)

b) H. schön gelb, orange oder rot (s. auch c)

162. Lärchen-Schn., *H. (L.) lucorum* Kalchbr. H. zitronengold-

gelb, flach gebuckelt, bis 5 cm br., Lam. blaßgelb, hblfd. Stets bei Lärchen, Hbst, zstr.; Eßb!

163. Z w e i f a r b e n b l ä t t e r i g e r Schn., *H. (L.) pudorinus* Fr. H. orangerosa, bis 10 cm br., Rand heller, Lam. außen orange, gegen St. weißl., Ger. unangenehm. Ndwd, Kalkboden, ges., Hbst, zstr.

164. R a s i g e r P u r p u r - S c h n., *H. (L.) erubescens* Fr. H. auf blassem Grund purpurrotfleckig, zitronengelb fleckend, fleischig, bis 8 cm br., Lam. weiß, oft rotschneidig, hblfd, St. etw. rot gestreift. Ndwd in Kreisen, bes. Kalkboden, So.-H., zstr.; Eßb!

c) H. oliv, braun, grau, schwärzl.

165. F r o s t - S c h n., *H. (L.) hypothejus* Fr. (Abb. Tf. 16)

166. O l i v g e s t i e f e l t e r Schn., *H. (L.) olivaceo-albus* Fr. (s. S. 38)

167. W o h l r i e c h e n d e r Schn., *H. (L.) agathosmus* Fr. mit var. *aureofloccosus* Bres. (s. S. 38)

168. M ä r z - S c h n., M ä r z e l l e r l i n g, *H. (L.) marzuolus* (Fr.) Bres. H. weißl., sehr früh hellgrau, zuletzt schwärzl., leicht klebrig, bis 12 cm br., Lam. weiß, graul., entfernt stehend, dick, nur wenig hblfd, St. weiß, oft verbogen. Ndwd, bes. bei Tannen, ges., büschelig, oft unter dem Moos, früh, zstr.; Eßb!

U n t e r g a t t g: E l l e r l i n g, *Camarophyllus* Fr. H. nur feucht, St. vollfleischig, glatt

169. S c h n e e l i n g, *H. (C.) niveus* Scop. ex Fr. H. weiß, gewölbt, bald vertieft, durchscheinend, bis 3 cm br., Lam. weiß entfernt, weit hblfd, St. glatt, schlank, unten verdünnt, 5 cm lg. Wiesen, Viehweiden, ges., Hbst, hfg.; Eßb!

170. W i e s e n - E., *H. (C.) pratensis* Pers. ex Fr. H. orangegelb, auch blasser, Rand weißl., gebuckelt, bis 6 cm br., Lam. blaßgelb, hblfd, St. weiß, bis 6 cm lg. Wiesen, Weiden, Hbst, zstr.; Eßb!

U n t e r g a t t g: S a f t l i n g, *Hygrocybe* Fr. H. glasig, wachsartig, meist schönfarbig, wenn schleimig, dann St. schlank u. ohne Punkte an der Spitze

a) H. leuchtend rot

171. S c h w ä r z e n d e r S., *H. (H.) conicus* Scop. ex Fr. (Abb. Tf. 17)

172. S c h a r l a c h r o t e r S., *H. (H.) puniceus* Fr. (s. S. 40)

173. K i r s c h r o t e r S., *H. (H.) coccineus* Schff. ex Fr. H. u. St. kirschblutrot, gewölbt, bis 5 cm br., Lam. rot, Schneide gelb, am St. etw. ausgebuchtet. Wiesen, Heidetriften, ges., Hbst, zstr.; Eßb!

b) H. grün oder gelb

174. P a p a g e i g r ü n e r S., *H. (H.) psittacinus* Schff. ex Fr. H. u. St. grün, schlüpfrig, Lam. gelbgrün, nicht hblfd (s. S. 40)

175. G e b u c k e l t e r S., *H. (H.) langei* Kühn. H. chromgoldgelb, kege-

lig verflacht, spitzgebuckelt, feucht klebrig, radialfaserig, bis 6 cm br., Lam. hellgelb, St. zitronengelb, längsfaserig. Wiesen, Triften, ges. So.-H., hfg; Eßb!

FAMILIE: Gelbfüßler, *Gomphidiaceae.* (Gehören in die Verwandtschaft der Kremplinge und Röhrlinge.) Lam. dick wie bei den Dickblättlern, hblfd, Außenhülle schleimig, Sp. dunkel

GATTG: Gelbfuß, *Gomphidius* Fr. St.-Basis innen gelb, Sp. schwarz, sonst Merkmale der Familie

176. Großer G., *G. glutinosus* Schff. ex Fr. (Abb. Tf. 14)

177. Kupferroter G., *G. rutilus* Schff. ex Fr. (s. S. 34)

178. Rosenroter G., *G. roseus* (Fr.) Karst. (s. S. 28)

179. Lärchen-G., *G. gracilis* Bk. et Br. H. bräunl., schwarzfleckig, bis 5 cm br., Lam. rötend, wenn berührt, St. rötend oder schwärzend, punktiert, sehr schlank, Fl. rötend. Lärchen, So.-H., zstr.; Eßb!

FAMILIE: Hellblättler, *Tricholomataceae.* H. u. bes. St. faserfleischig, meist saftig weich, Lam. dünn, mit scharfer Schneide

Tribus: Ritterlingartige, *Tricholomeae*

GATTG: Trichterling, *Clitocybe* Fr. (z. T.). H. fleischig oder nur häutigfleischig, sp. meist trichterfm., Lam. hblfd, St. ohne Ring, Sp. weiß, glatt

a) H. nicht hygrophan, d. h. beim Trocknen nicht wesentl. heller

a_1) H. weiß

180. Weißer Riesen-Tr., *Cl. candida* Bres. (s. S. 106)

181. Straßen-Tr., *Cl. connata* (Schum. ex Fr.) Gill. H. weiß, etw. wasserfleckig, eingerollt, dann flach trichterig, bis 8 cm br., Lam. werden rahmgelb, wenig hblfd, St. weiß, verbogen, verwachsen zu großen Büscheln. Bes. an Wd-Straßenböschungen, Hbst, nicht selt.; Eßb!

182. Laub-Tr., *Cl. phyllophila* (Fr.) Kumm. H. weiß, bald trichterig, unter weißer Oberschicht ockerl., bis 5 cm br., Lam. gelbl., hblfd, St. dünn, hohl. Lbwd, in Reihen u. Kreisen, auch Ndwd, Hbst, nicht selt.; giftverdächtig

183. Rinnigbereifter Gift-Tr., *Cl. rivulosa* (Pers. ex Fr.) Kumm. (s. S. 108 u. 175)

184. Weißer Gift-Tr., *Cl. dealbata* (Sow. ex Fr.) Kumm. (Abb. Tf. 51)

a_2) H. irgendwie gelb (s. auch a_3)

185. Mönchskopf, *Cl. geotropa* (Bull. ex Fr.) Quél. (Abb. Tf. 50)

186. Buchsblättriger Tr., *Cl. alexandri* (Gill.) Konr. (s. S. 104)

187. Gebuckelter Tr., *Cl. infundibuliformis* (Schff. ex Fr.) Quél. (s. S. 106)

188. Ölbaum-Tr., *Cl. (Omphalotus) olearia* (DC. ex Fr.) R. Mre. (s. S. 176)

189. F a l s c h e r P f i f f e r l i n g, *Cl. (Hygrophoropsis) aurantiaca* (Wulf. ex Fr.) Studer (s. S. 130)

a_3) H. weder weiß noch irgendwie gelb

190. G r a u k a p p e, *Cl. nebularis* (Batsch ex Fr.) Kumm. (Abb. Tf. 49)

191. K e u l e n f u ß - T r., *Cl. clavipes* (Pers. ex Fr.) Kumm. H. braunrußig, flach, bis 7 cm br., Lam. hell zitronstichig, stark hblfd, St. blasser als H., keulenfm. angeschwollen, innen wässerig, wattig-weichfleischig. Moosiger Ndwd u. Wd-Wiesen, Sandboden, Hbst, nicht selt.; Eßb!

192. G r ü n e r A n i s - T r., *Cl. odora* (Bull. ex Fr.) Kumm. H. grün, flach, sp. blasser, flatterig, bis 6 cm br., Lam. blasser, St. grünl., dünn, kurz, Ger. stark anisartig. Ges. im Lbwd, So.-H., hfg; Eßb!

193. F u c h s i g e r T r., *Cl. (Lepista) inversa* (Scop. ex Fr.) Quél. H. rotbraun, dünn, flatterig, trichterig, bis 8 cm br., Lam. blaßrötl., schmal, z. T. gabelig, St. kurz, etw. zäh, Basis weißfilzig. Ndwd in Kreisen, Hbst, hfg; Eßb!

b) H. hygrophan, d. h. feucht durchwässert, u. Lam. am Rande meist durchscheinend, trocken wesentl. heller

194. K a f f e e b r a u n e r T r., *Cl. (Cantharellula) cyathiformis* (Bull. ex Fr.) Kumm. H. dunkelkaffeebraun, trocken blasser, ausgeprägt trichterfm., bis 7 cm br., Lam. kaffeebraun, St. überfasert, schlank, unten weißfilzig. Wd-Wiesen, Lichtungen, Obstgärten, Hbst (-Wint.), hfg; Eßb.

195. D u n k e l g e n a b e l t e r A n i s - T r., *Cl. suaveolens* (Schum. ex Fr.) Kumm. H. gelbl. bis schwach fleischrötl., trocken weißl., hellbraun genabelt, bis 5 cm br., Lam. weißl., schmal, etw. hblfd, St. dünn, weich faserfleischig, Ger. angenehm nach Anis. Ndwd, Wd-Wiesen, So.-H., hfg; Eßb!

196. G e r i e f t e r T r., *Cl. vibecina* (Fr.) Quél. H. grau, durchscheinend gerieft, trocken ganz blaß, Lam. schwach hblfd, St. schmutzigweiß, hellgrau, schlank, Ger. mehlartig. Moosiger Ndwd, in dichtbestandenen Kreisen, Hbst, nicht selt. (Es gibt mehrere sehr ähnl. Arten.); Eßb!

GATTG: L a c k p i l z, *Laccaria* Bk. et Br. Pilz fleischrot oder violett, klein- bis mittelgroß, H. eingerollt, Lam. entfernt, dickl., wenig hblfd, weißstaubig, Sp. rund, stachelig

197. R o t e r L., *L. laccata* (Scop. ex Fr.) Bk. et Br. (s. S. 112)

198. B l a u e r L., *L. amethystina* (Bolt. ex Hooker) Murr. (Abb. Tf. 53)

GATTG: R i n g p i l z, *Armillariella* Karst. Wie *Clitocybe*, aber mit Ringbildung am St.

199. H a l l i m a s c h, *A. mellea* (Vahl ex Fr.) Karst. (Abb. Tf. 54)

GATTG: H a r t p i l z, *Catathelasma* Lovej. Lam. hblfd, Velum zweifach, sp. als St.-Ring u. Hülle am St.-Grund entwickelt

200. D o p p e l t b e r i n g t e r H., *C. imperiale* (Fr.) Sing. Pilz groß,

fleischig, gewichtig, H. braun, Mitte felderig gefleckt durch allgemeine Hülle, anfangs eingerollt, bis 20 cm br., Lam. rahmgelb, hblfd, St. stämmig, kräftig, kurz, auffällig doppelt beringt, Fl. fest, Ger. mehlartig. Im Ndwd eingesenkt, auf Kalkboden, So.-H., sehr zstr.; Eßb.

GATTG: Zwitterling, *Asterophora* Ditm. ex Fr. Pilz klein, graul.-weiß, alt bräunl., pulverig, bes. H., Lam. dickl., schmal. Lebt auf alten Hüten von Täublingen u. Milchlingen.

201. Parasitischer Zw., *A. parasitica* (Bull. ex Fr.) Sing. H. weißgraul., dünn, verflacht, bis 2 cm br., Lam. zieml. deutl., Ger. nach Mehl, So.-H., zstr.

202. Stäubender Zw., *A. lycoperdoides* (Bull. ex Mér.) Ditm. H. weißl., dann bräunl., gewölbt, bis 1,5 cm br., Lam. meist unvollkommen entwickelt, Ger. moderig, So.-H., zstr.

GATTG: Rötelritterling, *Rhodopaxillus* R. Mre. Pilz fleischig, H. nie schmierig, Lam. ausgebuchtet bis schwach hblfd, Spstb gelbrötl.

203. Violetter R.*, *Rh. nudus* (Bull. ex Fr.) R. Mre. (Abb. Tf. 60)

204. Lilastiel, *Rh. personatus* (Fr.) Sing. (= *saevus* Fr.) (Abb. Tf. 61)

205. Iris-R.*, *Rh. irinus* (Fr.) Métr. H. mattocker bis rötl., schmutziggelb, sp. bräunend, etw. seidig, bis 12 cm br., Lam. blaßfleischfb., St. außen netzig gefasert, Ger. eigentüml. süßl., wie Iriswurzeln. Weideflächen, Wd-Wiesen, auch jg. Ndwd, zahlreich in Kreisen, Hbst, zstr.; Eßb!

206. Marmorierter R.*, *Rh. nimbatus* (Batsch ex Secr.) Konr. et Maubl. (s. S. 128)

GATTG: Ritterling, *Tricholoma* Fr. Fk. fleischig, meist über 4 cm br., Lam. am St. verschmälert u. hier eine grabenartige Vertiefung bildend („Burggraben"), weiß oder von den weißen Sp. blaß bestäubt. (Als Gattg Rasling, *Lyophyllum* Karst.: Pilz büschelig, graubraun, Basidieninhalt durch Karmin-Essigsäure rot)

a) H. befeuchtet schmierig

a_1) H. orangefb., kastanien- bis dunkelbraun

207. Orangegelber R., *Tr. aurantium* (Schff. ex Fr.) Rick. H. schön orangegelb bis -braun, oft etw. schuppig, bis 10 cm br., Lam. weiß, klein gelbrotfleckig, dichtstehend, St.-Spitze abgesetzt, weiß, abwärts orangeflockig, gebändert, Ger. nach Mehl, Gesch. zugleich bitter. Ndwd, oft in Ringen, bes. Kalkboden, So.-H., zstr.

208. Weißbrauner R., *Tr. subannulatum* (Pers. ex Fr.) Kumm. H. kastanienbraun, eingewachsen strahligfaserig, bis 15 cm br., Lam. weiß, sp. rotfleckig, St. oben weiß, mit angedeuteter Ringbildung, darunter braunrot, meist kurz, kräftig, Ger. mehlartig, Gesch. bitterl. Bes. bei Kiefern, in Kreisen, Hbst, nicht selt.

---

* R = Ritterling

209. G e l b b r a u n e r R., *Tr. flavobrunneum* (Fr.) Kumm. Dem vor. in Farbe ähnl., aber Lam. zitronfb., Fl. bes. im St. gelb, St. schmächtiger, schlanker. Bei Birken, ges., Hbst, nicht selt.; Eßb.

a_2) H. rein gelb, nach zitron- oder olivbräunl. (vgl. auch a_3)

210. G r ü n l i n g, E d e l - R., *Tr. flavovirens* (Pers. ex Fr.) Lundell (= *equestre* L.) (Abb. Tf. 58)

211. B i t t e r e r R., *Tr. sejunctum* (Sow. ex Fr.) Quél. H. blaß zitron, Mitte oliv, radial dunkler gestreift, Ger. mehlartig, Gesch. bitterl. Lb-, auch Ndwd, So.-H., zstr. (s. auch S. 122)

212. R u ß i g g e s t r e i f t e r R., *Tr. portentosum* (Fr.) Quél. H. dunkelviolettgrau, zitrongemischt, stark radialstreifig, bis 12 cm br., Lam. zitrongelbl., St. weiß oder leicht grünl., kurz, Fl. mild. Ndwd, Sandboden, oft mit Nr. 210, Hbst (-Wint.), nicht selt.; Eßb!

a_3) H. weiß

213. T a u b e n - R., *Tr. columbetta* (Fr.) Kumm. H. weißseidig, bisw. rosafleckig, Lam. weiß, St. weiß, unten oft blaugrünfleckig, Gesch. mild. Ndwd, Birken, bes. Sandboden, So.-H., zstr.; Eßb!

b) H.-Haut schuppig auflösend (vgl. auch c)

b_1) H. hellgrau bis grauschwärzl. (E r d r i t t e r l i n g e)

214. B e r i n g t e r E r d - R., *Tr. cingulatum* (Fr.) Jacob. H. grau, feinschuppig, St. schlank, weiß, mit deutl., angedrücktem Ring (vgl. S. 120)

215. M ä u s e g r a u e r E r d - R., *Tr. terreum* (Schff. ex Fr.) Kumm. H. mäusegrau, fast filzig, feinschuppig, 7 cm br., St. ± deutl. fädig beschleiert, ohne Ring (s. S. 120)

216. G i l b e n d e r E r d - R., *Tr. scalpturatum* (Fr.) Quél. Heller grau als vor., gilbend, Gesch. nach Mehl (Abb. Tf. 55)

217. T i g e r - R., *Tr. pardinum* Quél. H. schwarzfilzig, feinschuppig, Lam. oft schwarzschneidig, sp. rötend, St.-Basis oft blaugrünfleckig (Abb. Tf. 57)

218. R ö t e n d e r E r d - R., *Tr. orirubens* Quél. H. schwarzfilzig, feinschuppig, Lam. oft schwarzschneidig, sp. rötend, St.-Basis oft blaugrünfleckig (Abb. Tf. 56)

219. S c h w a r z s c h u p p i g e r E r d - R., *Tr. atrosquamosum* (Chev.) Sacc. Sehr ähnl. vor., nicht rötend, an St.-Basis nicht blaugrün (s. auch S. 118)

220. S p a r r i g e r E r d - R., *Tr. squarrulosum* Bres. Wie Nr. 218, aber ohne Röten u. Blauen u. St. ganz graufilzig (s. S. 118)

221. B r e n n e n d e r E r d - R., *Tr. virgatum* (Fr.) Kumm. H. silbergrau, kegelig, bleibend gebuckelt, radial faserseidig, wenig geschuppt, bis 8 cm br., Lam. weiß-graul., oft schwarzschneidig, St. weiß, Fl. bitter u. brennend scharf. Ndwd, So.-H., nicht selt.

b_2) H. braun oder rot

222. B ä r t i g e r R., *Tr. vaccinum* (Pers. ex Fr.) Kumm. H. rotbraun, anfangs stark eingerollt, schuppig auflösend, Rand fransig-bärtig, Lam. weiß, dann rötl. fleckig, St. faserig, zuletzt hohl. Ndwd in Kreisen, Hbst, hfg; Eßb!

223. P u r p u r f i l z i g e r H o l z - R., *Tr. (Tricholomopsis) rutilans* (Schff. ex Fr.) Kumm. H. anfangs geschlossen, purpurrotfilzig, dann rotschuppig auf gelbem Grund, bis 12 cm br., Lam. schön gelb, ebenso der schlanke, oft verbogene St. An Ndhz-Stümpfen, büschelig, So.-H., hfg; Eßb.

c) H. seidig oder ganz glatt (vgl. auch d)

224. S c h w e f e l - R., *Tr. sulfureum* (Bull. ex Fr.) Kumm. Pilz schwefelgelb (var. *bufonium* Pers. mit rotbrauner Mitte), Ger. aufdringl., etwa wie Leuchtgas (Abb. Tf. 59)

225. L ä s t i g e r R., *Tr. inamoenum* (Fr.) Quél. Pilz in der Form sehr ähnl. vor., H. etw. kleiner, blaßocker bis fast weiß, Ger. ebenso (s. S. 124)

226. S e i f e n - R., *Tr. saponaceum* (Fr.) Kumm. H. grünl.-grau, rußigoliv bis blaß, langsam rötend, bes. bei Trockenheit, auch felderig, sehr vielfm., bis 10 cm br., Lam. weißl. bis grünl., sp. etw. rötend, St. weiß, auch olivschuppig, z. T. rot anlaufend, Ger. etw. nach Seifenlauge. Lb- u. Ndwd, Hbst, hfg

227. M a i - R., *Tr. (Calocybe) georgii* (Clus. ex Fr.) Quél. H. weiß, sahnefb., auch blaßocker bis hell graubraun, gewölbt, sp. flach u. wellig verbogen, glatt, bis 15 cm br., Lam. wie H. gefärbt, auch im Alter hell, St. stämmig, fleischig, weiß, Ger. stark nach Mehl oder Gurken. Wiesen, Weiden, Wd-Ränder, bes. auf Kalk, in Kreisen, Frü., hfg; Eßb!

d) H. graubraun, glatt, Pilze meist rasig verwachsen. Erdboden (Raslinge, *Lyophyllum* als Gattg)

228. G e k n ä u e l t e r R., *L. decastes* (Fr.) Sing. H. graubräunl., auch heller, schwach silberig, bis 8 cm br., Lam. weißl. oder graugelbl., St. verbogen, büschelig gehäuft, an Basis verwachsen. Lbwd, in Reihen u. Ringen, Hbst, nicht selt.; Eßb!

229. R a u c h g r a u e r R., *L. infumatum* (Bres.) Kühn. H. blaßrauchgrau, olivgrau, eingewachsen netzig-faserig, bis 7 cm br., Lam. u. Fl. langsam schwärzend, Ger. nach Mehl. Lb- u. Ndwd, ges. oder büschelig, So.-H., sehr zstr.; Eßb!

230. R a n z i g e s G r a u b l a t t, *L. rancidum* (Fr.) Sing. H. schwarzgrau, trocken hellgrau, bis 4 cm br., Lam. u. St. dunkelgrau, St. sehr schlank, spindelig wurzelnd. Ger. stark mehlig-ranzig. Lb- u. Ndwd, Hbst, nicht selt.; Eßb!

GATTG: W e i c h r i t t e r l i n g, *Melanoleuca* Pat. Sehr ähnl. *Tricholoma,* H. vorwiegend braun u. grau, St. schlanker, Sp. fein punktiert rauh, in Jod blauend („amyloid"), Zyst. oft lanzettl., mit Häkchen an der Spitze, zwischen den Basidien

231. Schwarzweißer W., *M. melaleuca* (Pers. ex Fr.) Murr. H. schwarzbraun bis hellgrau, oft bereift, bis 8 cm br., Lam. weiß, dünn, engstehend, St. schlank, weiß oder bräunl., längsgefasert, sehr veränderl. Raine, Gärten u. an Waldstraßen, So.-H., hfg; Eßb!

232. Rillstieliger W., *M. grammopodia* (Bull. ex Fr.) Pat. In Farbe u. Haltung dem vor. ähnl., viel größer, trocken heller, St.-Grund verdickt, Ger. etw. widerl., trotzdem eßb. Wd-Wiesen u. Lichtungen, in Kreisen, So.-H., zstr.

Tribus: Rüblingartige, *Collybieae* (inkl. *Marasmieae*)

GATTG: Schleimrübling, *Oudemansiella* Speg. H. schmierig, dünn, Lam. breit, weiß, St. dünn, etw. zäh

233. Beringter Schl., *Ou. mucida* (Schrad. ex Fr.) Hoehn. H. weiß, sp. graul., glockig flach, runzelig, bis 8 cm br., St. beringt. Büschelig an alten Buchen, So.-H., nicht selt.; Eßb!

234. Wurzel-Schl., *Ou. radicata* (Relh. ex Fr.) Sing. H. gelb- bis dunkelbraun, stark gerunzelt, bis 10 cm br., St. sehr schlank u. hoch, glatt, ohne Ring, meist stark wurzelartig verlängert. Auf Lbhz-Stümpfen, So.-H., sehr hfg; Eßb!

GATTG: Filzrübling, *Xerula* R. Mre. In Gestalt Nr. 234 sehr ähnl., H. u. St. aber samtig-filzig

235. Brauner Filz-R., *X. longipes* (Bull. ex St.-Am.) R. Mre. H. dunkelbraun, wie der St. samtfilzig, zäh u. trocken, Lam. weiß, St. lang wurzelnd. Ndhz, auch Lbhz, bes. Stümpfe, So.-H.; Eßb!

GATTG: Samtfußrübling, *Flammulina* Karst. H. gelb, schmierig. Lam. gelbl., St. dunkelbraunfilzig

236. Winterrübling, *Fl. velutipes* (Curt. ex Fr.) Sing. H. freudig goldocker, Mitte oft dunkler, schmierig, bis 12 cm br., Lam. gelbl., St. dunkelbraun, filzig, Spitze blaßgelb. Büschelig an Lbhz-Stümpfen u. -Stämmen, Hbst-Frü., hfg; Eßb!

GATTG: Rübling, *Collybia* Kumm. H. dünn, eingerollt, Lam. nie hblfd, St. röhrig, ausgestopft oder hohl, Spstb weiß

a) St. gerieft oder gerillt

237. Spindel-R., *C. fusipes* (Bull. ex Fr.) Quél. H. rotbraun, gewölbt, bis 8 cm br., St. auch rotbraun, tief gerillt, verdreht, spindelig, Lam. rotgefleckt. Bes. am Grunde alter Eichen, auch an Stümpfen, büschelig, So.-H., nicht selt.; Eßb.

238. Breitblättriger Holz-R., *C. (Tricholomopsis) platyphylla* (Pers. ex Fr.) Quél. H. grau, radial gefasert, bis 12 cm br., Lam. weiß,

auffallend breit, St. weißl., schlank, meist am Grunde mit lg., weißen Myzelsträngen. An Lbhz- u. Tannenstümpfen, zu wenigen ges., So.-H., hfg; Eßb.

239. G e f l e c k t e r R., *C. maculata* (A. et S. ex Fr.) Quél. H. weiß, bis 10 cm br., mit kleinen roten Flecken, Lam. schmal, dicht, gezähnelt, St. weiß, etw. rotfleckig, längs gerieft, wurzelnd. Ndwd, bes. Sandboden, büschelig oder ges. in Kreisen, So.-H., nicht selt.

240. B u t t e r - R., *C. butyracea* (Bull. ex Fr.) Quél. H. rotbraun (oder horngrau: var. *asema* Fr.), glatt, wie fettig glänzend, flach gebuckelt, bis 6 cm br., Lam. weiß, St. wie H. gefärbt, gerieft, keulig angeschwollen, innen locker, weißflockig. Ndwd, Sandboden, in Kreisen, So.-H., hfg; Eßb! (var. *asema* auch im Lbwd, sehr hfg)

b) glatt oder filzig, nicht gerieft

241. W a l d f r e u n d - R., *C. dryophila* (Bull. ex Fr.) Kumm. H. ockerfalb, trocken blaß, bald scheibenfm., dünn, bis 5 cm br., Lam. blaßgelb, St. glatt, blaß oder ± rötl.-bräunl. Lb- u. Ndwd in Reihen u. Kreisen, Frü.-Som. (-Hbst), hfg

242. B r e n n e n d e r R., *C. peronata* (Bolt. ex Fr.) Kumm. H. fleischrötl. bis ocker, dünn gerunzelt, bis 6 cm br., Lam. gleichfb., entfernt stehend, St. schlank, abwärts weiß- oder gelbstriegelborstig, Gesch. scharf pfefferig. Lb- u. Ndwd, So.-H., hfg (s. auch S. 110)

243. B r e t t s t i e l i g e r R., *C. confluens* (Pers. ex Fr.) Kumm. H. blaßocker, bis 3 cm br., Lam. dicht, schmal, St. mehr rötl.-braun, ganz weißkleiig. Büschelig, in Kreisen, Lb- u. Ndwd, So.-H., hfg

GATTG: S c h w i n d l i n g, *Marasmius* Fr. Ähnl. *Collybia,* aber viel zäher, bei Trockenheit einschrumpfend, befeuchtet wieder frisch, Spstb weiß

a) St. schlank, bräunl. bis ockerblaß, Pilz mittelgroß

244. N e l k e n - S c h w., *M. oreades* (Bolt.) Fr. H. ockergelbl., Lam entfernt, St. wie H. gefärbt, zäh. Auf Wiesen in Kreisen (Abb. Tf. 52)

b) St. wenigstens unten dunkelbraun bis schwarz, Pilz klein

245. N a d e l - S c h w., *M. perforans* (Hoffm.) Fr. H. blaß, bräunl., radial gerieft, nur bis 1 cm br., St. borstenartig, schwarzbraun, feinfilzig, Ger. unangenehm nach fauligen Abfällen. Ndwd, auf abgefallenen Nd., massenhaft, Frü.-Hbst (s. auch S. 110)

246. K ü c h e n - S c h w., K n o b l a u c h - S c h w., *M. scorodonius* Fr. H. braunrot, bis 1,5 cm br., St. rotbraun, borstenartig, kahl, glänzend wie aus Horn. Ger. sehr stark nach Knoblauch. Auf Ndhz-Wurzeln u. -Ästchen, Frü.-Hbst, nicht selt.; Gewürzpilz

247. R o ß h a a r - S c h w., *M. androsaceus* (L.) Fr. Dem vor. ähnl., matter fleischfb., kleiner, St. saitenartig, schwarzbraun, bis 6 cm lg, oft

sterile, schwärzl. Fäden bildend (wie „Roßhaar"), ohne bes. Ger. Auf Ästchen u. Nd., ges., aber nicht massenhaft, So.-H., hfg

248. Rädchen-Schw., *M. rotula* (Scop.) Fr. H. weiß, radial gefurcht, gewölbt, genabelt, bis 1,5 cm br., Lam. entfernt, am St. frei ringfm. wie zu einem Kragen verbunden, St. rotbraun, oben blaß. Ges. auf Stümpfen, Ästen, Wurzeln von Lbhz, Blätterhaufen, So.-H., hfg (noch kleiner auf Fichtennd.: *M. wettsteinii* Sacc. et Syd.)

GATTG: Nagelschwamm, *Pseudohiatula* Sing., wie *Marasmius*, aber durch Zyst. mikrosk. verschieden. Zapfenbewohner

249. Kiefern-N., *Ps. esculenta* (Wulf.) Sing. H. rotbraun, kaffeebraun, verflacht, bis 2 cm br., Lam. weißl., St. sehr schlank, unten rot- bis gelbbraun, mit lockerfilziger Basis. Eingesenkten Kieferzapfen aufsitzend, zu wenigen, Frü., hfg; Eßb! Ähnlich:

Fichten-N., *Ps. tenacella* (Pers. ex Fr.) Mos. graubraun, etw. größer, St. kürzer, ges. wachsend, Frü., hfg; Eßb!

GATTG: Haarrübling, *Crinipellis* Pat. Wie *Marasmius*, aber H.-Haut auffällig angedrückt haarig

250. Braunschuppiger H., *Cr. stipitaria* (Fr.) Pat. H. weiß, mit rotbraunem Buckel, braungeschuppt, nur 1 cm br., Lam. weiß, St. dunkelbraun, filzig. Auf Resten von Gräsern und Kräutern, So.-H., zstr.

GATTG: Helmling, *Mycena* (Pers. ex Fr.) S. F. Gray. H. jg glockig, dachfm., sp. auch flach, häutig dünn, Lam. angeheftet, selt. etw. hblfd, St. sehr dünn, röhrig, fädig, Spstb weiß

(Von einer Gruppierung nach mikroskopischen Merkmalen wird hier abgesehen)

a) St. mit schleimigem Überzug

251. Überhäuteter H., *M. epipterygia* (Scop. ex Fr.) S. F. Gray. H. graul.-gelbl., bis 2 cm br., wie der schöngelbe St. von einer gummiartigen Schleimhaut überzogen. Moosiger Wd., sehr ges., So.-H., hfg

252. Klebriger H., *M. vulgaris* (Pers. ex Fr.) Kumm. H. u. St. grau, ins Bräunl. gehend, zierl., gerieft, 1,5 cm br., von einer Schleimhaut überzogen, Lam. etw. hblfd. Auf Fichten- u. Tannen-Nd., sehr zahlreich, Hbst (-Wint.), hfg

b) St. mit Saft, der beim Abbrechen als Tropfen austritt (vgl. c)

253. Weißmilchender H., *M. galopoda* (Pers. ex Fr.) Kumm. H. weißl. aschgrau, bis fast schwarzbraun, glockig, gerieft, bis 2 cm br., St. sehr schlank, dünn, mit weißem Milchsaft. Lb- u. Ndwd, ges., oft in Moospolstern, Som.-Wint., hfg

254. Purpurschneidiger Blut-H., *M. sanguinolenta* (A. et S. ex Fr.) Kumm. H. braunrot, glockig, 1,5 cm br., Lam. graurot, Schneide purpurbraun, St. mit dunkelrotem Saft. Moosiger Lb- u. Ndwd, ges., So.-H., hfg

c) H. rosa, lila oder irgendwo schön gelb (vgl. d)

255. R e t t i c h - H., *M. pura* (Per. ex Fr.) Kumm. H. rosa, blaulila oder fast weiß, bald flach, bis 6 cm br., Lam. leicht rosa-lila, breit, bauchig, St. röhrig, glatt, gebrechl., Ger. stark nach Rettich. Lb- u. Ndwd, Frü.-Hbst, sehr hfg (s. auch S. 112)

256. R o s e n r o t e r H., *M. rosella* (Fr.) Kumm. H. schön rosarot, etwa 1 cm br., Lam. blasser, purpurrot gerandet, St. rosa, dünn. Fichten-Nd., massenhaft, ges., Hbst, nicht selt.

257. G e l b s c h n e i d i g e r H., *M. aurantiomarginata* (Fr.) Quél. H. grauoliv, glockig, gerieft, 1,5 cm br., Lam. blasser, schön orangegelb gerandet, St. sehr dünn u. schlank. Fichten-Nd., zahlreich, oft mit Nr. 256 zus., Hbst, nicht selt.

258. H e f t e l - H., *M. fibula* (Bull. ex Fr.) Kühn. H. schön orange, gerieft, kaum 1 cm br., Lam. heller, weit hblfd, St. wie H. gefärbt, sehr schlank. Im Wd-Moos, Som.-Wint., hfg

d) H. wenig auffallend gefärbt, graul., bräunl.

259. R o s a b l ä t t r i g e r H., *M. galericulata* (Scop. ex Fr.) S. F. Gray. H. hellgrau, bräunl., bald flach, runzelig, bis 8 cm br., Lam. sp. rosa, aderig verbunden, St. grau, glatt, zäh, Ger. ranzig. Büschelig an Lbhz-Stümpfen, Frü.-Wint., hfg; Eßb.

260. R i l l s t i e l i g e r H., *M. polygramma* (Bull. ex Fr.) S. F. Gray. Ähnl. vor., aber glockig, feiner gerieft, Lam. dichter, weißl.-graul., St. grau, silberig gerieft. An u. bei Lbhz-Stümpfen, kleinbüschelig, auch einzeln, Frü.-Wint., hfg; Eßb.

261. A l k a l i s c h e r H., *M. alcalina* (Fr.) Kumm. H. hellgrau bis dunkelbraungrau, glockig, gerieft, oft bereift, bis 5 cm br., Lam. graul., St. glatt, hellgrau, abwärts dunkler, Ger. stechend nach Ammoniak. Büschelig u. neben Ndhz-Stümpfen, bes. Frü., nicht selt.

262. F l o c k e n f ü ß i g e r H., *M. zephirus* (Fr.) Kumm. H. weißl., sp. rotbräunl., rotfleckig, verflacht, 3 cm br., Lam. weiß, schließl. auch rotfleckig, St. fein blaßflockig. Kiefer- u. Fichten-Nd., sehr ges. So.-H., hfg

GATTG: Z ä h n a b e l i n g, *Xeromphalina* Kühn. et R. Mre. Pilz klein, zierl. gerieft, genabelt, Lam. bogig hblfd, Fl. etw. zäh

263. G l ö c k c h e n n a b e l i n g, *X. campanella* (Batsch ex Fr.) Kühn. et R. Mre. H. orangebraun, sp. rostgelb, halbkugelig, dann glockig, 1(—2) cm br., Lam. rostgelbl., St. rotbraun, oft gebogen, zäh. In großen Scharen an Fichten- u. Tannenstümpfen, bes. Frü., nicht selt.

GATTG: N a b e l i n g, *Omphalina* Quél. Pilz schlank oder öfter kurzstielig, H. klein genabelt, eingebogen, Lam. hblfd, St. röhrig-dünn

264. G e f a l t e t e r N., *O. ericetorum* (Pers. ex Fr.) M. Lge. H. weißl., zitronengelb, graubraun, entfernt gerieft, 2 cm br., Rand oft gekerbt, Lam.

bräunl.-weißl., entfernt, St. kurz. Veränderl. Art. Bes. auf Torf- u. Heideboden, Frü.-Hbst, hfg

GATTG: Zwergknäuling, *Panellus* Karst. Pilz klein ohne Zyst., Sp. nicht amyloid

265. Herber Zw., *P. stipticus* (Bull. ex Fr.) Karst. H. grauockerfb., sp. blasser, schülferig rauh, bis 4 cm br., Lam. ocker, schmal, harzig, St. seitl., kurz, am Ansatz verjüngt, Gesch. sehr herb. Eichenstümpfe, auch anderes Lbhz, gzj., hfg

266. Milder Zw., *P. mitis* (Pers. ex Fr.) Sing. H. weiß, seitl. ansitzend, gewölbt, nur 1 cm br., gelatinös abziehbar, Lam. gelbl., St. kurz. Ndhz, bes. Äste, Hbst-Wint., nicht selt.

GATTG: Adermoosling, *Leptoglossum* Karst. Pilz häutig, klein, glockig oder flach, unters. lamellig-aderig bis glatt, ohne St.

267. Netziger A., *L. retirugum* (Bull. ex Fr.) Karst. H. grau, flach, zart, 2 cm br., unters. flach lamellig. Moosen anhaftend, Hbst, zstr.

FAMILIE: Zähblättler, *Lentinaceae* (= *Polyporaceae* ss. Sing.)

Tribus: Seitlingartige, *Pleuroteae*. H. (u. St., wenn vorhanden) wergig, oft seitl. ansitzend

GATTG: Seitling, *Pleurotus* Fr. Pilz seitl. gestielt oder ohne St. ansitzend, fleischig, Sp. weiß, selt. leicht rosa

a) Pilz kräftig, fleischig, mikrosk. ohne Zyst., Sp. glatt, nicht amyloid, d. h. mit Jod nicht blau (*Pleurotus* im eng. Sinn)

268. Austern-S., *P. ostreatus* (Jacq. ex Fr.) Kumm. H. schiefer-aschgrau, glatt, muschelig, um 12 cm br., gehäuft, ± seitl. kurz gestielt, Lam. weiß, hblfd, St. weiß, etw. striegelig. Lbhz-Stämme u. -Stümpfe, auch Ndhz, hier mehr einzeln. Veränderl. Art Hbst-Wint., nicht selt.; jg eßb!

b) Pilz bis mittelgroß, Haut oder Fl. etw. gelatinös, oft mit Zyst. (als Gattg *Hohenbuehelia* Schulzer abgetrennt u. der Fam. *Tricholomataceae* zugeteilt)

269. Erd-S., *P. geogenius* (DC. ex Fr.) Gill. H. braun bis ocker, seitl. gestielt, breit löffelfm. aufsteigend, bis 7 cm lg, 3 cm br., Lam. gelbl.-blaß, weit hblfd, St. kurz, Ger. nach Mehl. Ndwd, Erdboden, auf Kalk, So.-H., selt.

GATTG: Orangenseitling, *Phyllotopsis* Gilb. et Donk. Wie Gattg *Pleurotus*. Spstb jedoch lachsfb., Sp. etw. gebogen

270. Orangenseitling, *Ph. nidulans* (Pers. ex Fr.) Sing. H. orangegelb, filzig, eingerollt, um 6 cm br., Lam. orangefb., leuchtender als der H., Fl. zäh. Lbhz- u. Kiefernstümpfe, auffallend, aber selt., So.-H.

GATTG: Sägeblättling, *Lentinus* Fr. Pilz mit St., bald zäh, Lam.-Schneide gezähnt, gesägt.

271. Schuppiger S., *L. lepideus* Fr. H. blaß ledergelb, bald bräun-

lich schuppig, bis 12 cm, Lam. gelbl., St. schuppig, anfangs undeutl. beringt, Ger. süßl. Ndhz-Stümpfe, Balken, Schwellen, Frü.-Hbst, nicht selt.

272. Anis-S., *L. cochleatus* Pers. ex Fr. H. gelbbraun, honigfb., muschelig, bis 8 cm br., Lam. am gerillten, seitl. St. rippig hblfd, gelbl.-blaß, Ger. nach Anis. Lbhz-Stümpfe, büschelig, So.-H., hfg; Eßb! (Eine Abart ohne Ger., Lam. schwächer hblfd: var. *inolens* Konr. et Maubl.)

GATTG: Knäuling, *Panus* Fr. (z. T.). Wie *Pleurotus,* aber zäh, Lam.-Schneide unversehrt

273. Buchen-Kn., *P. conchatus* (Bull.) Fr. H. fleischviolett, bald ledergelb, filzig, bis 12 cm br., Lam. blasser, hblfd, St. violettl., kurz, striegelig, Fl. bald zäh. Lbhz, bes. Buchen, gehäuft, Frü.-Som., zstr. (s. auch S. 136)

274. Getigerter Kn., *P. tigrinus* (Bull. ex Fr.) Sing. H. weiß, blaßocker, braunschuppig gesprenkelt, genabelt, bis 8 cm br., Lam. blaß, hblfd, St. geschuppt, dünn, Ger. aromatisch. Lbhz, bes. Weide, büschelig, Frü.-Hbst, zstr.

GATTG: Spaltblättling, *Schizophyllum* Fr. Pilz zäh lederig, seitl. ansitzend, Lam.-Schneide wie gespalten

275. Gemeiner Sp., *Sch. commune* Fr. H. grauweißl. filzig, undeutl. gezont, bis 4 cm br., Lam. weißl., dann graurötl. Lbhz, auch Ndhz, gzj., hfg

FAMILIE: Freiblättler, *Agaricaceae*

Tribus: Wulstlingartige, *Amaniteae*

GATTG: Wulstling, *Amanita* Pers. ex Hooker. Pilz mit allgemeiner Hülle, als Scheide (Volva) am St.-Grund, als Hüllrest auf dem H., Mansch. am St. (selt. fehlend), Lam. frei, Spstb weiß

a) H.-Rand gerieft, Sp. nicht amyloid

276. Scheidenstreifling, *A. vaginata* (Bull. ex Fr.) Vitt. H. grau, weißl., braun, ziegelorange, glockig, dann flach, bis 10 cm br., Rand lg gerieft, St. schlank, weiß, flockig, mit sackartiger, häutiger Scheide, ohne Mansch., hohl am H., leicht abbrechend. Lb- u. Ndwd, bes. Sand-, auch Moorboden, So.-H., hfg; Eßb!

277. Kaiserling, *A. caesarea* (Scop. ex Fr.) Pers. H. orangerot, Lam. u. St. chromgelb, Mansch. häutig, Scheide (Volva) weiß, derbhäutig. Eichen, Edelkastanien, wärmeliebend, Som., selt.; Eßb! (Siehe auch S. 70)

278. Fliegenpilz, *A. muscaria* (L. ex Fr.) Pers. H. leuchtend rot, von weißen Warzen gesprenkelt, St.-Grund zwiebelig, warzig gegürtelt (var. *umbrina* Fr.: H. leberbraun). Giftig (Abb. Tf. 32)

279. Narzissengelber W., *A. gemmata* (Fr.) Gill. H. mit mehligflockigen Hüllresten, St.-Mansch. vergängl., St.-Grund schwach zwiebelig (s. S. 68)

280. Pantherpilz, *A. pantherina* (DC. ex Fr.) Schum. H. kaffee-, leber-, ockerbraun. Warzen reinweiß, St.-Spitze ohne Riefen, St.-Knolle wulstig, glatt gerandet. Giftig (Abb. Tf. 33)

b) H.-Rand nicht gerieft, Sp. amyloid

b_1) St.-Knolle scharf abgesetzt oder Volva lappig überstehend

281. Grüner Knollenblätterpilz, *A. phalloides* (Vaill. ex Fr.) Secr. H. oliv, blaßgrün, sogar weiß, St.-Grund dickknollig, Scheide häutig, frei nach oben stehend. Sehr giftig (Abb. Tf. 29 u. Hinweis auf *A. verna* Fr. ex Pers. S. 66)

b_1) St.-Knolle scharf abgesetzt oder Volva lappig überstehend

282. Spitzhütiger Knollenblätterpilz, *A. virosa* Lam. ex Secr. H. weiß, Mitte gelbl., kegelig, Mansch. flockig, Volva leicht zerreißbar. Sehr giftig (Abb. Tf. 30)

283. Porphyrbrauner W., *A. porphyria* (A. et S. ex Fr.) Secr. H. braunviolett, gewölbt, sp. flach, bis 8 cm br., Hüllreste graul., spärl., St. weiß, mit sp. bräunl. Mansch., St.-Grund knollig, Volva lappig oder gestutzt, Ger. nach Rettich. Ndwd, Sandboden, So.-H., zstr. Unschädl., zu meiden!

284. Gelblicher Knollenblätterpilz, *A. citrina* (Schff. ex Rocq.) S. F. Gray. H. zitronengelb, Hüllreste bräunl., St.-Grund zwiebelig, knollig, Volva gestutzt. Höchstens schwach giftig (Abb. Tf. 31)

b_2) St.-Knolle zwiebelig oder verlängert, nicht scharf abgesetzt, mit flockigen oder warzigen Volvaresten

285. Gedrungener W., *A. spissa* (Fr.) Kumm. H. braungelb, St. graul., Mansch. gerieft, Ger. rübenartig. Eßb., zu meiden (vgl. S. 72)

286. Eingesenkter W., *A. excelsa* (Fr.) Kumm. Dem vor. ähnl., H. heller bis blaß, bis 20 cm br., St. weiß, tief im Erdboden, Lam. leicht fleischrötl. Som., selt.

287. Perlpilz, *A. rubescens* (Pers. ex Fr.) S. F. Gray. H. rotbraun bis hell weinrötl., mit weißl. oder rötl. Pusteln, Fl. bes. im St.-Grund weinrot durchzogen. Eßb! (Abb. Tf. 34)

288. Falscher Perlpilz, *A. pseudorubescens* Herrf. H. dunkler violettl. braun, auch St. dunkler. Wird als giftig angegeben. (Als Art nicht allgemein anerkannt; vgl. S. 175)

289. Fransen-W., *A. strobiliformis* (Vitt.) Quél. H. weißgraul., Hüllreste dick, eckig, flockig, Lam. weiß gezähnelt, St. weiß mit flockiger Mansch., St.-Grund zwiebelig, schuppig. Lb- (u. Nd-) wd, Kalkboden, selt. Eßb!

GATTG: Schleimschirmling, *Limacella* Earle. Pilz mit schleimiger Außenhülle u. Ring am St.

290. Getropfter Sch., *L. guttata* (Fr.) Konr. et Maubl. H. blaß-

ocker, ledergelb, bis 12 cm br., St.-Spitze u. die herabhängende Mansch. mit Wasserperlen, die dunkelviolettfb. Flecken hinterlassen, Ger. mehlartig. So.-H., Ndwd, zstr.; Eßb!

Tribus: Dachpilzartige, *Pluteae.* Pilz jg häutig umhüllt oder wenigstens mehlig körnig, Lam. frei, Sp. rosafleischfb.

GATTG: Scheidling, *Volvariella* Speg. Allgemeine Hülle als häutige Scheide am St.-Grund erhalten

291. Wolliger Sch., *V. bombycina* (Schff. ex Fr.) Sing. H. weiß, dann ockerl., kurzhaarig, glockig, sp. flach, um 15 cm br., St.-Scheide weißl., weit. Lbhz, Som., selt.; Eßb!

292. Dunkelbescheideter Sch., *V. taylori* (Bk.) Sing. H. graul., Mitte olivl. oder rußig, feinseidig, bis 8 cm br., St. schlank, weiß, Volva grauoliv, mehrlappig, Parkanl., Wd-Gräben, gehäuftes Laub, So.-H., zstr.

GATTG: Dachpilz, *Pluteus* Fr. Außenhülle nur körnig oder mehlig, vergängl.; Holzbewohner

293. Rehbrauner D., *P. cervinus* (Schff. ex Fr.) Kumm. H. nußdunkelbraun, glatt oder etw. gerunzelt, glockig, dann flach gebuckelt, bis 12 cm br., Lam. breit, bald fleischrot, St. weiß, schlank, Basis etw. verdickt. Lb- (u. Nd-)hz, Frü.-Hbst, hfg; Eßb!

294. Löwengelber D., *Pl. leoninus* (Schff. ex Fr.) Kumm. H. schön gold- oder primelgelb, feinsamtig, bis 6 cm br., St. gelbl. Lbhz, So.-H., zstr.; Eßb!

Tribus: Schirmlingartige, *Lepioteae.* H. glatt oder schuppig auflösend, Lam. fast oder ganz frei, St. beringt

GATTG: Schirmling, *Lepiota* Fr. H. vom St. leicht ablösbar, Lam. frei, keine echten Zyst.

a) Pilz ansehnl., H. braunschuppig

295. Riesen-Sch., *L. (Macrolepiota) procera* (Scop. ex Fr.) Kumm. Sehr groß, H. u. St. ockerbraunschuppig, Ring frei bewegl. (Abb. Tf. 35)

296. Safran-Sch., *L. (Macrolepiota) rhacodes* (Vitt.) Quél. Ähnl. dem vor., kleiner, im Anbruch ziegelrot anlaufend (Abb. Tf. 36)

297. Spitzschuppiger Sch., *L. acutesquamosa* (Weinm.) Kumm. H. braunrot, spitz- oder angedrückt schuppig, bis 10 cm br., Lam. weiß, dicht, Ring flockig, sein Rand braun gekörnelt, Ger. unangenehm. Lbwd, Kompost, Schuttstellen, So.-H., nicht selt.

b) Mittelgroß oder klein, H. kleinschuppig, St.-Ring flockig oder häutig, schmal

298. Wolliggestiefelter Sch., *L. clypeolaria* (Bull. ex Fr.) Kumm. H. ockerrötl., um den Buckel schuppig, bis 6 cm br., Lam. dicht, St. weiß, schlank, wollflockig, Ring undeutl., Ger. unangenehm. Lb- u. Ndwd, ges., So.-H., hfg

299. S t i n k - S c h., *L. cristata* (Bolt. ex Fr.) Kumm. H. weißl., rotbraun gebuckelt u. geschuppt, bis 5 cm br., St. angedrückt seidig, mit deutl. Ring, Ger. stark widerl. Lb- u. Ndwd, Waldwiesen, Parkanlagen, oft in Reihen, So.-H., hfg

300. F l e i s c h r ö t l i c h e r S c h., *L. brunneoincarnata* Chod. et Mart. H. braunrot geschuppt, bis 4 cm br., St. weinrötl., Fl. verfärbt rötl. Giftig (s. S. 175)

GATTG: K ö r n c h e n s c h i r m l i n g, *Cystoderma* Fayod. H. u. St. körnig bekleidet, St. aufsteigend beringt, Lam. den St. erreichend

301. A m i a n t - K., *C. amianthinum* (Scop. ex Fr.) Fayod. H. ockergelb, körnig, radial gerunzelt, bis 4 cm br., St. mit Ringaußenseite gekörnelt, St.-Spitze blaß, glatt. Lb- u. Ndwd, Waldwiesen, hfg; Eßb.

302. S t a r k r i e c h e n d e r K., *C. carcharias* (Pers. ex Secr.) Fayod. H. ockerl., blaß fleischrötl., feinkörnig, bis 4 cm br., St. wie in einem Strumpf, der als abstehender Ring endet, außen körnig, Ger. unangenehm, Nd- u. Lbwd, hfg

Tribus: E g e r l i n g a r t i g e, *Agariceae.* H. glatt, seidig bis feinschuppig, nicht schmierig, vom beringten St. leicht trennbar, Lam. frei, Spstb dunkelviolettbraun

GATTG: B u n t s c h i r m l i n g, *Melanophyllum* Vel. Kleinwüchsig wie Körnchenschirmling, Spstb olivgrün

303. B l u t b l ä t t r i g e r B., *M. echinatum* (Roth ex Fr.) Sing. H. dunkelbraun feingeschuppt, bis 3 cm br. Rand behangen. St. braunmehlig, Lam. dunkelrot. Humus, Wd-Boden, selt.

GATTG: E g e r l i n g, *Agaricus* L. ex Fr. (Merkmale der Tribus)

a) Fl. rötl. oder blutrot anlaufend oder unveränderl., Ger. nicht anisartig

a_1) Schwach fleischrot anlaufend. Außerh. des Wd

304. W i e s e n - E., *A. campestris* L. ex Fr. H. weißseidig, bis 12 cm br., Lam. jg rosa, St. abwärts verjüngt, Ring schmal, einfach. Wiesen, in Kreisen, So.-H., hfg; Eßb! (s. auch S. 82)

305. S c h e i d e n - E., *A. bitorquis* (Quél.) Sacc. (= *edulis* Vitt.). H. weißgraul., flachgewölbt, sp. eben, stark eingerollt, bis 10 cm br., Lam. graurosa, sp. braunviolett, St. kurz, gedrungen, doppelt beringt, Fl. fest, rosafleischfb. Zwischen Schotter, Pflastersteinen, sogar Straßenasphalt hochhebend, ges., So.-H., nicht selt.; Eßb!

306. G a r t e n - E., *A. bisporus* (Lge.) Imbach. H. blaßbraun, haarigschuppig, kompakt, bis 12 cm br., Lam. jg graurot. Erd -u. Komposthaufen, oft viele zus. Frü.-Hbst, nicht selt. Eßb! Wildfm. d. Zuchtchampignons

a_2) H. braunschuppig, Fl. blutrot anlaufend. Wd-Bewohner (vgl. auch a_3)

307. Kleiner Blut-E., *A. silvaticus* Schff. ex Secr. H. rotbraunschuppig, bis 10 cm br. Bes. Fichtenwd (Abb. Tf. 37)

308. Großer Blut-E., *A. haemorrhoidarius* Schulz. H. dunkelbraunschuppig, größer als vor., Fl. noch kräftiger blutrot. Bes. Lbwd, So.-H., zstr. Eßb!

a_3) H. lange weiß, Fl. nicht anlaufend, Waldbewohner

309. Schneeweißer E., *A. chionodermus* Pil. H. weiß, ohne gelbe Töne, haarig, feinschuppig, halbkugelig, sp. flach, bis 10 cm br., Lam. reinrosa, sp. kaffeebraun, St. walzig, flockigseidig, Ring schmal. Unter Fichten, bes. Nd.-Boden, in Waldrandnähe, So.(-H.), zstr. Eßb!

b) Pilz berührt oder alt gelb anlaufend, Ger. anisartig (oder nach Karbol)

b_1) H. weiß

310. Schaf-E., *A. arvensis* Schff. ex Fr. H. ansehnl., leicht gilbend, Ring dick, unters. zahnradähnl. zerteilt. In Kreisen, oft außerh. des Wd, So.-H. (s. auch S. 82)

311. Dünner Anis-E., *A. silvicola* (Vitt.) Peck. Dem vor. ähnl., dünner, schlanker, stärker gilbend, H. jg abgeflacht kegelig, St.-Knolle oft platt. Waldbewohner (Abb. Tf. 38)

312. Gift-E., *A. xanthoderma* Gen. Jg wie vor., Mitte bald graul., Lam. jg rosa, Ger. nach Karbol oder Tinte (Abb. Tf. 39; H. braunschuppig: var. *lepiotoides* R. Mre., s. auch S. 84)

b_2) H. farbigschuppig

313. Hohlstieliger Riesen-E., *A. perrarus* Schulz. H. gold- bis ockergelbschuppig, bis 25 cm br., Lam. jg grauröt1., St. bald enghohl. Nd.-Boden. Eine dunklere Form wird als *A. augustus* Fr. unterschieden (s. auch S. 80)

314. Violettlicher Zwerg-E., *A. semotus* Fr. H. weinrötl. bis violettl., faserig, feinschuppig, Rand sp. weißl., dünn, bis 5 cm br., Lam. graurötl., sp. graubraun, St. schlank, abwärts stark gilbend, alt schmutzigbraun, Ger. anisartig. Bes. Ndwd, So.-H., nicht selt. Eßb!

FAMILIE: Rotblättler, *Rhodophyllaceae*

GATTG: Rötling, *Rhodophyllus* Quél. Pilz fleischig bis zart, Lam. nicht frei, von den Sp. bald fleischrot, Sp. eckig

a) Pilz ± kräftig, fleischig, Lam. ausgebuchtet [Untergattg: Rötling, im eng. Sinn *Entoloma* (Fr.) Quél.]

315. Riesen-R., *R. sinuatus* (Bull. ex Fr.) Sing. (= *lividus* Bull.). H. hell gelbgrau, um 20 cm br., Lam. jg ockerfarb., Ger. nach Mehl. Giftig! (Abb. Tf. 48)

316. Niedergedrückter R., *R. rhodopolius* (Fr.) Quél. H. feucht graubraun, trocken weißgrau, seidig glänzend, bis 10 cm br., Lam. jg

weiß, sp. rosa, St. weiß, Ger. unbedeutend. Ges. und in Reihen im Lbwd, So.-H., hfg; schwach giftig (s. S. 102)

317. Stinkender R., *R. nidorosus* (Fr.) Quél. Dem vor. sehr ähnl., H. nur bis 6 cm br., regelmäßig, St. schlank, Ger. stechend nitros. Lbwd, Hbst, nicht selt.; schwach giftig (s. auch S. 102)

318. Schild-R., *R. clypeatus* (L. ex Fr.) Quél. H. graubraun, radialstreifig trocknend, fleischig, gebuckelt geschweift, bis 12 cm br., Lam. hellgraurötl., breit, St. verbogen, leicht längs zerreißend, Ger. mehlartig. Ges. u. büschelig im Grase der Obstgärten, an Wegrändern, kaum im Wd, Frü., nicht selt.; Eßb!

b) Pilz zart, gebrechl., jg eingerollt, oft genabelt, Lam. ausgebuchtet [Untergattg Zärtling, *Leptonia* (Fr.), vgl. auch c]

319. Schwarzgezähnelter R., *R. serrulatus* (Pers. ex Fr.) Quél. H. schwarzblau, feinflockig, bis 3 cm br., Lam. graul., sp. rötl., mit schwarzflockiger Schneide, St. schwarzblau, dünn. Bergwiesen, Weideflächen, So.-H., sehr zstr.

320. Braungrüner R., *R. euchlorus* (Lasch) Quél. H. oliv, braungrün, feinschuppig, 3 cm br., Lam. blaß, sp. rötl., breit, St. grün, sehr dünn, Pilz berührt blaugrünfleckig, Ger. stark nach Mäusekot. Im Grase der Wegränder, an lichten Waldstellen, So.-H., zstr.

c) H. glockig, Rand gerade, Lam. nicht hblfd, St. schlank, gebrechl. [Untergattg Glöckling, *Nolanea* (Fr.), vgl. auch d]

321. Traniger R., *R. hirtipes* (Schum. ex Fr.) Lge. H. graubraun, trocken viel heller, flachkegelig, bis 8 cm br., Lam. graurötl., St. graubräunl., sehr schlank, St.-Grund weißfilzig, Ger. tranartig, Sp. vieleckig, längl. Nd- (u. Lb-) wd, im Moose, zwisch. Reisig, Frü.-Som., nicht selt.; Eßb!

322. Kreuzsporiger R., *R. staurosporus* (Bres.) Lge. H.-Farbe u. -Haltung wie vor., nur bis 5 cm br., Ger. nach Mehl, Sp. kennzeichnend viereckig. Nd- (u. Lb-) wd, in kleinen Gruppen, moosige u. grasige Plätze, Frü.-Hbst, nicht selt.

323. Dunkler Gift-R., *R. vernus* (Lund.) Romagn. H. feucht dunkelbraun, trocken heller, glänzend, kegelig, etwa 5 cm br., Lam. graul., sp. graufleischrot, St. wie H. gefärbt, dünn, bis 6 cm lang (der Untergattg Glöckling nahesteh.). Fichtenwd, ges., Frü., sehr zstr.; giftig (s. a. S. 177)

324. Zimtgelber R., *R. cetratus* (Fr.) Quél. ss. Rick. H. dunkelbraun, durchscheinend gerieft, trocknend zimtgelb, St. gelbbraun, schlank, Ger. unauffällig, Basidien kennzeichnend zweisporig. Moosige Wälder, Frü.-Hbst, nicht selt.

d) H. zart, gewölbt, genabelt, Lam. hblfd (Untergattg Nabelrötling, *Rhodophyllus* Kühn. et Romagn.)

325. Schülferiger R., *R. cancrinus* (Fr.) Quél. H. weißl., ocker, schuppig zerklüftet, geschweift, bis 3 cm br., Lam. weiß, bald rötl., entfernt stehend, St. kurz. Brachliegende Äcker, unbebaute Orte, ges., So.-H., sehr zstr.

326. Filzstieliges Stummelfüßchen, *R. byssisedus* (Pers. ex Fr.) Quél. H. weißgrau, flaumig, nierenfm., bis 3 cm br., St. seitl., sehr kurz weißfilzig. Lbhz ansitzend, Hbst, selt.

GATTG: Mehlpilz, *Clitopilus* Kumm. Den Trichterlingen ähnl. Lam. hblfd, Sp. fleischrosa, spindelig, glatt, längsgestreift

327. Mehlpilz, *Cl. prunulus* (Scop. ex Fr.) Kumm. H. weiß, graul., klebrig, eingerollt, sp. flach bis vertieft, bis 8 cm br., St. kurz, Ger. nach Mehl. Lb- u. Ndwd, bes. auf kalkarmem Boden, So.-H., hfg; Eßb! (s. auch S. 108)

FAMILIE: Schwarzblättler, *Coprinaceae.* Pilz zerbrechl., raschwüchsig, meist zuletzt zerfließend, Sp. schwarz oder dunkelbraun

Tribus: Tintlingartige, *Coprineae.* H.-Rd gefaltet, Pilz fast stets zerfließend

GATTG: Tintling, *Coprinus* (Pers.) S. F. Gray (Merkmale der Tribus)

a) Pilz mit deutl. allgemeiner Hülle, daher sp. Hüllreste auf dem H. u. am St.-Grund

328. Schopf-T., *C. comatus* (Fl. D. ex Fr.) S. F. Gray. H. weiß, walzig verlängert, fransig-schuppig, St. schmal beringt (Abb. Tf. 28)

329. Knoten-T., *C. atramentarius* (Bull.) Fr. H. aschgrau, silberig, längsstriemig, kegelig, 5 cm br., 10 cm hoch, Lam. bräunl., dunkelnd, St. weiß, über dem Grund schmal beringt (s. auch S. 62)

330. Kröten-T., *C. fimetarius* L. ex Fr. H. blaßgrau, weißschuppig bekleidet, spaltend zurückgerollt, bis 7 cm br., Lam. schmal, St. weiß, schuppig, ohne Ring, unten verdickt, schlank, hinfällig, mit weißen Myzelsträngen. Auf Miststätten, oft massenhaft, gzj., hfg

b) Pilz glimmerig oder körnig bekleidet, St. ohne Ring

331. Glimmer-T., *C. micaceus* (Bull.) Fr. H. rostgelb, eng gerieftgefurcht, glimmerig, bis 4 cm br., 5 cm hoch, alt breitglockig, St. weißl., seidig glänzend. Büschelig an altem Lbhz, auf Rasen- u. Schuttplätzen, Frü.-Hbst, hfg; jg eßb!

332. Gefalteter Scheibchen-T., *C. hemerobius* Fr. H. graul., blaßocker, Mitte rotbraun, flüchtigglimmerig, sehr zart, gefaltet-gerieft, aufschirmend flach, bis 3 cm br., Lam. blaß, bald schwärzl., nach dem Sp.-Abwurf wieder farblos, St. glasig weiß, Spitze erweitert, sehr gebrechl. Grasige Wegränder, Waldstraßen, Gärten, Frü.-Hbst, hfg

333. Gesäter T., *C. disseminatus* (Pers. ex Fr.) S. F. Gray. H. gelb,

sp. grau, faltiggerieft, feinglimmerig, 1 cm br. u. hoch, Lam. gelbl., schließl. schwarz, St. glasig blaß, verbogen. Zu Tausenden an Lbhz-Stümpfen u. -Stämmen, Fr.-Hbst, hfg

Tribus: F a s e r l i n g a r t i g e, *Psathyrelleae.* Pilz ± faserig beschleiert, nicht zerfließend, Sp. braunviolett bis schwarz

GATTG: F a s e r l i n g, S a u m p i l z, *Psathyrella* Fr. Pilz gebrechl., dünnfleischig, Schleier faserig, vergängl., selt. dauerhafter oder fehlend

334. T r ä n e n s a u m p i l z, *Ps. velutina* (Pers. ex Fr.) Sing. H. braunocker bis fuchsrot, haarigschuppig, bis 12 cm br., Lam. scheckig, violettschwarz, breit, Schneide tränend, St. faserig. Wd-Straßen, Auffüllplätze u. ähnl. Orte, So.-H., hfg; Eßb! (H. feuerrot: als *L. pyrotricha* Holmsk. abgetrennt)

335. R o t s c h n e i d i g e r F., *Ps. gracilis* (Fr.) Quél. H. blaßocker, randwärts oft rosafleischfb., runzelig, glimmerig, flachglockig, bis 4 cm br., Lam. graul. mit roter Schneide, sp. schwarz, St. weißl., dünn, gerade, bis 12 cm lg. Wegränder, Gräben, auf gehäuftem Lb, Frü.-Hbst, nicht selt.

336. L i l a b l ä t t r i g e r S a u m p i l z, *Ps. candolleana* (Fr.) Maire. H. weißl., hellbraun, dünn, glockig, sp. flach, bis 8 cm br., oft von weißem Velum behangen, Lam. blaßlila, sp. dunkler, schmal, St. weiß, schlank, verbogen. An u. bei Lbhz, büschelig, Frü.-Hbst, hfg; Eßb!

337. W ä s s e r i g e r S a u m p i l z, *Ps. hydrophila* (Bull. ex Fr.) Maire. H. durchwässert dunkel-, trocken hellbraun, halbkugelig, sp. verflacht, schön weißgesäumt, bis 6 cm br., Lam. graul.-fleischfb., sp. dunkelbraun, St. seidig glänzend, blaß. Dicht büschelig, Lbhz-Stümpfe, Hbst, hfg; Eßb!

338. S c h o k o l a d e n b r a u n e r F., *Ps. spadicea* (Schff. ex Fr.) Sing. H. dunkelbraun, trocken, blaßocker, eingerollt, bis 6 cm br., Lam. vom braunrötl. Spstb bereift, St. blaß, verbogen, Zyst. mit Schopf. Stark büschelig, am Grunde lebender Lbhz-Stämme, Hbst (-Wint.), zstr.; Eßb!

GATTG: D ü n g e r l i n g, *Panaeolus* Fr. H. glockig, Lam. grau u. schwarz gefleckt, St. schlank, Sp. schwarz. Meist auf Dung

339. G l o c k e n - D., *P. sphinctrinus* (Fr.) Quél. H. dunkelrotbraun, trocken etw. heller, bis 5 cm br., Rand vom Velum ± behangen, St. rötl.-braun, fein bereift, Spitze oft mit Wasserperlen. An gedüngten Orten, Frü.-Hbst, hfg

GATTG: H e u d ü n g e r l i n g, *Panaeolina* R. Mre. Wie *Panaeolus,* aber mit dunkelbraunroten, rauhen Sp.

340. H e u d ü n g e r l i n g, *P. foenisecii* (Pers. ex Fr.) R. Mre. H. graurotbraun, fleischrötl., trocknend mit durchwässerter Randzone, 3 cm br., Lam. dunkelbraun fleckig, St. rotbraun, bereift, um 5 cm lg. Auf Wiesen u. Rasenplätzen, Som., hfg; Eßb!

GATTG: R i n g d ü n g e r l i n g, *Anellaria* Karst. Wie *Panaeolus,* aber mit deutl. Ring am St.

341. R i n g d ü n g e r l i n g, *A. separata* (L. ex Fr.) Karst. H. weißl., blaßocker, breitglockig, glatt, schmierig, trocken glänzend, bis 8 cm br., Lam. zuletzt schwarz, breit, St. weiß, beringt, sehr schlank. Auf Kuhfladen der Bergwiesen, So.-H., im Gebirge hfg

FAMILIE: D u n k e l b l ä t t l e r, *Strophariaceae*

Tribus: T r ä u s c h l i n g a r t i g e, *Stropharieae*

GATTG: K a h l k o p f, *Psilocybe* (Fr.) Quél. Pilz mit flüchtigem Randsaum. Sp. braunpurpurn

342. D u n g - K., *Ps. merdaria* (Fr.) Rick. H. olivgelb bis grünl., trokken blaßgelb, schmierig, Rand behangen, bis 4 cm br., Lam. schließl. purpurbraun, St. blaßgelb, rauh, oft bewurzelt. Gedüngte Äcker u. direkt auf Mist, dicht ges., Frü.-Hbst, nicht selt.

343. M i s t - K., *Ps. coprophila* (Bull. ex Fr.) Kumm. H. braun, trocken blasser, gebuckelt, bis 3 cm br., Lam. graul., sp. braunschwarz, Schneide heller, St. gelbl., schlank, feinflockig. Auf Kuhmist, oft ges., So.-H., nicht selt.

GATTG: S c h w e f e l k o p f, *Nematoloma* Karst. H. blaß, gelb bis ziegelfb., Schleier als Randsaum, oft von den violettbraunen Sp. bestäubt

344. Z i e g e l r o t e r S c h w., *N. sublateritium* (Fr.) Karst. H. ziegelrot, Rand blaßschwefel, oft gelb haarigschuppig, bis 12 cm br., Lam. blaßoliv, sp. dunkel, St. hellschwefelfb., abwärts rostig, Gesch. bitterl. Lbhz-Stümpfe, gzj., hfg (s. auch S. 88)

345. R a u c h b l ä t t r i g e r S c h w., *N. capnoides* (Fr.) Karst. H. blaßgelb, ockerrötl., Lam. grau, Gesch. mild, Ndhz, hfg; Eßb! (Abb. Tf. 40)

346. G r ü n b l ä t t r i g e r S c h w., *N. fasciculare* (Huds. ex Fr.) Karst. H. u. St. schwefelgelb, Lam. jg grün, Gesch. bitter, Nd.- u. Lbhz, hfg (Abb. Tf. 41)

347. M o o s - S c h w., *N. polytrichi* (Fr.) Karst. H. schwefelig mit fuchsrötl. Mitte, Rand gesäumt, bis 3 cm br., Lam. gelbl., dann olivbraun, St. gelbl.-rostig, schlank, weißseidig, bes. zwischen Haarmoosen, einzeln oder wenige, Frü.-Hbst, nicht selt.

GATTG: T r ä u s c h l i n g, *Stropharia* (Fr.) Quél. H. feucht schmierig, Velum als H.-Schuppen u. St.-Ring, Spstb purpurbraun

348. G r ü n s p a n - T r., *Str. aeruginosa* (Curt. ex Fr.) Quél. H. spangrün, verblassend, weiße Schüppchen im H.-Schleim, bis 7 cm br., Lam. graul., bald purpurbraun, St. grünl., schlank, beringt. Wd- u. Wegränder, im Lb, Grasplätze, Hbst, hfg; Eßb!

349. K r ö n c h e n - T r., *Str. coronilla* (Bull. ex Fr.) Quél. H. schön ockergelb, flach gewölbt, bis 5 cm, Lam. bald violettbraun, St. weiß, Ring auf-

gerichtet, obers. auffällig gerieft. Wiesen u. Grasplätze, einzeln, oft mit dem Wiesenegerling zus., Frü.-Hbst, nicht selt.; Eßb!

350. Halbkugeliger Tr., *Str. semiglobata* (Batsch ex Fr.) Quél. H. ocker- bis zitronengelb, trocken glänzend, bis 3 cm, Lam. grauoliv, sp. braunschwarz, breit angewachsen, St. blaßgelb, röhrig, abwärts etw. schuppig. Auf Mist, Frü.-Hbst, hfg

Tribus: Schüpplingartige, *Pholioteae.* Velum faserig bis häutig oder fehlend, Sp. blaßbraun oder rostfb.

GATTG: Schüppling, *Pholiota* Fr. Pilz meist fleischig, Velum zart oder häutig, St. dann mit Ring, Sp. hell- bis rostbraun

351. Tonweißer Sch., *Ph. lenta* (Pers. ex Fr.) Sing. H. weißl., blaßockergrau, sehr schleimig, mit weißen, losen Schüppchen, bis 8 cm br., Lam. graugelbl., St. weißl., flockigschuppig, Spstb blaßbraun. Bes. Lbwd, Hbst, nicht selt.; Eßb!

352. Schleimiger Sch., *Ph. adiposa* (Fr.) Kumm. H. schön. goldzitronengelb mit dunklen, abwischbaren Schuppen, feucht stark schleimig, bis 10 cm br., Lam. gelbl., bald rostfb., St. schwefelgelb, beringt, schmierig. Lbhz-Stämme u. -Stümpfe, dichtbüschelig, So.-H., zstr.; Eßb!

353. Sparriger Sch., *Ph. squarrosa* (Pers. ex Fr.) Kumm. H. rostgelb, dunkler sparrigschuppig, erst stark eingerollt, bis 12 cm br., Lam. helloliv, bald rostbraun, St. wie H. sparrig, derb, Fl. gelbl., im St. zäh, Gesch. herb. Am Grunde der Lbhz-Stämme, bes. der Obstbäume, auch Ndhz, Hbst, hfg (s. auch S. 90)

354. Stockschwämmchen, *Ph. (Kuehneromyces) mutabilis* (Schff. ex Fr.) Kumm. H. zimtbraun, Mitte ocker, glatt, St. schuppig, braunberingt (Abb. Tf. 112)

GATTG: Glimmerschüppling, *Phaeolepiota* R. Mre. H.-Haut dick, körnig, samt Ring unters. u. St., sonst wie *Pholiota,* gehört jedoch in die Verwandtschaft von *Cystoderma*

355. Glimmerschüppling, *Ph. aurea* (Matt. ex Fr.) R. Mre. H. goldbraun, körnig-mehlig, bis 20 cm br., St. kräftig, Ring aufsteigend, Ger. aromatisch-süßl. Humoser Boden, Wd-Straßen, büschelig, (Som.-) Hbst, selt.; Eßb!

Tribus: Goldmistpilzartige, *Bolbitieae*

GATTG: Goldmistpilz, *Bolbitius* Fr. Den kleinen Tintlingen ähnl., nicht zerfließend, zart, Sp. rostgelb

356. Goldmistpilz, *B. vitellinus* (Pers.) Fr. H. eidottergelb, verblassend, lang-glockig aufschirmend, gefaltet-gerieft, bis 6 cm br., Lam. blaßgelb, dann hellrostgelb, St. weißl., röhrig, sehr zart, feinschuppig. Auf Mist, altem Stroh, an Wegrändern. Frü.-Hbst, nicht selt.

GATTG: Ackerling, *Agrocybe* Fayod. St. meist deutl. beringt, Sp. blaßbraun, mit Keimporus

357. Frühlings-A., *A. praecox* (Pers. ex Fr.) Fayod. H. weißl. oder grauocker, nicht schmierig, bald flach, bis 8 cm br., Lam. blaßbraun, olivbraun, br., St. weißl., Ring weiß, Fl. weich, wässerig, Ger. mehlartig. Weg- u. Ackerränder, Gärten, auch Lbwd, Frü.-Som., hfg; Eßb!

GATTG: Samthäubchen, *Conocybe* Fayod. H. kugelig-glockig, zart, meist rostfb. bis ockergelb, kaum oder nicht beschleiert, mikrosk. durch die Zyst. der Lam.-Schneide mit gestieltem Köpfchen ausgezeichnet

358. Roststieliges S., *C. tenera* (Schff. ex Fr.) Fayod. H. zimtrostfb., ockerbraun, durchscheinend, gerieft, feinsamtig, Lam. zimtfb., schmal, St. rostbraun, fein puderig, Basis verdickt, formenreiche Art. Im Grase der Waldstraßenränder, an feuchten, humosen Orten, Frü.-Hbst, hfg

GATTG: Glockenschüppling, *Pholiotina* Fayod. Pilz zart, St. röhrig, beringt, von den ähnl. Kegelhäublingen *(Conocybe)* mikroskop. getrennt durch kugelige H.-Hautzellen

359. Krönchen-G., *Ph. blattaria* (Fr.) Fayod. H. honigbraun, trokken heller, gebuckelt verflacht, bis 3 cm br., Lam. hellbraun, St. braun, weiß überkleidet, Basis verdickt, Ring weiß, gerieft. Grasige Straßenränder, lockerer, humoser Wd-Boden, an Bachläufen, Frü.-Hbst, nicht selt.

FAMILIE: Schleierblättler, *Cortinariaceae* (inkl. *Crepidotaceae*)

Tribus: Krüppelfußartige, *Crepidoteae*

GATTG: Krüppelfuß, *Crepidotus* Fr. Pilz seitl. ansitzend, schmutzigrosa, trübbraun, glatt oder feinwarzig

360. Gallertfleischiger Kr., *Cr. mollis* (Schff. ex Fr.) Kumm. H. weißl., ockerfalb, breit nierenfm., bis 8 cm br., H.-Haut gelatinös dehnbar, abziehbar, Lam. falb ockerbraun. Dachziegelig an Lbhz. Frü.-Hbst, nicht selt; Eßb!

361. Gemeiner Kr., *Cr. variabilis* (Pers. ex Fr.) Kumm. H. weiß flaumig, seitl. ansitzend, 2 cm br., Lam. bald rostbräunl., Sp. längl. Ges. an Lbhz, bes. Ästen, gzj., hfg [an Ndhz ähnl. Art mit rundl. Sp.: Rundsporiger Kr., *Cr. sphaerosporus* (Pat.) Sing.]

Tribus: Rißpilzartige, *Inocybeae*

GATTG: Trompetenschnitzling, *Tubaria* W. G. Sm. Ähnl. *Naucoria* u. früher mit ihr vereint, Pilz klein, ocker bis braun ± flockig, Lam. etw. hblfd

362. Winter-Tr., *T. furfuracea* (Pers. ex Fr.) Gill. H. fleischbräunl., trocken blaßocker, gerieft, bis 3 cm br., gewölbt, gebrechl., ohne eigentl. H.-Haut, St. kurz, Lam. zimtrötl. mit hellerer Schneide. Auf Ästchen, modernden Holzspänen, Erdboden, Wiesen (Hbst-) Wint.-Frü., nicht selt.; Eßb!

GATTG: Gurkenschnitzling, *Macrocystidia* Heim et Joss. Pilz einem Rübling ähnl., durch bräunl. Sp. und große Zyst. verschieden

363. Gurken-Schn., *M. cucumis* (Pers. ex Fr.) Heim. H. dunkelrostbraun, aufhellend, glockig-flacher, bis 4 cm br., Lam. rahmgelb, bald rötl., St. braunschwarz, oben bereift, dünn, Ger. stark nach Lebertran oder Gurken. Auf humosem Wd-Boden, an Wegrändern ges., So.-H., nicht selt.

GATTG: Schnitzling, *Simocybe* Karst. Pilz klein, St. ohne Velum, Sp. ockerbraun, glatt

364. Buchen-Schn., *S. centunculus* (Fr.) Karst. H. olivbraun, feinbereift, etw. gerieft, bis 3 cm br., Lam. blaßgrün, sp. dunkler oliv, mit heller, körnig geflockter Schneide. An Lbhz-Stümpfen, bes. Buchen, So.-H., zstr.

GATTG: Erlen-Schnitzling, *Alnicola* Kühn. Ähnl. Trompeten-Schnitzling *Tubaria,* aber Sp. feinwarzig, gern bei Erlen wachsend

365. Gemeiner E., *A. melinoides* (Fr.) Kühn. H. honiggelb, kahl, etwa 2 cm br., Lam. wenig heller, schließl. ockerbraun, br., St. abwärts rostig, oben bereift, Fl. bitter. Bei Erlen, Hbst, nicht selt.

Tribus: Schleierlingartige, *Cortinarieae.* Äußeres Velum, falls vorhanden, schleimig oder fädig, inneres spinnwebartig, Sp. gelbbräunl. bis rostfb.

GATTG: Rißpilz (Faserkopf, Wirrkopf), *Inocybe* Fr. Klein bis mittelgroß, H. meist buckelig, radialfaserig oder feinschuppig, Velum oft sehr flüchtig, Lam. u. Sp. erdbraun, olivbräunl. Durchweg vom Genuß auszuschließen. Viele Arten sind giftig oder giftverdächtig.

a) Sp. glatt, ohne Ecken oder Zapfen

a_1) Zwischen den Basidien finden sich spindelige Zyst. mit kristalloiden Ausscheidungen an der Spitze (Zyst. „beschopft")

$a_1 \alpha$) H. weiß oder lilafb.

366. Erdblättriger Faserkopf, *I. geophylla* (Sow. ex Fr.) Kumm. H. weiß oder lila, gebuckelt, Lam. tonfb., erdbraun, St. weiß, hfg (Abb. Tf. 46)

367. Ziegelroter Rißpilz, *I. patouillardii* Bres. H. weiß, sp. radialrissig, allmähl. ziegelrot, um 7 cm br., Lam. blaßoliv, sp. olivbraun, br., wie der weiße, stämmige St. bald ziegelrot angelaufen. Som., zstr. Giftig! (s. S. 176)

$a_1 \beta$) H. ockergelb, oliv, grünl., braun

368. Grünscheiteliger Rißpilz, *I. corydalina* Quél. H. schmutzigblaß, faserschuppig, Buckel olivgrün, bis 8 cm br., Lam. braunoliv, breit, mit blasser Schneide, St. weißl., kurz, kräftig, Fl. weiß, langsam etw. rot anlfd, Ger. nach Birnenkompott. Lb- (u. Nd-) wd, Kalkboden, So.-H., zstr.

369. Walzensporiger Wirrkopf, *I. lacera* (Fr.) Kumm. H. braun, sparrig kleinschuppig, kaum einreißend, um 3 cm, Lam. hellgrau, sp. ockerbraun mit heller Schneide, St. oben blaß, abwärts braun, glatt, kurz, Ger. unbedeutend, Sp. bis über 15 μ lg, schmal. Ndwd, Sandboden, bes. Wegränder, So.-H., nicht selt.

370. Lilastieliger Wirrkopf, *I. cincinnata* (Fr.) Quél. H. dem vor. ähnl., konstant dunkelbraun, sparrig, kleinschuppig, bis 3 cm, Lam. schwach lila, bald braun, St. gefasert, Spitze lila, sonst braun. Lb- (auch Nd-) wd, So.-H., nicht selt.

371. Ausgebuchteter Rißpilz, *I. friesii* Heim. H. ocker-, rot-, kastanienbraun, gebuckelt, seidig, bald radialrissig, ± feinschuppig, bis 5 cm br., Lam. weißl., sp. grau, olivgrau, am St. ausgebuchtet, St. blaß, leicht fleischrötl., oben mehlig, Ger. spermatisch, Sp. elliptisch, kaum über 10 μ lg. Nd.- u. Lbwd, bes. an Wd-Straßen, (Frü.-) So.-H., hfg

a_2) Zwischen den Basidien keine Zyst.

372. Olivfilziger Wirrkopf, *I. dulcamara* (A. et S. ex Pers.) Kumm. H. olivgelb, filzigschuppig, gewölbt, bis 6 cm br., Lam. braunoliv, dunkelnd, schmal, St. olivgelb, schuppig, sogar fast beringt, dünn, Ger. unbedeutend. Ndwd, Sandboden, bes. in alten Sandgruben u. an Wd-Straßenrändern, ges., So.-H., hfg

373. Kegeliger Rißpilz, *I. fastigiata* (Schff. ex Fr.) Quél. H. gelb bis braun, bis 10 cm br., Lam. oliv, St. faserrissig, Ger. schwach spermatisch, Sp. elliptisch, meist über 10 μ lg (Abb. Tf. 45)

374. Strohgelber Rißpilz, *I. cookei* Bres. H. ockergelb, gebukkelt, wenig rissig, bis 5 cm br., Lam. graul., sp. erdbraun, St. weiß, mit abgesetztem Knöllchen am Grund, Ger. stark spermatisch, Sp. elliptisch, kleiner als 10 μ, Lb- u. Ndwd, So.-H., nicht selt.

b) Sp. eckig mit ± deutl. Zapfen (Untergattg *Astrosporina* Schroet.)

375. Zapfensporiger Rißpilz, *I. praetervisa* Quél. Dem vor. sehr ähnl., durch die Sp. scharf unterschieden (s. auch S. 96)

376. Eckigsporiger Rißpilz, *I. umbrina* Bres. H. ockerbraun bis umbrafb., gebuckelt, glatt, bis 3 cm br., Lam. mattbraun, St. heller braun mit weißem, gerandetem Knöllchen, Sp. schwacheckig, von eifm. Umriß, unter 10 μ lg. Ndwd, bes. sandiger u. mooriger Boden, So.-H., nicht selt.

377. Sternsporiger Rißpilz, *I. asterospora* Quél. H. kastanienbraun, strahlig aufreißend, gebuckelt, bis 8 cm br., Lam. hellgrau, sp. olivgraubraun, St. weißl., bräunl., bereift, Knöllchen ausgeprägt, unters. weiß, Sp. über 10 μ groß, Umriß rundl. mit stark vorspringenden Zapfen, Ger. spermatisch Lb- (u. Nd-) wd, etw. ges., So.-H., zstr.

378. Graugezonter Faserkopf, *I. petiginosa* (Fr.) Gill. H. olivbraun, hell grauhaarig gezont, nur bis 1,5 cm br., Lam. graugelb, sp. oliv,

St. braunrötl bereift, dünn, Ger. schwach. Im Buchenlb, ges., (So.-) H., nicht selt.

GATTG: Fälbling, *Hebeloma* Fr. H. falbocker bis braun, schmierig, Velum, falls vorhanden, spinnwebig, St. oft nur schuppig, Sp. hellbraun, feinwarzig. Durchweg geringwertig, nicht zu verwenden

379. Wurzel-F., *H. radicosum* (Bull. ex Fr.) Rick. H. blaß semmelgelb, dunkler gefleckt, fleischig, um 12 cm br., Lam. hellrötl., St. ockerl., fetzig beringt, Ger. stark nach Mandeln, Gesch. bitterl. Lbhz-Stümpfe, Sp.-H., nicht selt.

380. Rettich-F., *H. sinapizans* (Paul. ex Fr.) Gill. H. semmelfb., Mitte ziegelrot, bald flach, bis 12 cm br., Lam. schmutzigbraun, dunkelnd, schmal, St. blasser, dunkelnd, faserschuppig, Ger. nach Rettich. Grasige Wälder, bes. Ndwd, in dichten Hexenringen, Hbst, hfg

381. Kakao-F., *H. edurum* Métr. H. blaßbraun, ockerfleischfb., eingerollt, dann flach, bis 15 cm br., Lam. blaß, sp. hellbraun, schmal, St. heller als H., oben grobschuppig, Grund meist knollig, sp. innen u. außen dunkelbraun, Ger. oft schwach kakaoartig. Bes. im jg Ndwd, auf Kalkboden, in dichten Ringen, Hbst, sehr hfg

GATTG: Tannenflämmling, *Gymnopilus* Karst. Pilz ± gelbfuchsig, bitter, fein weißseidig berandet, Sp. rauh.

382. Filziger T., *G. sapineus* (Fr.) R. Mre. H. orangebraun, samtfilzig, bis 8 cm br., Lam. schön gelb, sp. zimtfb., St. oben gelbl., abwärts braun, Gesch. bitterl., Spstb rostfb. Büschelig an Ndhz, So.-H., zstr.

383. Geflecktblättr. T., *G. penetrans* (Fr.) Murr. H. fuchsrötl. Rand gelb, Lam. gelb, werden rotfleckig, St. blaßgelb mit weißseidigen Velumresten, Basis filzig, Gesch. bitter. An Ästen, Stümpfen, Wurzeln von Ndhz, So.-H., nicht selt.

GATTG: Wurzelschnitzling, *Phaeocollybia* Heim. H. klebrig, St. zäh, spindelig wurzelnd, Sp. braun, feinwarzig

384. Gemeiner W., *Ph. lugubris* (DC. ex Fr.) Heim. H. wachsgelb, fuchsigrot, schmierig glänzend, kegelig, geschweift, bis 7 cm br., Lam. gelbl., sp. rotfleckig, St.-Spitze abwärts fuchsrot, spindelig, knorpelig. Im moosigen Ndwd, in Reihen, So.-H., nicht selt.

GATTG: Häubling, *Galerina* Earle. Der Gattg Samthäubchen, *Conocybe,* ähnl., H.-Haut mit fädigen statt rundl. Zellen

385. Moos-H., *G. hypnorum* (Schrank ex Fr.) Kühn. H. zierl., dunkel honigbraun, gerieft, trocken heller, kaum 2 cm br., Lam. u. St. wie H. gefärbt, Ger. nach Mehl. Moosige Orte, So.-H., nicht selt.

386. Flockenstieliger H., *G. mycenopsis* (Fr.) Kühn. H. größer als bei vor., um 3 cm, honigfb., gerieft, St. blasser, mit weißen, fädigen, flüchtigen Velumresten. Moosige Orte, So.-H., nicht selt.

387. Weißgesäumter H., *G. paludosa* (Fr.) Kühn. H. gelbrötl., bis 3 cm br., glockig, Lam. rostgelb, verschmälert am St. angeheftet, St. honiggelb, locker beringt u. abwärts weißflockig, sehr schlank. In Hochmooren hfg, So.-H.

GATTG: Reifpilz, *Rozites* Karst. H. vom äußeren Velum bereift, St.-Grund mit schwacher Volva, Sp. warzig-rauh. (Wird auch zu der Tribus *Cortinarieae* gestellt)

388. Reifpilz, *R. caperata* (Pers. ex Fr.) Karst. H. ockergelb mit lilaweißl. Schein, St. schmalberingt, Fl. wässerig durchzogen (Abb. Tf. 17)

GATTG: Schleierritterling, *Leucocortinarius* Lge. Von den Klumpfüßen unter *Cortinarius* durch die blassen Sp. verschieden

389. Schleierritterling, *L. bulbiger* (A. et S. ex Fr.) Sing. H. mattfleischrot, Rand heller mit weißl. Velumfetzen, bis 10 cm br., Lam. weiß, sp. trübockerl., St. weiß, stark beschleiert, gerandetknollig. Ndwd, So.-H., zstr.; Eßb!

Tribus: Schleierlingartige, *Cortinarieae*

GATTG: Schleierling, *Cortinarius* Fr. H. u. St. jg durch spinnwebigen Haarschleier verbunden, z. T. mit faserigen Resten einer allgem. Hülle, Spstb rostgelb bis braun. (Die Untergattungen werden z. T. auch als eigene Gattungen betrachtet)

a) H.-Haut festgefügt, trocken die Farbe nicht wesentl. ändernd, nie schmierig

a_1) H. gefasert bis undeutl. schuppig, Lam. jg gelb, oliv oder rot, St. schlank (Untergattg Hautkopf, *Dermocybe* Fr.)

390. Gelbblätteriger Zimthautkopf, *C. (D.) cinnamomeolutescens* Hry. H. zimtrötl. bis olivl., 4 cm br., Lam. zitronengelb, sp. roströtl., St. zitronengelb. Ger. nach Rettich. Nd- (u. Lb-) wd, bes. saure Böden, So.-H., hfg

391. Blutblättriger Zimthautkopf, *C. (D.) semisanguineus* (Fr.) Gill. H. olivbraun, bisweilen rötl., feinschuppig, bis 7 cm br., Lam. dunkelblutrot, St. blaß, zitronfb., dunkler gefasert, Fl. blaßgelb. Nd- (u. Lb-) wd, So.-H., hfg

392. Zinnoberroter Hautkopf, *C. (D.) cinnabarinus* Fr. H. u. St. auffallend zinnoberrot, bis 6 cm br., Lam. sp. zimtfb., Ger. nach Rettich, Buchenwd, So.-H., nicht selt.

a_2) Lam. jg weder gelb noch rot, St meist kräftiger, verdickt (Untergattg Dickfuß, *Inoloma* Fr., z. T. auch *zu Dermocybe*)

393. Rotschuppiger Schleierling, *C. (I.) bolaris* (Pers.) Fr. H. weißl., ziegelrotschuppig gefleckt, bis 5 cm br., Lam. hellbraun, etw. rot anlaufend, St. rotbunt gefasert, schlank, verbogen, Fl. rötl. anlfd. Buchenwd, So.-H., nicht selt.

394. Graubrauner Schleierling, *C. (D.) anomalus* Fr. H. violettlichgrau, sp. lederbraun, feinglimmerig, flachgewölbt, bis 6 cm br., Lam. grauviolettl., sp. hell rostbraun, St. oben violettl., abwärts gelbl., oft gelb beschuppt, schlank, Fl. im St. oben blaßviolett. Lb- (u. Nd-) wd, Hbst, hfg; Eßb.

395. Liladickfuß, *C. (I.) traganus* Fr. H. blauviolett, bald weißl. verblaßt, halbkugelig, sp. ausgebreitet, zerklüftet, bis 10 cm br., Lam. schon jg hell rostfb., St. violett wie H., knollig dick, Fl. schmutzigbraun, wässerig durchzogen, Ger. widerl. streng. Nd- (u. Lb-) wd, Sandboden, So.-H., nicht selt.

396. Dunkelvioletter Dickfuß, *C. (I.) violaceus* (L.) Fr. Pilz durchaus intensiv dunkelviolett, H. filzigschuppig, bis 10 cm br., Lam. schließl. braun, St. kräftig, keulig angeschwollen. Nd- u. Lbwd, So.-H., zstr.

b) H.-Haut wenig fest, daher trocken viel heller, nie schmierig (Untergattg Wasserkopf, *Hydrocybe* Fr., einschl. Gürtelfuß, *Telamonia* Fr., mit flockig gegürteltem St.) (vgl. auch c)

397. Geschmückter Gürtelfuß, *C. (T.) armillatus* Fr. H. braunrostig, filzig, Rand zinnoberrot gefasert, bis 10 cm br., Lam. braun, St. braunblaß, unten mehrfach zinnoberrot gegürtelt. Bei Birken, bes. saurer Boden, So.-H., nicht selt. Eßb.

398. Rettichwasserkopf, *C. (H.) evernius* Fr. H. violettbraun, trokken, hellgrau bis fast weiß, kegelig gebuckelt, bis 10 cm br., Lam. umbraviolett, sp. rostbraun, breit, St. schön violett, jg weißl., schuppig gegürtelt, langspindelig wurzelnd, Fl. im St. violett, abwärts schmutzig, Ger. nach Rettich, Ndwd, bes. im Nd.- u. Rohhumus, ges., Hbst, nicht selt. Eßb.

399. Aprikosen-Wasserkopf, *C. (H.) armeniacus* (Pers.) Fr. H. orange-hell zimtgelb, breitglockig, glänzend, dünn, bis 8 cm br., Lam. hell zimtfb., St. weiß, keulig bis zwiebelig, Fl. weiß. Ndwd, ges. Hbst, nicht selt. Eßb.

400. Wurzelnder Wasserkopf, *C. (H.) duracinus* Fr. H. rötl. ocker, schmutzig fleischbraun, trocken grauweißl., Rand oft umgeknickt, bis 8 cm br., Lam. trüb zimtbraun, St. weißl., spindelig wurzelnd, fast zäh. Lb- u. Ndwd, Hbst, nicht selt.

401. Gerieftrandiger Wasserkopf, *C. (H.) obtusus* Fr. H. ocker-zimtbraun, feucht gerieft, trocken ganz blaß, um 3 cm br., Lam. zimtfb., Schneide weißgewimpert, St. zimtblaß, schlank oder Mitte verdickt, Ger. nach Jodoform. Ndwd, ges., So.-H., hfg

c) H. feucht schleimig oder wenigstens klebrig

c_1) Außer H. auch St. schleimig (Untergattg Schleimfuß, *Myxacium* Fr.)

402. Natternstieliger Schleimfuß, *C. (M.) trivialis* Lge.

H. gelboliv bis gelbbraun, glatt, stumpf gebuckelt, bis 9 cm br., Lam. violettbläul., sp. tonzimtfb., St. bläul., dann ockerfb., mit feucht quellenden, dunkleren Schuppengürteln, lg, steif, verjüngt. Ndwd, bes. Kiefern, auch Lbwd, So.-H., hfg; Eßb. (s. auch S. 94)

403. Heide-Schleimfuß, *C. (M.) mucosus* (Bull. ex Fr.) Kickx. H. freudig ziegelrostfb., orangebraun, glatt, gewölbt, bis 10 cm br., Lam. blaßzimtbraun, St. weiß, kräftig, Mitte oft verdickt, Fl. weiß, bes. bei Birken u. Kiefern auf Heidesandboden, hfg; Eßb! (St. dünner, violett: Blaustiel-Schleimfuß, *C. (M.) collinitus* Pers. ex Fr. Im Fichtenwd, s. auch S. 94)

404. Runzeliggeriefter Schleimfuß, *C. (M.) mucifluus* Fr. H. schiefergrau, tonockerfb., gerunzelt, Lam. grauviolett, sp. rostbraun, St. leicht violett. Lbwd, hfg. Eßb. (Abb. Tf. 44)

405. Blaublättriger Schleimfuß, *C. (M.) delibutus* Fr. H. ledergoldgelb, flach gebuckelt, bis 6 cm br., Lam. bläul., sp. rostfb., St. blaßgelb, oben bräunl., schlank, unten etw. verdickt. Nd- u. Lbwd, So.-H,. nicht selt. Eßb!

406. Galliger Schleimfuß, *C. (M.) vibratilis* Fr. H. ockergoldgelb, bis 4 cm br., Lam. hell zimtfb., St. weiß, schlank, wenig verdickt, Fl. äußerst bitter. Nd- u. Lbwd, So.-H., nicht selt.

c_2) Nur H. schleimig bzw. klebrig, St. oft auffallend knollig (Untergattg Schleimkopf, *Phlegmacium* Fr.)

$c_2\alpha$) St. gerandetknollig, Knollenrand jg durch dichte Schleierfäden mit dem eingerollten H.-Rand verbunden (Klumpfüße)

$c_2\alpha_1$) Irgendwo blau oder violett

407. Blaufleischiger Klumpfuß, *C. (Ph.) caerulescens* (Schff. ex Secr.) Fr. H., Lam. u. St. schön blau bis blauviolett, H. ockergelb entfärbend, halbkugelig, gewölbt, bis 10 cm br., St. kurz. Lb- (u. Nd-) wd, bes. Kalkboden, in Kreisen, So.-H., zstr. Eßb.

408. Reihiger Klumpfuß, *C. (Ph.) glaucopus* (Schff.) Fr. H. orangerostig, ± grün gerandet, Lam. graublau, St. oben grünlichblau (Abb. Tf. 43)

409. Purpurnfleckender Klumpfuß, *C. (Ph.) purpurascens* Fr. H. dunkel kastanienbraun, Rand violettbraun, bis 10 cm br., braunviolett, bei Berühren violettfleckig, St. dunkelviolett, Knolle nicht immer ausgeprägt, Fl. violettfleckend. Ndwd, bes. Sandboden, So.-H., nicht selt.

$c_2\alpha_2$) Ohne Blau oder Violett

410. Strohgelber Klumpfuß, *C. (Ph.) elegantior* Fr. H. stroholivgelb, sp. orangerostfb., bis 15 cm, Lam. mattgelboliv, sp. rostfb., breit, St. blaßocker, faserig, stark spinnwebig beschleiert, schließl. wie H. gefärbt, hochwüchsig, Sp. groß, über 12 μ, stark warzig. Ndwd, in Kreisen, So.-H., hfg. Eßb.

411. Bereifter Klumpfuß, *C. (Ph.) allutus* Fr. H. orange-, ockergelb, weißbereift, dadurch dem Reifpilz (Bd. I Tf. 23) ähnl., bis 8 cm br., Lam. blaß, bald hellzimtfb., St. blaß, Knolle schwach entwickelt, Ger. etw. honigartig, Sp. kleiner als 10 μ. Nd- u. Lbwd, So.-H., nicht selt. Eßb.

$c_2\beta$) St. nur zwiebelig verdickt, Schleierfäden an oder über der St.-Verdickung entspringend

$c_2\beta_1$) Pilz außen irgendwo blau oder lila

412. Blaßblauer Schleimkopf, *C. (Ph.) largus* Fr. Ganz blaß lilablau, H. bald bräunl., Rand länger bläul., bis 12 cm br., Lam. werden bräunl., St. keulig, kräftig, Fl. blaß. Lbwd, ges., Hbst, hfg

413. Ziegelgelber Schleimkopf, *C. (Ph.) varius* (Schff.) Fr. H. ziegelgelb, fuchsig, gewölbt, bis 10 cm, Lam. schön violettblau, schmal, St. u. Fl. weiß. Ndwd, bes. Kalkboden, Hbst, hfg. Eßb.

$c_2\beta_2$) Pilz außen ohne Blau oder Violett

414. Bitterer Schleimkopf, *C. (Ph.) infractus* (Pers.) Fr. H. dunkelschiefergrau, olivbraun, aufhellend, oft radial geflammt, bis 10 cm br., Rand oft umgeknickt, Lam. dunkelgrauoliv, St. blasser als H., Fl. bitter. Nd- u. Lbwd, in Kreisen, So.-H., nicht selt.

415. Majoran-Schleimkopf, *C. (Ph.) percomis* Fr. H. gelbfuchsig, gebuckelt, bis 8 cm br., Lam. schön gelb, St. u. Fl. schwefelgelb, Ger. stark aromatisch wie Fenchel oder Majoran. Ndwd, ges. So.-H., zstr.

FAMILIE: Sprödblättler, *Russulaceae*. Pilz starr, brüchig, mürb, oft lebhaft gefärbt, Lam. ± splitternd, mit oder ohne Milchsaft, Fl. charakteristisch blasig-zellig (Mikroskop!)

GATTG: Täubling, *Russula* Pers. Pilz oft freudig gefärbt, ohne Milchsaft, Lam. (fast) immer spröde, splitternd, St. leicht querbrechend, innen nie längsfaserig. Alle roh mild schmeckenden Arten sind eßbar, die scharf schmeckenden mit einigen Ausnahmen ungenießbar bis unbekömmlich.

a) H. weiß, graubraun, schwärzl., viele kürzere Lam. vorhanden. Gesch. schwach scharf

416. Weißer T., *R. delica* Fr. H. weiß, sp. schmutzig-ocker, nicht schmierig, bis 14 cm br., Lam. weiß, am St. oft blaugrünl., Schneide tränend. Lb- u. Ndwd, So.-H., hfg (s. auch S. 50)

417. Rauchbrauner Schwärz-T., *R. adusta* (Pers.) Fr. H. nußbraun, dunkelgraubraun, klebrig, glänzend, bis 18 cm br., Fl. leicht rötend, dann graubräunl. Ndwd, Sandboden, So.-H., nicht selt.

418. Dickblättriger Schwärz-T., *R. nigricans* (Bull.) Fr. H. weißl., rauchgrau, zuletzt schwärzl., bis 20 cm, Lam. weit auseinander, dick u. brüchig, rot anlfd, zuletzt bräunl., Fl. rötend, dann schwarz, hart. Bes. Lbwd, So.-H., hfg

b) Gesch. mild, H. gelb, grün, rot, violett, Lam. fast alle gleich lg (vgl. auch c)

b_1) Spstb weiß

419. G e f e l d e r t e r G r ü n - T., *R. virescens (*Schff. ex Zanted.) Fr. H. weißl., bald hellgrünfilzig, felderig, flockig-mehlig zerklüftet, bis 12 cm br., Lam. u. St. weiß, Lb- (u. Nd-) wd, So.-H., zstr.

420. Z i n n o b e r - T., *R. lepida* Fr. H. zinnoberrot, auch ockerorange, samtig, trocken, fest, bis 10 cm br., Lam. weiß, Schneide gegen Rand oft rot, St. z. T. zinnoberrot, Fl. hart mit bitterl. Nachgeschmack wie Bleistiftholz, Lbwd, So.-H., hfg

421. R o s e n - T., *R. rosea* Quél. H. hell rosenrot, Mitte ± weißl., bis 10 cm br., Lam. weiß bis leicht cremefb., St. weiß, langkeulig, flockig-genetzt, Gesch. mild oder leicht bitter. Lbwd, So.-H., nicht selt. (s. auch S. 60)

422. F r a u e n - T., *R. cyanoxantha* (Schff.) Fr. H. grün oder violett oder beides gemischt, Lam. weiß, weich, St. weiß, selt. violettl. (Abb. Tf. 24)

423. S p e i s e - T., *R. vesca* Fr. H. lilafleischrot, Rand netzig-aderig, dünn, sp. von der H.-Haut entblößt, Lam. weiß, oft rostfleckig, St. abwärts verjüngt (Abb. Tf. 23)

b_2) Spstb buttergelb (vgl. auch b_3)

424. G r a s g r ü n e r T., *R. aeruginea* Lindbl. H. grasgrün, Mitte ± dunkler genabelt, feucht schmierig, bis 8 cm br., Lam. bald buttergelb, schmecken leicht scharf, St. weiß. Bes. bei Birken, So.-H., nicht selt.

425. O r a n g e r o t e r G r a u s t i e l - T., *R. decolorans* Fr. H. orangerot, halbkugelig, zuletzt flach vertieft, bis 12 cm br., Lam. werden bleichgelb, St. verlängert, Fl. wird langsam schwarzgrau. Bes. torfiger Fichten- u. Kiefernwd, So.-H., nicht selt.

426. H e r i n g s - T., *R. xerampelina* (Schff. ex Secr.) Fr. H. verschiedenfb., purpurnviolett, oliv, gelb gemischt, halbkugelig, schließl. vertieft, Rand stumpf, bis 15 cm br., Lam. schließl. hellgelb, Fl. wird langsam braun, Ger. bald stark nach Hering. Lbwd, So.-H., hfg. (Im Ndwd die purpurrote var. *erythropoda* Pelt., s. auch S. 58)

427. M i l d e r W a c h s - T., *R. puellaris* Fr. H. fleischpurpurn, sp. blasser, bis 6 cm br., bald flach, Lam. gelbl., Fl. mürb, bald überall ockerfleckig. Ndwd, bes. Sandboden, So.-H., hfg

b_3) Spstb ocker- bis dottergelb

428. R o t s t i e l i g e r L e d e r - T., *R. olivacea* (Schff. ex Schw.) Fr. H. schmutzigpurpurn mit oliv, auch ganz olivgrün, entfärbend, feinflockig, geg. Rand konzentrisch-wellig auflösend, bis 25 cm br., Lam. werden tief ockergelb, breit, Schneide oft purpurrot, St. kräftig, ± purpurrosa, bes. St.-Spitze. Lb- u. Ndwd, Kalkboden, So.-H., hfg

429. Brauner Leder-T., *R. integra* (L.) Fr. H. braun bis kirschrot, olivgelb verblassend, Lam. blaßzitron, sp. ocker, St. weiß. Nd- (u. Lb-) wd, auf Kalk, So.-H., hfg (Abb. Tf. 25)

430. Weißstieliger Leder-T., *R. romellii* R. Mre. H. lilarot, weinrot, gelbgrün oder oliv umfärbend, oft schmal lilagerandet, Mitte bald tellerartig, glatt, glänzend, bis 20 cm br., Lam. bald ockerorangefb., breit, St. weiß, keulig, sp. mürb, Fl. unter H.-Haut meist zitron, sonst weiß. Lbwd, Kalk, So.-H., nicht selt.

431. Gold-T., *R. aurata* (With.) Fr. H. rot, Mitte goldgelb, schmierig glänzend, glatt, bis 12 cm br., Lam. blaßgelb-goldgelb, flockig gerandet, St. weiß, ± goldgelb, Fl. unter H.-Haut goldgelb, sonst weiß. Lb- (u. Nd-) wd, So.-H., zstr.

432. Schöngelber T., *R. lutea* (Huds. ex Fr.) S. F. Gray. H. eigelb, goldzitronfb., oft mit rosa, nur bis 7 cm br., Haut klebrig, abziehbar, Lam. breit, bald ockerorangefb., St. weiß, gebrechl., Fl. im H. sehr dünn. Lb- u. Ndwd, So.-H., hfg

433. Jodoform-T., *R. turci* Bres. H. lila, braunviolett, ockeroliv entfärbend u. fleckig matt, bereift, bes. Mitte, bis 10 cm br., Haut weit herein abziehbar, Lam. bald ockergelb, St. weiß bereift, aus der Basis mit meist deutl. Jodoformger. Nd- u. Lbwd, So.-H., hfg

c) Gesch. scharf, sonst wie b

c_1) H. gelb, olivgelb, hellbraun

434. Stink-T., *R. foetens* Pers. ex Fr. H. gelbbraun, hell lederbraun, glockig-gewölbt, stark rippig gerieft, bis 15 cm br., Lam. blaßgelb, tränend, St. kräftig, sp. kammerig hohl, Ger. stark, ekelhaft, Sp. feinwarzig. Lb- u. Ndwd, So.-H., hfg. (Bald flach, etw. kleiner, mandelartig riechend, mit gratig genetzten Sp.: Unterart Mandel-T., *R. laurocerasi* Melzer)

435. Gallen-T., *R. fellea* Fr. H. blaßocker bis semmelgelb, glatt, sp. gerieft, bis 8 cm br., Lam. u. St. wie H. gefärbt, Ger. schwach, angenehm, nach J. Schäff. ähnl. Senfsoße oder Pelargonien. Lbwd (Buchen), So.-H., hfg

436. Zitronen-T., *R. ochroleuca* Pers. ex Fr. H. zitronengelb oder grünl., gerieft, Haut abziehbar, bis 10 cm br., Lam. weiß, St. weiß, alt grauend. Ndwd, bes. auf sandigem Boden, (So.-) H., hfg

c_2) Spstb weiß, H. rot oder violett oder mit grün, auch ganz verblaßt (vgl. auch c_3)

437. Kirschroter Spei-T., *R. emetica* (Schff. ex Fr.) S. F. Gray. H. leuchtend hellkirschrot, ± verblassend, bis 10 cm br., St. weiß, mehrere Formen. Lb- u. Ndwd (auf moorigem Boden: hochrot, glockig, langstielig), So.-H., hfg (Abb. Tf. 27)

438. Wechselfarbiger Spei-T., *R. fragilis* (Pers.) Fr. H. rot mit grün, violett mit oliv, verblassend, nur bis 6 cm br., Lam. weiß, oft

kurzfransig, auch mit Stich ins Gelbl., St. weiß, Fl. weich, locker. Nd- u. Lbwd, gern ges., (So.-) H., hfg (s. auch Anm. S. 60)

439. Gelbfleckender Spei-T., *R. luteotacta* Rea. H. rot wie Nr. 440, bald vertieft, bis 7 cm br., Haut locker gefügt, kaum abziehbar, Lam., berührt zitronengelb fleckend. Lbwd (bes. Eichen), So.-H., zstr. (s. auch S. 60)

c_3) Spstb buttergelb, sonst wie c_2 (vgl. auch c_4)

440. Blut-T., *R. sanguinea* Fr. H. kirsch-, blut-, weinrot, verblassend, bald vertieft, ohne deutl. H.-Haut, bis 13 cm br., Lam. sp. blaßgelb, hblfd, jg tränend, St. überall oder nur z. T. kirschrot angehaucht, Lam. verletzt ± gelb-fleckend, weniger als 439. Unter Kiefern, So.-H., hfg (s. auch Anm. S. 58)

441. Stachelbeer-T., *R. queletii* Fr. H. schwarz-violett-weinrot, mit oliv, aufhellend, Lam. lange blaß, tränend, St. blaurot, bereift, meist schlank. Unter Fichten, bes. Kalk, hfg (Abb. Tf. 26). (Hellere Farben, gedrungener Wuchs, kurzer St., bei Kiefern auf Kalk: Unterart Gedrungener Stachelbeer-T., *R. torulosa* Bres.)

442. Feuriger T., *R. sardonia* Fr. H.-Farben wie 441, auch ganz zitronenoliv, Lam. zitronengelbl., tränend, St. u. Fl. derber, zitronengelbl., langsam rötl. anlfd. Kiefern, auf Sand, hfg (s. Anm. S. 58)

c_4) Spstb ocker bis dottergelb, sonst wie c_2

443. Zedernholz-T., *R. badia* Quél. H. dunkelrot, aufhellend, bis 12 cm br., ± bereift, Lam. schließl. ockergelb, St. schwach rötl. behaucht, Ger. nach Zigarrenkistenholz (Zedernholz). Bei Kiefern, Sandboden (So.-)H., hfg (s. Anm. S. 56)

444. Scharfer Glanz-T., *R. firmula* J. Schäff. H. dunkelviolett, auch weinrot, glatt, selt. gerieft, schmierig, trocken stark glänzend, Rand oft bereift, bis 8 cm br., Ndwd, bes. Kalk, So.-H., nicht selt. (s. Anm. S. 56)

GATTG: Milchling (Reizker), *Lactarius* DC. Pilz spröde wie *Russula,* weniger freudig gefärbt, Fl. mit Milchsaft, Gesch. meist scharf oder bitterl. Milde Arten eßbar.

a) Lam. bleiben hellfb. oder Milch von Anfang an farbig

H. feinfilzig, wenigstens jg am Rande

a_1 α) Milch verfärbend, Lam. daher bei Verletzung fleckig

445. Grubiger Erdschieber, *L. scrobiculatus* (Scop.) Fr. H. chromockergelb, dunkler gezont, eingerollt, schmierig, zugleich filzig, bis 24 cm br., Lam. blaß, sp. gelbfleckig, St. kurz, blaß, mit ockerfb. flachen Gruben, hohl, Milch weiß, an der Luft rasch schwefelgelb. Nd- (u. Lb-) wd, Kalkboden, So.-H., hfg. (Fast ebenso, aber Milch violettfleckend: Violettfleckender Erdschieber, *L. repraesentaneus* Britz.)

446. Tannenreizker, *L. turpis* (Weinm.) Fr. (= *necator* Pers.).

H. dunkeloliv, Rand heller, schmierig u. faserfilzig, bis 18 cm br., Lam. trübgelb, sp. olivfleckig, St. oliv, Milch weiß, olivbraun fleckend, hauptsächl. bei Birken, auch Fichten, So.-H., hfg

a_1 *β*) Milch bleibt weiß

447. Birkenreizker, *L. torminosus* (Schff. ex Fr.) S. F. Gray. H. fleischrot oder blasser gezont, Rand wolligfransig (Abb. Tf. 19). Über die Unterart *pubescens* (Fr.) s. Anm. S. 44

448. Blasser Zonen-M., *L. zonarius* (Bull.) Fr. H. blaßgelb, ocker ± gezont, Rand jg schwachfilzig, bis 10 cm br., Lam. aderig verbunden, Sp. groß, bis 15 μ, nur zwei an jeder Basidie, Lbwd, Kalkboden, So.(-H.), zstr.

449. Fleischfarbiger Zonen-M., *L. insulsus* Fr. Dem vor. nahestehend, H. orangegelb oder fleischrötl. (wie 447), gezont, Lam. kaum aderig, Sp. klein, zu 4, Lbwd, Kalkboden, So.-H., zstr.

450. Wollschwamm, *L. vellereus* Fr. H. weiß, derb, ganz filzig, bis 25 cm br., Lam. weiß, sp. schmutzigocker, entfernt stehend, St. kurz, fest (s. Anm. S. 50) (Milch mild: var. *velutinus* Bert.)

a_2) H. kahl, glatt, höchstens runzelig

a_2 *a*) Milch bleibt weiß

451. Pfeffer-M., *L. piperatus* (L. ex Fr.) S. F. Gray. H. weiß, derb, bis 20 cm br., Lam. stehen sehr eng, St. weiß, mittelang, Milch graugrün fleckend (Abb. Tf. 22) (St. verlängert, H. runzelig: *Lact. pergamenus* Sow.)

452. Falber M., *L. pallidus* (Pers.) Fr. H. lederblaß mit fleischfb. Ton, schmierig, bis 14 cm br., Lam. u. St. blasser als H. Buchenwd, ges. So.-H., hfg

a_2 *β*) Milch farbig, verfärbend oder Lam. bei Verletzung fleckig

453. Echter Reizker, *L. deliciosus* (L. ex Fr.) S. F. Gray. H. orangeziegelrot, fleckig oft graugrün, gezont, Lam. u. Milch karottenrot, dann blasser, grünfleckend. Unter Kiefern. Der nahverwandte Fichtenreizker, *L. deterrimus* Gröger, hat langsam weinrot verfärbende Milch. Abb. Tf. 18.
Beide Formen sind eßbar.

454. Blutreizker, *L. sanguifluus* (Paulet) Fr. Ähnl. 453, aber weinrot, Milch von Anfang an blutweinrot. Unter Kiefern, auf Kalk, So.-H., zstr.; Eßb!

455. Schleimiger Violett-M., *L. uvidus* Fr. H. violettgrau, fleischbraun, auch blasser, kaum gezont, schmierig, bis 10 cm br., Lam. gelbl., St. blaßgelb, Milch verfärbt sich schön violett, Lb- (u. Nd-) wd, So.-H., zstr.

456. Goldflüssiger M., *L. chrysorrheus* Fr. H. orange-fleischfb., blaß gezont, fleckig, dünn, bis 8 cm br., Lam. weißgelb, etw. hblfd, St.

blaßockerl., Milch weiß, rasch schwefelgelb, Lbwd (Eichen), bes. Sandboden, So.-H., nicht selt.

457. Graugrüner M., *L. blennius* Fr. H. grün, schmutzigviolett oder braun gefleckt-gezont, schleimig, bis 10 cm br., Lam. blaß, von der anfangs weißen Milch langsam graugrün gefleckt, St. blaßgrünl., Buchenwd., So.-H., hfg

458. Braungrüner M., *L. fluens* Boud. Ähnl. 457 (wohl nur Unterart), größer, bald trocken, rauhl., braunfleckend. Buchenwd, zstr.

b) Lam. schließl. dunkler, von den weißen oder gelben Sp. bestäubt, H.-Farben vorherrschend rotbräunl., oder Milch langsam rot anlfd u. H. rußigbraun

b_1) H. feinfilzig oder wie bestaubt

459. Bruchreizker, *L. helvus* Fr. H. fleischrötl., trüb ledergelb, filzig-flockig, gebrechl., bis 15 cm br., Lam. blasser, Fl. mürb, Milch wässerig, fast mild, riecht trocknend stark nach Zichorien oder wie Maggi. Mooriger Ndwd, So.-H., nicht selt.

460. Kleiner Duft-M., *L. glyciosmus* Fr. H. lilagrau, schieferfb., hellbraun, feinflockig-schuppig, bis 7 cm br., Lam. blaßocker, St. blaßgelb, Milch weiß, spärl., zieml. scharf, Ger. genau wie Kokosflocken. Bes. bei Birken, sehr ges., So.-H., nicht selt.

461. Heller Rußmilchling, *L. azonites* Bull. ex Fr. H. hellbraun oder ocker, dunklersamtig überrußt, bis 9 cm br., Lam. hellrahmgelb, St. blaß, bräunl. getönt, flaumig, Milch langsam safranrot. Lbwd, So.-H., nicht selt. Ähnl.: Runzeliger Ruß-M., *L. pterosporus* Romagn. H. radial-gerunzelt. Sp. stark netzig gratig.

462. Schwarzkopf-M., *L. lignyotus* Fr. H. schwarzbraun, radialrunzelig, klein gebuckelt, samtig, bis 8 cm br., Lam. fast weiß, sp. hellgelb, St. wie H. gefärbt, samtig, Spitze längsgerunzelt, Milch langsam rot, fast mild. Ndwd, bes. Sandboden, So.-H., zstr.

b_2) H. glatt

$b_2\,\alpha$) Milch von Anfang an u. bleibend reinweiß oder langsam gelb oder braun

463. Rotbrauner M., *L. rufus* Scop. ex Fr. H. rotbraun, braunrot, gebuckelt, nicht schmierig, bis 10 cm br., Lam. ockerrötl., hblfd, St. hell rotbraun, fein bereift, Milch reichl., reinweiß, scharf. Ndwd, bes. saurer Boden, ges., So.-H., hfg (s. Anm. S. 46)

464. Brätling, *L. volemus* Fr. H. zimtgelb, orangebraun, feinsamtig, glatt, fest, ungebuckelt, bis 15 cm br., Lam. hellgelb, St. stämmig, Milch reichl., langsam braun, mild, Ger. alt heringartig (Abb. Tf. 20)

465. Orangefuchsiger M., *L. ichoratus* Batsch ex Fr. H. ähnl. gefärbt wie 463, Rand schmal orangegelb, Mitte dunkelfuchsrot, dünnflei-

schig, wellig-blasig, nicht schmierig, bis 8 cm br., Lam. blaßrötl., ungleich hblfd, St. blaßfuchsrot, sp. hohl, Milch bleibend weiß, herb. Ndwd, auf Kalk, ges., So.-H., nicht selt. (Ähnl. 464, im Lbwd: *L .fulvissimus* Romagn.)

466. O r a n g e r o t e r M., *L. mitissimus* Fr. H. orangerot, bis 6 cm br., St. wenig heller als H., Ndwd (Abb. Tf. 21)

467. L ä r c h e n - M., *L. porninsis* Roll. H. orangerot, leicht gezont, schmierig, flach glockig, dünn, bis 8 cm br., Lam. werden gelborange, St. blasser, feinflammig, hohl, Ger. würzig, Gesch. scharf. Nur bei Lärchen, So.-H., sehr zstr. (s. auch Anm. S. 48)

468. F l a t t e r r e i z k e r, *L. thejogalus* Bull. ex Fr. H. weniger lebhaft als 469 u. 470, fuchsrötl., aufhellend, kleingebuckelt, bis 6 cm br., Lam. sehr blaß, dann rötl.-ocker, St. rötl.-gelb, gebrechl., Milch weiß, langsam schwefelgelb. Bes. Ndwd in Bleichmoosrasen, saurer Boden, ges., So.-H., hfg

b_2 *β*) Milch wässerig oder schon von Anfang an nicht reinweiß

469. K l e i n e r Z i c h o r i e n - M., *L. camphoratus* (Bull.) Fr. H. dunkelbraunrot, kaffeebraun oder heller, oft runzelig u. gebuckelt, bis 7 cm br., Lam. fuchsigrötl., etw. hblfd, St. dem H. gleichgefärbt, bereift, abwärts auch dunkler, Milch wässerig, weiß, mild, Ger. trocken stark nach Zichorien. Lb- u. Ndwd, bes. saurer Boden, ges., So.-H., hfg. Eßb.

470. S ü ß l i c h e r M., *L. subdulcis* (Pers. ex Fr.) S. F. Gray. H. mattbraun, grauocker, meist gebuckelt, glatt, bis 7 cm br., Lam. blaßocker, heller als bei ähnl. Arten, St. blasser als der H., unten rostig- oder weißstriegelig, Milch wässerig, weiß, etw. kratzend, fast mild. Buchenwd, ges., So.-H., zstr. Eßb.

471. E i c h e n r e i z k e r, *L. quietus* Fr. H. fleischrötl., meist fleckig gezont, ungebuckelt, bis 8 cm br., Lam. ockerrötl., St. fleischpurpurn, abwärts dunkler, zieml. fest, Milch reichl., bleibend rahmgelb, Ger. wanzenartig. Unter Eichen, bes. auf Sandboden, So.-H., hfg

FAMILIE: K r e m p l i n g e, *Paxillaceae.* H. ± braun u. filzig mit stark eingerolltem Rand, Lam. hblfd, saftig, oft durch Adern verbd., vom H. leicht ablösbar, Sp. blaßocker

GATTG: K r e m p l i n g, *Paxillus* Fr. (Merkmale der Familie)

472. K a h l e r K r., *P. involutus* (Batsch) Fr. H. olivbraun, filzig, zugleich klebrig, Lam. berührt braunfleckig, St. fast kahl. Ndwd, auf sauren Böden (Abb. Tf. 12). Abart *leptopus* Fr. siehe S. 30

473. S a m t f u ß - K r., *P. atrotomentosus* (Batsch) Fr. H. dunkelbraun, samtig, Lam. gelbl., St. braunsamtig, oft exzentrisch oder seitl. an Holz (Abb. Tf. 13)

474. M u s c h e l - K r., *P. panuoides* Fr. H. oliv, filzig, Lam. gelbbraun, St. fehlt, daher seitl. oft dachziegelig an Holz

FAMILIE: Schuppen-Röhrlinge, *Strobilomycetaceae*. Pilz zentral gestielt, fleischig, H.-Unterseite mit leicht ablösbarer Röhrchenschicht, Erdbewohner, St. dunkelbraun

GATTG: Schuppenröhrling, *Strobilomyces* Berk. H. u. St. abstehend grobschuppig, St. beringt, Sp. rauh (dadurch von allen übrigen Röhrlingsgattungen verschieden)

475. Strubbelkopf, *St. floccopus* (Vahl ex Fr.). Karst. H. graubraun-schwarz, filzig, schuppig, bis 12 cm, St. ebenso, schlank, Ring heller grau, Rö. u. Po. dunkelgrau, Fl. etw. rot anlfd. Lbwd, So.-H., zstr.; Eßb! (s. auch S. 146)

GATTG: Porphyrröhrling, *Porphyrellus* Gilb. Pilz fast schwarzbraun, Po. u. Sp. rußig-rotbraun

476. Porphyrröhrling, *P. pseudoscaber* (Secr.) Sing. H. u. St. dunkelumbrabraun, feinsamtig, bis 12 cm br., Po. u. Rö. wenig heller als H., Fl. weiß, bald schmutzigviolett oder fleischrötl., bitterl. Ndwd, Sandboden, So.-H., Eßb!

FAMILIE: Röhrlinge, *Boletaceae,* wie vor. Fam. Sp. oliv, gelbbraun bis blaß

GATTG: Blaßsporröhrling, *Gyroporus* Quél. Po. u. Sp. weiß oder blaßgelb

477. Kornblumen-R., *G. cyanescens* (Bull. ex Fr.) Quél. H. u. St. rauhl., blaßocker, bis 12 cm br., Rö. weißl, St. kräftig, Fl. läuft intensiv kornblumenblau an. Ndwd, Sandboden, sehr zstr.; Eßb!

478. Hasen-R., *G. castaneus* (Bull. ex Fr.) Quél. H. zimtbraun, matt, bis 8 cm br., Rö. weiß, Po. schließl. blaßgelb, St. zimtbraun, hohl, Lbwd, Sandboden, So.-H.; Eßb!

GATTG: Grübling, *Gyrodon* Opat. Rö. sehr kurz, hblfd, Spstb ockerbräunl.

479. Erlen-Gr., *G. lividus* (Bull. ex Fr.) Sacc. H. gelbbraun, klebrig, bis 10 cm br., Rand dünn, bald flach, Rö. graugelb, bald olivbräunl., Po. gewunden, Fl. blau anlfd. Nur bei Erlen, So.-H., zstr.; Eßb!

GATTG: Schleimröhrling, *Suillus* Mich. H. schleimig, Rö. nicht hblfd, St. mit oder ohne Schleier (Ring)

a) St. beringt

480. Grauer Lärchen-R., *S. aeruginascens* (Secr.) Schff. H. u. St. hellgrau, bräunl.-grau, Po. gelbl.-purpurgrau. Nur bei Lärchen (Abb. Tf. 9)

481. Rostroter Lärchen-R., *S. tridentinus* (Bres.) Sing. H. orangerostfleckig, bis 10 cm br., Rö. leuchtend rostrot, Ring gelbl., nur unter Lärchen, Kalkboden, So.-H., zstr.; Eßb! (s. auch Anm. S. 24)

482. Gold-R., *S. grevillei* (Klotzsch) Sing. H. schwefelgoldgelb, orangefb., bis 12 cm br., Rö. schmutziggelb, trüboliv, Ring hellgelb,

Fl. ± schmutzig-rötl., anlfd. Nur bei Lärchen, So.-H., hfg; Eßb! (s. Anm. S. 24)

483. Butterpilz, *S. luteus* (L. ex Fr.) S. F. Gray. H. schokoladefb., sehr schmierig, Rö. blaßgelb, olivl., Ring weiß, sp. violettl., Fl. blaßcremefb. Nur bei Kiefern (Abb. Tf. 8)

b) St. ohne Ring

b_1) St. oben fein gekörnelt, Po. frisch milchige Tropfen absondernd

484. Schmerling, *S. granulatus* (L. ex Fr.) O. Kuntze. H. goldbraun, aufhellend, Rö. blaßgelb, sp. helloliv, St. blaßgekörnelt (Abb. Tf. 10) Unterart: Brauner Schmerling subsp. *collinitus* Fr. H. bleibend braun, dunkler netzig gezeichnet, Tropfen an den jg Po. goldgelb, St.-Grund rosa. Kiefern, Kalkboden

485. Elfenbein-R., *S. placidus* (Bon.) Sing. H. weiß, auch graulila, bis 8 cm br., Rö. bald gelboliv, St. purpurrot, körnelig auf blassem Grund, Basis meist zugespitzt, Fl. weiß. Unter Weymouths-Kiefer u. Arve, So.-H., nicht selt; Eßb!

b_2) St. oben glatt, nicht gekörnelt

486. Kuh-R., *S. bovinus* (L. ex Fr.) O. Kuntze. H. lederockerbraun, karamelfb., bald geschweift, bis 8 cm br., Rö. blaßgrüngelb, sp. oliv, weit, eckig, St. wie H. gefärbt, Fl. gummiartig zäh. Nur bei Kiefern, Sandboden, So.-H., hfg. Eßb. (s. Anm. S. 28)

487. Sand-R., *S. variegatus* (Sw. ex Fr.) O. Kuntze. H. ockergelb, kleinschuppig aufgelöst, Rö. dunkeloliv, Fl. leicht blauend (Abb. Tf. 11)

488. Pfeffer-R., *S. piperatus* (Bull. ex Fr.) O. Kuntze. H. zimtgelb, matt oder etw. klebrig, bis 6 cm br., Rö. zimtrot, St. blasser als H., schlank, St.-Grund schwefelgelbl., Fl. schwefelgoldgelb, im H. trübrosa, nicht verfärbend, Gesch. scharf, Ndwd, So.-H., hfg

GATTG: Hohlfußröhrling, *Boletinus* Kalchbr. St. hohl, mit Ring, Rö. eckig weit, hblfd, kaum ablösbar

489. Hohlfußröhrling, *B. cavipes* (Opat.) Kalchbr. H. braun, selt. orange, schuppig, gebuckelt, bis 10 cm br., Rö. gelb, oliv, strahlig angeordnet, St. bräunl.-gelb, abwärts flockig, blaßberingt. Nur bei Lärchen, So.-H., zstr. Eßb!

GATTG: Filzröhrling, *Xerocomus* Quél. H. trocken, wenigstens jg ± filzig, St. schlank, nie genetzt, Spstb gelbbraun

490. Maronenpilz, *X. badius* (Fr.) Kühn. H. kastanienbraun, feinsamtig, sp. klebrig, Rö. blaßgelb, blauend, St. blaßbraun. Ndwd (Abbildung Tf. 6)

491. Ziegenlippe, *X. subtomentosus* (L. ex F.) Quél. H. gelbgrau, olivfilzig, bis 10 cm br., Rö. schöngelb, zuletzt bräunl., weit, St. blaßgelb, oben oft gerillt, abwärts verjüngt u. festfleischig, Fl. blaßgelb, kaum blau-

end, Lb- u. Ndwd, gern an Wd-Wegböschungen, So.-H., hfg; Eßb! (s. Anm. S. 20)

492. R o t f u ß - R., *X. chrysenteron* (Bull. ex Fr.) Quél. H. trübbraun, felderig zerklüftet, Risse kirschrot (Abb. Tf. 7. U n t e r a r t : B l u t r o t e r R ö h r l i n g subsp. *versicolor* Rostk.: H. blutrot, s. Anm. S. 20)

493. S c h m a r o t z e r - R., *X. parasiticus* (Bull. ex Fr.) Quél. H. gelbbraun, bis 7 cm br., Rö. gelboliv, St. dünn, flockig, faserig. Stets auf Kartoffelbovisten *(Scleroderma)*, ges., So.-H., sehr zstr. Eßb.

GATTG: G o l d k r e m p l i n g, *Phylloporus* Quél. Pilz zwischen Blätter- u. Röhrenpilzen: H. unters. lamellig, gegen St. weitlöcherig

494. G o l d k r e m p l i n g, *Ph. rhodoxanthus* (Schw.) Bres. H. rotbraun, filzig, bis 9 cm br., Lam. goldgelb, ± quer verbunden, weitporig, hblfd, St. flockig, verjüngt. Ndwd, So. (Hbst), sehr zstr. Eßb.

GATTG: R a u h s t i e l r ö h r l i n g, *Leccinum* S. F. Gray. Pilz ansehnl., St. lg, schlank, ruppigrauh, Rö. lg

495. R o t k a p p e, *L. rufescens* Fr. ex Secr. H. orangefb. bis ziegelrot, feinfilzig, Rand etw. überstehend, Po. grau oder weiß, sp. olivgrau, St. rötl. geschuppt, Basis oft blaugrün gefleckt, Fl. wird violett. Unter Zitterpappeln, So.-H., hfg; Eßb!

495a. D u n k l e R o t k a p p e, *L. testaceoscabrum* (Secr.) Sing. H. ziegelrot bis ziegelbraun, bis 15 cm br., Po. dunkelgrau, sp. etw. heller, St. schwärzl. geschuppt, unten (wie vor.) oft blaugrün gefleckt, Fl. an der Luft über lilarosa nach grauviolett verfärbend. Unter Birken, So.-H., zieml. hfg; Eßb! (Dem vor. nahestehend) (Abb. Tf. 5)

496. B i r k e n p i l z, *L. scabrum* (Bull. ex Fr.) S. F. Gray. H. braungrau, glatt, etw. klebrig, bis 12 cm br., Rö. grau, St. weiß, graul. bis schwärzl., rauhschuppig, schlank, Fl. weiß, höchstens leicht grauend, im H. weich, im St. fest u. faserig trocken. Unter Birken, So.-H., hfg; Eßb! (s. auch Anm. S. 16)

497. H a i n b u c h e n - R., *L. carpini* (R. Sch.) Mos. Ähnl. 496, dunkler, felderigrissig, feinfilzig, Fl. langsam schwarzviolett. Unter Hainbuchen, ges., So.-H., hfg; Eßb!

498. G e l b e r R., *L. nigrescens* (Rich. et Roze) Sing. H. braungelb, flockig-filzig, felderig-rissig, bis 16 cm br., Rö. schön chromgelb, sp. olivl., St. blaßgelb, oft bauchig-spindelig, wurzelnd verjüngt, Fl. langsam rosaviolettgrau. Lbwd, So.(-H.), zstr. Eßb!

GATTG: R o s a s p o r r ö h r l i n g, *Tylopilus* Karst. Spstb u. daher Rö. rosafleischrot

499. G a l l e n - R.*, *T. felleus* (Bull. ex Fr.) Karst. H. braun, feinfilzig, sp. kahl, St. hellbraun, etw. oliv, grob genetzt (Abb. Tf. 2)

---

* R = Röhrling

GATTG: Dickröhrling, *Boletus* Dill. ex Fr. Pilz kräftig, anfangs polsterfm., gewölbt, St. knollig dick, oben fein genetzt, selt. nur körnig-flockig, Spstb braunoliv

a) Po. blutpurpurrot

500. Satanspilz, *B. satanas* Lenz. H. kalkweiß, graul., blaßgrün, getönt, kaum rosa, dick, bis 30 cm br., Rö. grüngelb, Po. karminrot, St. blutrosa, oben gelb, rotgenetzt, knollig-rundl., Fl. blaß, wird hellblau, Ger. widerl. aasartig. Lbwd, Kalkboden, Som., sehr zstr. Giftig (vgl. auch S. 14 u. S. 177)

501. Netzstieliger Hexenpilz, *B. luridus* Schff. ex Fr. H. hellbraun, oliv oder rot getönt, bis 16 cm br., Po. orange bis dunkelpurpurn, Rö.-Boden rot, St. rotgenetzt, Fl. blaßrötl., blaßgelb, rasch blau anlfd. Lb- (u. Nd-) wd, Kalkboden, hfg (Abb. Tf. 4)

502. Flockenstieliger Hexenpilz, *B. erythropus* Fr. H. dunkelbraun, samtig, bis 20 cm, Po. dunkelpurpurrot, Rö.-Boden gelb, St. rotfilzig punktiert, abwärts schmutzig-schwarzrot, Fl. schöngelb, wird sofort dunkeltintenblau. Nd- (u. Lb-) wd, Sandboden, Som., hfg; Eßb! (vgl. auch Anm. S. 14)

503. Netzloser Hexenpilz, *B. queletii* Schulz. H. braunorange, oft dunkelrot getönt, auch olivl., bis 12 cm br., Rö. gelbgrün, Po. orangerot, St. oben gelb, abwärts purpurrot, ungenetzt, aber feinflockig, Fl. gelb, im St. unten dunkelrot, blauend. Lbwd, Som., nicht hfg. Eßb. (vgl. S. 14)

504. Dunkler Purpur-R.*, *B. purpureus* Fr. H. dunkelbraun, ± purpurrot, bis 16 cm br., Po. dunkelpurpurn, St. fein rot genetzt auf gelbem Grund, Fl. schöngelb, blauend. Lb- (u. Nd-) wd, So.(-H), sehr zstr. Eßb. (vgl. Anm. S. 14)

505. Heller Purpur-R.*, *B. rhodoxanthus* (Krhz) Kbch. H. hellbraun, fein rosa purpurn überhaucht, bis 20 cm br., Po. leuchtend purpurrot, St. schöngelb mit purpurblutrotem Netz, Fl. chromgelb, blauend. Lbwd, Som., selt. Eßb.

b) Po. weiß, gelb oder grünl.

b_1) Fl. blauend (wenn schwach, dann Rö. u. St. chromgelb u. St. genetzt)

506. Anhängsel-R.*, *B. appendiculatus* Schff. et Fr. H. hell-, selt. dunkelbraun, glatt, schwachfilzig, bis 15 cm br., Rö. u. Po. chromgelb, St. blaßgelb, oben feingenetzt, Basis oft braunrotfleckig u. wurzelnd, hart, Fl. cremefb., schwach blauend, im St. abwärts bräunl. Lb- (auch Nd-) wd, bes. Kalkboden, Som., zstr. Eßb!

507. Königs-R.*, *B. regius* Krhz. H. zartrosarot, feinfilzig auflösend,

* R = Röhrling

bis 18 cm br., Rö. u. St. chromgelb, Basis abgerundet, Fl. gelbl., kaum blauend. Lbwd, Kalk, Som., sehr zstr. Eßb!

508. Silber-R.*, *B. fechtneri* Velen. H. blaßbraun, silberig schimmernd, bis 15 cm br., Rö. u. St. chromgelb, Basis rotgetönt, Fl. schwachblauend. Lbwd, Kalk, Som., sehr zstr. Eßb! (vgl. S. 12)

509. Dickfuß-R.*, *B. calopus* Fr. H. hellgraubraun, Rö. u. Po. gelb, St. karminrot, gelbgenetzt, Fl. blauend, bitter (Abb. Tf. 3.) Über den ähnl. Wurzelnden Bitterröhrling, *B. albidus* Rocq. s. Anm. S. 12

b_2) Fl. nicht verfärbend, höchstens von der H.-Haut her durchgefärbt

510. Steinpilz, *B. edulis* Bull. ex Fr. H. braun, Rö. weiß, dann gelbgrün, St. weiß oder bräunl., blaßgenetzt (Abb. Tf. 1. Mehrere Unterarten: H. braunrot, runzelig, Po. jg kalkweiß, St. rotbräunl., stark genetzt: Kiefernsteinpilz subsp. *pinicola* Vitt.; H. blaßbraun, feinfilzig, oft felderig. Lbwd: Sommersteinpilz subsp. *reticulatus* Schff.; H. schwarzbraun, Po. lange weiß, dann goldocker, St. rötl., braungenetzt: Bronzesteinpilz subsp. *aereus* Bull. ex Fr.)

511. Fahler R.*, *B. impolitus* Fr. H. hellbraun, blaßgelb, Rö. hellgelb, St. blaßgelb, oben körnig, ohne Netz, Basis rotgetönt, Fl. bleibend hellgelb, gleicht etw. 508. Lbwd, Som., selt. Eßb!

ORDNUNG: Bauchpilze, *Gasterales*

FAMILIE: Erdnußpilze, *Hymenogastraceae* (im weit. Sinn). Pilz rundl., knollig, ganz oder fast ganz im Erdboden (hypogäisch)

GATTG: Barttrüffel, *Rhizopogon* Fr. Pilz knollig, von Myzelfasern ± umhüllt, Sp. blaß

512. Rötende B., *Rh. rubescens* Tul. Fk. weiß, berührt u. alt ziegelrot, braunrot, bis 5 cm Dm., innen zuletzt olivgrün. Bes. bei Kiefern an kurzgrasigen Orten auf Sand u. Kalk, oft fast oberflächl., Som., nicht selt. Eßb.

GATTG: Erdnuß, *Hymenogaster* Vitt. Fk.-Wand kaum ablösbar, innen gewunden kammerig, Sp. rostbraun, längl., warzig

513. Gemeine E., *H. vulgaris* Tul. Fk. blaß-, trübocker, uneben, rissig, 2 cm Dm., innen braungrau, deutl. gekammert, Ger. unangenehm. Lb- (u. Nd-) wd, Som., zstr.

GATTG: Schleimtrüffel, *Melanogaster* Corda. Fk. innen gelatinös, schwärzl., kleingekammert, Sp. fast schwarz

514. Bunte Sch., *M. variegatus* (Vitt.) Tul. Fk. dunkelgoldgelb, filzig, innen Kammerwände gelbl., sp. dunkler, bis 6 cm Dm., Ger. angenehm. Lb- u. Ndwd, Sand- u. Kalkboden, So.-H., selt.

GATTG: Morchling, *Gautieria* Vitt. Pilz außen zellig-grubig, Sp. gerippt

* R = Röhrling

515. Echter M., *G. morchellaeformis* Vitt. Fk. graurötl., braun, bis 3 cm Dm., morchelähnl. zellig, innen gekammert, am Grund mit Wurzelsträngen. Lbwd, Frü., selt.

GATTG: Schwanztrüffel, *Hysterangium* Vitt. Fk. rundl., glatt, bewurzelt, Fk.-Wand ablösbar, Sp.-Masse grünl.

516. Gelbe Sch., *H. clathroides* Vitt. Fk. weiß, dann gelbl., von Myzel umsponnen, innen olivfb., bis 3 cm Dm., Ger. nach Schwefeläther. Lbwd, So.-H., zstr.

517. Bananen-Sch., *H. coriaceum* Hesse. Fk. weiß, unregelmäßig grubig, stellenweise grünl., langsam weinrötl., bis 4 cm Dm., innen dunkelbraunoliv, kleinkammerig, Basis mit Strängen, Ger. oft stark, genau wie getrocknete Bananen. Ndwd, in Kreisen, gedrängt, halb oberirdisch, Som., zstr.

518. Hesses Sch., *H. hessei* Soehner. Fk. weiß, dann bräunl., innen braunviolett, bis 2 cm Dm., Haut dünner als bei vor. Lbwd, Som., sehr zstr.

GATTG: Laubtrüffel, *Octaviania* Vitt. Fk. ohne Myzelumspinnung, Basis steril (ohne Sp.), Sp. braunrötl., rund, stachelig

519. Sternsporige L., *O. asterosperma* Vitt. Fk. weiß, sp. grünl., schwärzl., feinfilzig, bis 3 cm Dm., innen weiß, Kammern mit zimtfb. Spstb, Ger. angenehm. Lbwd, Som., selt.

GATTG: Heidetrüffel, *Hydnangium* Wallr. Fk. wie bei vor., jedoch Basis nicht steril, Sp. blaß

520. Fleischrote H., *H. carneum* Wallr. Fk. blaß, sp. fleischrötl., glatt, rundl., bis 5 cm Dm., innen fleischrot, Sp. kugelig, feinbestachelt. Heideboden, Som., selt.

FAMILIE: Stielboviste, *Tulostomataceae.* Fk. kugelig, auf langem, dünnem St., reif innen braungelb, staubig

GATTG: Stielbovist, *Tulostoma* Pers. (Merkmale der Familie)

521. Zitzen-St., *T. brumale* Pers. Fk.-Kopf braungelb, graurot, nur 1 cm Dm., Mündung vorgezogen, schwarzbraun umrandet, St. blaßgrau, trocken schülferig-schuppig, bis 6 cm lg. Schaftriften, Mauern, auf Kalk, Hbst-Wint., zstr.

FAMILIE: Hartboviste, *Sclerodermataceae.* Fk. knollig, derbwandig, innen zuletzt braun oder schwarzviolett staubig, unregelmäßig aufreißend. (Bei dem auch der Familie *Calostomataceae* zugeteilten Wetterstern reißt die Außenwand am Scheitel sternartig auf, die lederigen Lappen krümmen sich abwärts)

GATTG: Hartbovist, *Scleroderma* Pers. Fk. ockerfb., außen warzig gefeldert, Basis oft wie bewurzelt

522. Gemeiner Kartoffelbovist, *Scl. aurantium* Vaill. ex Pers. Fk. blaßocker, wenig dunkler, längl., bis 6 cm, Wand 3 mm dick, innen

weiß, bald violettschwarz, blaßfaserig durchsetzt, Ger. unangenehm. Kiefernheiden, an Wd-Wegen, auf Sandboden, gedrängt, ges., Hbst, hfg

523. Dünnschaliger Kartoffelbovist, *Scl. verrucosum* Vaill. ex Pers. Fk. ockerbraun, dunkler kleingeschuppt, bis 4 cm, Wand dünn, lederig, am Grund stielig verjüngt, innen sp. dunkelschokoladefb., Lbwd, auch außerh. an Wegen, So.-H., nicht selt.

GATTG: Wetterstern, *Astraeus* Morg. Fk.-Außenwand sich sternartig vom rundl. Innenkörper ablösend

524. Wetterstern, *A. hygrometricus* (Pers.) Morg. Fk. sternfm., 8—12lappig, Lappen graubraun, lederig, trocken über dem bis 3 cm br., graubraunen Innenkörper zus.-geschlossen, ausgebreitet um 10 cm Dm., Ndwd, Sandboden, Hbst, oft überständig bis Frü., zstr.

GATTG: Erbsenstreuling, *Pisolithus* A. et S. Fk. birnfm., gestielt, innen mit maschigem Netzwerk, darin die Sp. führenden Peridiolen (Myzelkörperchen von Erbsengröße)

525. Sand-E., *P. arenarius* A. et S. Fk. gelbl., dann dunkelbraun, birnbis kartoffelfm., mit St. bis über 12 cm hoch, mit Myzelanhängen. Sandboden, Heiden, Hbst, sehr zstr. Jg. eßb.

FAMILIE: Kugelschneller, *Sphaerobolaceae.* Fk. winzig, sternfm. aufreißend, das Innenkörperchen weit abschleudernd

GATTG: Kugelschneller K., *Sphaerobolus* Tode (Merkmale der Familie)

526. Sternförmiger K., *Sph. stellatus* Tode ex Pers. Fk. nur 3 mm Dm., kugelig, blaß, Innenwand wässerig aufquellend, blaßorange. An Holz (Ndhz-Stümpfe), ges., So.-H., selt.

FAMILIE: Nestlinge, *Nidulariaceae.* Fk. klein, zylindr.-sackfm., mit linsenfm. Myzelkörperchen (Peridiolen) im Becher

GATTG: Teuerling, *Cyathus* Hall. Fk. jg mit einer Haut verschlossen, Peridiolen im Becher angeheftet

527. Gestreifter T., *C. striatus* (Huds.) Willd. Fk. becherfm., außen braunfilzig, innen blaßgrau, längsgerieft, glatt, bis 1 cm Dm., Membran weißl., Peridiolen graul. Wälder, Äcker, auf Holz- u. anderen Resten, So.-H., hfg

528. Tiegel-T., *C. crucibulum* Hoffm. Fk. tiegelfm., gelbl.-ocker, feinfilzig, innen blaß, glatt, bis 1 cm br., Peridiolen gelbl., Membran orangefb. Äste, Stümpfe, So.-H., nicht selt.

GATTG: Nestling, *Nidularia* Fr. Fk. kaum 1 cm hoch, oval, zuletzt geöffnet, innen gallertig, mit freien Peridiolen

529. Zusammenfließender N., *N. confluens* Fr. Fk. kugeligsackfm., blaßgelb, zottig, Wand oben zerreißend. Ges. auf altem Holz, Hbst, sehr zstr.

FAMILIE: Staubpilze, *Lycoperdaceae.* Fk. kugelig, birnfm., Außenwand mehlig, warzig oder felderig auflösend, Innenwand dünn, dauerhaft, am Scheitel sich öffnend. (Die Erdsterne, mit derber, sternfm. sich öffnender Außenwand, auch als eigene Familie, *Geastraceae*)

GATTG: Stäubling, *Lycoperdon* Tournef. ex Pers. Fk.-Basis steril, Sp. bildender Teil (= Capillitium) aus langen, unverzweigten Fäden

a) Oberer Teil des Fk. zerfällt schließl. ganz, Sp. nicht oder kurz gestielt (Untergattg *Calvatia* Morg.)

530. Flacher St., *L. hiemale* Bull. em. Vitt. Fk. weiß, rahmfb., feinkörnig, bald flach, innen schließl. oliv, bis 4 cm. Wiesen, in Kreisen (Abb. Tf. 73)

531. Hasen-St., *L. caelatum* Bull. Fk. weißl., sp. gelbrußig, in flach pyramidale Felder aufgeteilt, oben unregelmäßig zerreißend, bis 15 cm hoch, zuletzt nur noch die sterile, lockerschwammige, braune Basis vorhanden. Bergwiesen, trockene Grasplätze, So.-H., zstr. Jg eßb! (vgl. auch S. 152)

532. Beutel-St., *L. saccatum* Vahl. Fk. weiß, bräunl. getönt, abgesetzt kopfig, ansehnl., einem großen Flaschenstäubling (535) ähnl., weniger grobwarzig, bis 10 cm hoch, St. oben meist faltig-gerunzelt, zuletzt braun, ausdauernd, Sp. olivbraun. Waldränder, Lbwd, So.-H., zstr. Jg eßb.

533. Riesenbovist, *L. giganteum* Batsch ex Pers. [= *Globaria bovista* (L.) ex Fr.]. Fk. kugelig, bis 50 cm Dm., weiß, innen sp. purpurbraun, Hülle fetzig zerfallend. Grasgärten, Wiesen, So.-H., zstr., Jg. eßb. (s. auch S. 152)

b) Fk. mit kleiner Mündung sich öffnend, Hülle lange ausdauernd

534. Flaschen-St., *L. perlatum* Pers. Fk. weiß, typisch grobwarzig bestachelt, wird innen olivgrün. Wälder, hfg (Abb. Tf. 72)

535. Birnen-St., *L. piriforme* Schff. Fk. gelbbraun, birnfm., nur schwachkörnig, bis 6 cm hoch, dicht büschelig an altem Lbhz, auch noch stehenden Stämmen, Hbst, hfg. Jg eßb. (s. auch S. 150)

536. Umbrabrauner St., *L. umbrinum* Pers. Fk. ockerdunkelbraun, birnfm., oben abgerundet, feinstachelig, körnig oder nur dunkler mehlig, bis 6 cm hoch, Basis heller, innen schließl. dunkelbraun. In Wäldern aller Art, Hbst, hfg. Jg eßb.

537. Igel-St., *L. echinatum* Pers. Fk. dunkelkaffeebraun, lg- u. derbstachelig, kurzstielig rundl. oder birnfm., bis 4 cm Dm., innen weiß, dann purpurbraun. Lb- (u. Nd-) wd, Hbst, nicht selt. Jg eßb.

GATTG: Bovist, *Bovista* Pers. Fk. kugelig, sitzend, Sp. glatt, langgestielt

538. Eier-B., *B. nigrescens* Pers. Fk. weiß, glatt, bis 5 cm Dm., sp. felderig aufspringend, innere Hülle zuletzt aschgrau, papierartig, Spstb dunkelpurpurn. Grasplätze, Weiden, trockene Wiesen, So.-H., hfg. Jg eßb! (s. auch S. 152)

GATTG: Erdstern, *Geastrum* Pers. Fk. jg im Boden, kugelig, Außenwand strahlig spaltend, Innenkörper kugelig, von den Sternstrahlen hochgehoben, zuletzt mit kleiner Öffnung

539. Vierstrahliger E., *G. coronatum* (Schff.) Schroet. Fk.-Außenwand in 4, selt. mehr gelbl., bald zähledrige Lappen gespalten, den filzigen Hüllresten im Boden aufsitzend, bis 4 cm Dm., Innenkörper graubraun, kurzgestielt, Mündung fransig-kegelig. Auf trockenem Nd.-Boden, ges., So.-H., zstr.

540. Fransiger E., *G. fimbriatum* Fr. Fk. gelbrotbraun, Außenwand in zahlreiche Lappen gespalten, frisch wachsartig-fleischig, bis 8 cm Dm., Innenkörper sitzend, Mündung fransig. Auf Nd.-Boden, oft ges., So.-H., zstr.

541. Rotbrauner E., *G. rufescens* Pers. Fk.-Außenwand in mehrere Lappen geteilt, obers. braunrot, fleischrosa, dick wachsartig, bis 12 cm br., Innenkörper gelbgrau bis rötl., meist sitzend, Mündung abgegrenzt. Lb- u. Ndwd, So.-H., sehr zstr.

FAMILIE: Gitterpilze, *Clathraceae.* Fk.-Hülle eifm., außen derbhäutig, innen gallertig, Sp.-Träger die Hülle durchbrechend, gitterartig einen Hohlraum umschließend oder Polypenarmen gleich ausgebreitet

GATTG: Gitterling, *Clathrus* Mich. (Merkmale der Familie)

542. Scharlachroter G., *Cl. ruber* (Mich.) Pers. Gitter außen hochrot, leuchtend scharlachrot, innen von der olivgrünen, die Sp. enthaltenden „Gleba“ bedeckt, bis 10 cm hoch, aus Südeuropa, Som., selt.

GATTG: Tintenfischpilz, *Anthurus* Kalchbr. Innenkörper aus gemeinsamer ringartiger Basis in 5 Arme zerteilt, die anfangs an der Spitze zus.-hängen u. sich sp. voneinander lösen

543. Tintenfischpilz, *A. archeri* (Bk.) E. Fisch. Arme außen blaßrot, innen hochrot u. vom grünen Sp.-Schleim stellenweise bedeckt, bis über 10 cm hoch, unentwickelt ein schiefergraues, oft buckeliges „Ei“, dem Boden grasiger u. humoser Lb-Wälder halb eingesenkt, stets ges. Eingeschleppt aus Australien. So.-H., selt.

FAMILIE: Rutenpilze, *Phallaceae.* Fk. jg kugelig-eifm., Außenhaut zäh, darunter gallertig. Innenkörper mit oder ohne St., bei der Reife die Gallerthülle durchbrechend und den maschenartigen, glockigen, außen gekammerten Sp.-Träger hervorhebend. Fruchtmasse meist olivschleimig, schließl. abtropfend.

GATTG: Stinkmorchel, *Phallus* Mich. Sp.-Träger glockig, auf zelligporösem, hohlem St., Oberfl. wabig, vom olivgrünen, abtropfenden Schleim überdeckt

544. Gemeine St., *Ph. impudicus* (L.) Pers. Hülle weißl., meist mit

derbem Myzelstrang, St. bis 12 cm hoch, Ger. weithin stark nach Aas. Lb- (u. Nd-) wd, oft ges., So.-H., hfg. Jg eßb. (als „Hexenei")

GATTG: Rutenpilz, *Mutinus* Fr. Sp.-Träger schlank, porös, Spitze von der Sp.-Masse bedeckt

545. Hundsrute, *M. caninus* (Huds.) Fr. Hülle blaßocker, St. ocker, Spitze schön zinnoberrot, bis 10 cm lg, schlank, Sp.-Masse olivgrün, Ger. unbedeutend. Lbwd, humose Orte, So.-H., zstr.

ORDNUNG: Ohrlappenpilze, *Auriculariales*

GATTG: Ohrlappenpilz, *Auricularia* Bull. Fk. zäh-gallertig, ohrmuschelartig gelappt, Basidien quergeteilt

546. Holunderschwamm, Judasohr, *A. sambucina* Mart. Fk. kandisbraun bis olivrot, unters. geädert, gallertig, muschelig, ohrartig. Alten Holunderstämmen gehäuft anhaftend, gzj., sehr zstr.

ORDNUNG: Gallertpilze, *Tremellales*

GATTG: Zitterling, *Tremella* Dill. Fk. gehirnartig oder lappig gewunden, weich gallertig, meist gelb oder braun, Sp. rundl.

547. Goldgelber Z., *T. mesenterica* Retz. ex Fr. Fk schön goldgelb, bis 5 cm weit ausgebreitet, gehirnartig gewunden, sp. blaß bereift. An Lbhz-Ästen, gzj., bes. Wint., zstr.

GATTG: Drüsling, *Exidia* Fr. Fk. oft dunkelolivschwarz, gallertig, durchscheinend, drüsig punktiert, Sp. wurstfm. gebogen

548. Warziger D., *E. glandulosa* Bull. ex Fr. Fk. olivschwarz, auch blasser, gewunden, bis 8 cm zus.-fließend. Auf Ästen u. Hirnschnitten von Lbhz, gzj., bes. Wint., nicht selt.

549. Becherförmiger D., *E. truncata* Fr. Fk. olivschwarz, flach trichter-kreiselfm., weich gallertig, obers. drüsig punktiert, frisch glänzend, bis 4 cm br. Lbhz-Äste, gzj., nicht selt.

550. Kreisel-D., *E. recisa* Ditm. ex Fr. Fk. kandisbraun, kreiselfm., bis 3 cm br., bes. an Weiden- u. Pappelästen, oft schon am Strauch oder Baum, bes. Wint., zstr.

GATTG: Zitterzahn, *Tremellodon* Pers. Fk. gelatinös, seitl. oder kurz gestielt, wie Porlinge am Holz ansitzend, Unterseite mit gallertigen, pfrieml. Stacheln

551. Gallertzahn, *T. gelatinosus* Scop. ex Pers. Fk. weißl. oder graubraun, rauhl., bis 8 cm br., nierenfm. Bes. Ndhz, So.-H., zstr. Eßb.

GATTG: Gallerttrichter, *Guepinia* Fr. Fk. gelatinös-elastisch, zungen- oder halb trichterfm., aufrecht

552. Rotbrauner G., *G. helvelloides* DC. ex Fr. Fk. orange-braunrot, bis 9 cm hoch, 5 cm br., zuletzt weißmehlig, büschelig gehäuft. An Wd-Straßen, feuchten Wd-Gräben, um altes Holz, bes. Kalkboden, So.-H., zstr. Eßb. (vgl. S. 136)

ORDNUNG: Gallerttränenpilze, *Dacrymycetales*

GATTG: Gallerttränе, *Dacrymyces* Nees. Fk. meist orangegelb, gallertig, tropfenfm. oder etw. gewunden, auf faulendem Holz

553. Tropfenförmige G., *D. deliquescens* (Bull.) Duby. Fk. orange, sp. hellgelb, tropfen- oder warzenfm., 3—5 mm groß, sp. auch etw. gewunden, flächenhaft zus.-fließend, Sp. zylindrisch, reif 4zellig. Auf Ndhz, Stümpfen, Balken, Pfosten, gzj., hfg

GATTG: Hörnling, *Calocera* Fr. Fk. geweihartig oder ästig verzweigt, selt. nur gegabelt oder einfach, orangegelb

554. Klebriger H., Schönhorn, *C. viscosa* Pers. ex Fr. Fk. orangegelb, Äste verzweigt, kurzgezähnt, bis 8 cm hoch, bisweilen blaßgelb wurzelnd verlängert, zäh-gallertig-elastisch, trocken rotorange u. hornhart. Ndhz, So.-H., hfg (s. auch S. 140)

Für weitergehende Pilzstudien wird empfohlen: Kleine Kryptogamenflora von Mitteleuropa, hrsg. v. H. Gams, Bd. II b (Die Röhrlinge, Blätter- und Bauchpilze), bearb. v. M. Moser, Verlag G. Fischer, Stuttgart 1955. Enthält mehr als 1900 Arten. — Bd. II a (Schlauchpilze) Stuttgart 1963. Als Ergänzung eignet sich: J. E. Lange und M. Lange: 600 Pilze in Farben, bearb. v. M. Moser. BLV-Verlagsgesellschaft, München 1962.

Zur Ergänzung geeignet:

„Pilze in Wald und Flur“ und „Pilze, die nicht jeder kennt“ von H. Haas und H. Schrempp, Franck'sche Verlagshandlung, Stuttgart 1974

Verzeichnis der abgebildeten Pilzarten

29. Grüner Knollenblätterpilz *Amanita phalloides* (Vaill. ex Fr.) Secr.
30. Spitzhütiger Knollenblätterpilz *Amanita virosa* Lam. ex Secr.
31. Gelblicher Knollenblätterpilz *Amanita citrina* (Schff. ex Rocq.) S. F. Gray
32. Fliegenpilz *Amanita muscaria* (L. ex Fr.) Pers.
33. Pantherpilz *Amanita pantherina* (DC. ex Fr.) Schum.
34. Perlpilz *Amanita rubescens* (Pers. ex Fr.) S. F. Gray
35. Riesenschirmling *Lepiota procera* (Scop. ex Fr.) Kumm.
36. Safranschirmling *Lepiota rhacodes* (Vitt.) Quél.
37. Kleiner Blutegerling *Agaricus silvaticus* Schff. ex Secr.
38. Dünner Anisegerling *Agaricus silvicola* (Vitt.) Peck
39. Giftegerling *Agaricus xanthodermus* Gen.
40. Rauchblättriger Schwefelkopf *Nematoloma capnoides* (Fr.) Karst.
41. Grünblättriger Schwefelkopf *Nematoloma fasciculare* (Huds. ex Fr.) Karst.
42. Stockschwämmchen *Pholiota mutabilis* (Schff. ex Fr.) Kumm.
43. Reihiger Klumpfuß *Cortinarius glaucopus* (Schff.) Fr.
44. Runzeliggeriefter Schleimfuß *Cortinarius mucifluus* Fr.
45. Kegeliger Rißpilz *Inocybe fastigiata* (Schff. ex Fr.) Quél.
46. Erdfaserkopf *Inocybe geophylla* (Sow. ex Fr.) Kumm.
47. Reifpilz *Rozites caperata* (Pers. ex Fr.) Karst.
48. Riesenrötling *Rhodophyllus sinuatus* (Bull. ex Fr.) Sing.
49. Nebelgrauer Trichterling *Clitocybe nebularis* (Batsch ex Fr.) Kumm.
50. Mönchskopf *Clitocybe geotropa* (Bull. ex Fr.) Quél.
51. Weißer Gifttrichterling *Clitocybe dealbata* (Sow. ex Fr.) Gill.
52. Nelkenschwindling *Marasmius oreades* (Bolt.) Fr.
53. Blauer Lackpilz *Laccaria amethystina* (Bolt. ex Hooker) Murr.
54. Hallimasch *Armillariella mellea* (Vahl ex Fr.) Karst.
55. Gilbender Erdritterling *Tricholoma scalpturatum* (Fr.) Quél.
56. Rötender Erdritterling *Tricholoma orirubens* Quél.
57. Tigerritterling *Tricholoma pardinum* Quél.
58. Grünling *Tricholoma flavovirens* (Pers. ex Fr.) Lundell
59. Schwefelritterling *Tricholoma sulfureum* (Bull. ex Fr.) Kumm.
60. Violetter Ritterling *Rhodopaxillus nudus* (Bull. ex Fr.) R. Mre.
61. Lilastielritterling *Rhodopaxillus personatus* (Fr.) Sing.
62. Pfifferling *Cantharellus cibarius* Fr.
63. Pfifferling (Blasse Abart) *Cantharellus cibarius* Fr. var. *pallidus* R. Sch.
64. Trompetenpfifferling *Cantharellus tubaeformis* (Bull.) Fr.
65. Schweinsohr *Gomphus clavatus* (Pers. ex Fr.) S. F. Gray
66. Herbsttrompete *Craterellus cornucopioides* (L.) Fr.
67. Goldgelber Ziegenbart *Clavaria aurea* Schff. ex Fr.
68. Bleicher Ziegenbart *Clavaria pallida* Schff. ex Fr.

69. Stoppelpilz *Hydnum repandum* L. ex Fr.
70. Habichtspilz *Sarcodon imbricatus* (L. ex Fr.) Quél.
71. Buckelporling *Trametes gibbosa* Pers. ex Fr.
72. Flaschenstäubling *Lycoperdon perlatum* Pers.
73. Niedergedrückter Stäubling *Lycoperdon hiemale* Bull. ex Vitt.
74. Leuchtender Prachtbecherling *Caloscypha fulgens* (Pers.) Boud.
75. Eselsohr *Otidea onotica* (Pers.) Fuck.
76. Bischofsmütze *Gyromitra infula* (Schff. ex Fr.) Quél.
77. Herbstlorchel *Helvella crispa* (Scop.) Fr.
78. Rundmorchel *Morchella esculenta* Pers. ex St. Amans
79. Spitzmorchel *Morchella conica* Pers.
80. Weiße Trüffel *Choiromyces maeandriformis* Vitt.

Alphabetisches Verzeichnis der wissenschaftlichen Pilznamen

Enthält die Namen der Gattungen und der Arten (diese in Kursivdruck). Die Zahlen bedeuten durchweg Seiten (nicht Nummern). Seitenzahlen farbig abgebildeter Pilze sind durch Fettdruck hervorgehoben.

Alphabetisches Verzeichnis der deutschen Pilznamen

Enthält die Namen der Gattungen und der Arten (diese in Kursivdruck). Die Zahlen bedeuten durchweg Seiten (nicht Nummern). Seitenzahlen farbig abgebildeter Pilze sind durch Fettdruck hervorgehoben.

Es ist schon mehr als 40 Jahre her

In einer schmalen Bude in der Hartmannstraße in Görlitz, die außer Tisch, Stuhl, Bett und Bücherbord kaum etwas anderes aufweist, sitzt ein junger Student. Er arbeitet an der Verwirklichung eines Planes, den er seit Jahren mit sich herumtrug, den er beim Botanisieren immer wieder überlegt und geprüft hat, der viel Kenntnisse, viel Geduld und sorgsame Überlegung erfordert. Es soll ein botanisches Bestimmungsbuch entstehen für Laien, für Leute, welche die Natur lieben und die zunächst die Systematik ängstigt. Vielleicht konnte nur gerade er – *Alois Kosch* – auf den einfachen und deshalb richtigen Gedanken kommen, den Laien-Führer zum Pflanzenbestimmen nach der Blütenfarbe zu ordnen. Er, der Autodidakt von einst, Volksschüler, Drogisten-Lehrling und jetzt endlich Student der Medizin, hat den Weg erlebt, der, von dem rein äußerlichen Kennzeichen der Blütenfarbe ausgehend, dann Schritt für Schritt die Einzelmerkmale prüfend, zur Bestimmung der Art führt; dann erst hat er die wissenschaftlich exakte Eingliederung nach Art, Gattung und Familie erfahren und erlernt. Der offene Blick und die schlichte Frage „Was blüht denn da?" sind die Wurzeln des Erkenntnisdranges und der Erkenntnis, deren krönende Zusammenfassung das wissenschaftliche „System" bildet. Nur ein Mann, der den Weg von den Anfängen bis zum Ziel an sich selber erlebt hat, konnte ihn für andere weisen, konnte Idee und Gestalt für die *Kosmos-Naturführer* finden.

Heute, 40 Jahre später, sind der Name von *Alois Kosch* und die Grundidee der *Kosmos-Naturführer* ein Begriff für alle, die Geschöpfe, Lebewesen und Formen der Natur kennenlernen und richtig bestimmen möchten: für Eltern, die ihren Kindern die Wunder der Schöpfung zeigen – für Lehrer und Schüler, die „Kosmos-Naturführer" im Unterricht, bei Lerngängen, im Landschulheim zu Rate ziehen – für die Studierenden der Fach- und Hochschulen – für Naturfreunde und alle, die ein Auge haben für Blumen und Tiere, für Steine und Sterne, die ihnen daheim oder unterwegs, bei der Arbeit oder im Urlaub begegnen.

In Millionen Exemplaren sind die reich und fast durchweg auch farbig illustrierten *Kosmos-Naturführer* bis heute allein in Deutschland verbreitet, und viele Bände sind auch im benachbarten Ausland, in holländischer und französischer, in englischer, in italienischer, in tschechischer Sprache, erschienen.

Über *Kosmos-Naturführer* schreibt die Süddeutsche Sonntagspost, München:
„Die handlichen, taschen- und rucksackgerechten Bücher dienen der unmittelbaren Orientierung an Ort und Stelle. Durch ein ausgeklügeltes System von Tabellen ist nach Fundort, Farbe, Gestalt, Bewegung, Spur, Flugbild, Stimme und anderen Merkmalen jede Pflanze, jeder Vogel und jedes Säugetier mit großer Sicherheit festzustellen. Hat man sich mit der Arbeitsweise einmal vertraut gemacht, kann man fast keinem Irrtum verfallen, sondern wird mit verblüffender Schnelligkeit wissen, welches Gebilde man vor sich hat oder hatte."
Westermanns Monatshefte stellen fest:
„Kosmos-Naturführer bilden zusammen eine Handbibliothek des Naturfreundes, die ihresgleichen nicht hat."
In der Zeitschrift „Pflanze und Garten" war zu lesen:
„Es kann dem Kosmos-Verlag nicht bestritten werden, schon vor Jahrzehnten die einfachste und klarste Methode gefunden zu haben, alle einigermaßen interessierten Menschen in das komplizierte Gebiet der Biologie einzuführen, ohne daß irgendwelche Kenntnisse der Systematik vorausgesetzt werden. Wir haben schon des öfteren die Kosmos-Naturführer anerkannt, die es ermöglichen, allein von der Farbe und vom Bild her unsere Wild- und Gartenpflanzen, Pilze, Vögel, Schmetterlinge u. a. m. namentlich zu bestimmen."

Die Reihe der *Kosmos-Naturführer* umfaßt heute mehr als 30 Bände. *Was blüht denn da?,* das Bestimmungsbuch der wildwachsenden Blumen und Kräuter Mitteleuropas in Farbe. – *Welcher Baum ist das? In Farbe,* den Band, der die Bäume und Sträucher, Zier- und Nutzgewächse mit den besonderen Merkmalen von Stamm, Blatt, Blüte und Frucht nennt und auch die Winterknospen im Bilde zeigt. – *Was wächst und blüht in meinem Garten?,* Ratgeber zum Bestimmen, zum Pflanzen und Pflegen der Blütenpflanzen im Garten.
Für den Band *Unsere Gräser* haben die Autoren ein einleuchtendes, leicht verständliches Bestimmungssystem entwickelt, das, zusammen mit den exakten, nach der Natur gezeichneten Bildern, das sonst so schwierige Bestimmen der Grasarten möglich macht.
Welche Heilpflanze ist das? verhilft dazu, Merkmale, Sammelgut, Anwendung der einheimischen Heil- und Giftpflanzen richtig kennenzulernen. – *Unsere Moos- und Farnpflanzen* gibt über Bau, Lebensweise, Bestimmung der Moose, Farne, Bärlappe, Schachtelhalme Auskunft. – Eine wahre Fund-

grube für jeden Naturfreund ist *Der Große Naturführer.* Alle häufigen Tiere und Pflanzen Mitteleuropas werden in 1193 farbigen Abbildungen naturgetreu dargestellt und beschrieben.

Kosmos-Naturführer sind geschaffen worden für alle, die Freude haben an der Natur und ihre Geschöpfe und Lebewesen kennenlernen wollen: für Spaziergänger und Wanderer, für Sammler und Urlauber. Sie sind strapazierfähig, handlich und leicht, man kann sie unbedenklich und bequem auf die Ferienreise oder ins Schullandheim mitnehmen.

Was find' ich am Strande? ist der Führer, der mit Flora und Fauna von Strand und Meer vertraut macht. – *Der Kosmos-Muschelführer* ist eine wertvolle Hilfe zum Bestimmen, Klassifizieren und Präparieren der verschiedenen Arten. – *Was find' ich in den Alpen? In Farbe.* Ist der richtige Begleiter, um Pflanzen, Vögel, Säugetiere, Insekten der Gebirgswelt kennenzulernen.

Wie wird das Wetter? ist eine anschauliche Einführung in die Wetterkunde und eine Anleitung zum eigenen Beobachten und zur Voraussage.

Welcher Vogel ist das? ist ein Bestimmungsbuch mit Darstellungen der Vögel, ihrer Eier, der Flugbilder, nennt Form, Stimme, Flug, Vorkommen und die Namen der Vögel in deutscher, lateinischer, englischer, französischer, italienischer, spanischer Sprache. Eine ausgezeichnete Ergänzung dazu bilden die Kosmos-Vogelstimmenplatten, die Stimmen und Gesang nahezu aller bei uns vorkommenden Vögel wiedergeben. – Der Band *Greifvögel Europas* wirbt um stärkeren und tatkräftigeren Schutz für die Greifvögel und ist zugleich eine Einführung in die Falknerei. – *Eulen und Käuze* sind selten geworden. Dieser Naturführer gibt Auskunft über alle in Europa vorkommenden Eulen- und Kauzarten.

Eidechsen und Schlangen, Lurche, Kröten, Frösche findet man in *Kriechtiere und Lurche.* – *Der Kosmos-Insektenführer* ist der langerwartete Naturführer durch die heimische Insektenwelt. – Zum Sammeln und Bestimmen wichtiger und auffälliger Käferarten gibt es *Welcher Käfer ist das?* – Tiere und Pflanzen unserer Kleingewässer, Flüsse und Seen sind in dem Band *Was lebt in Tümpel, Bach und Weiher?* nach Bild und Wort zu erkennen. – *Das Leben im Wassertropfen,* Mikroflora und Mikrofauna des Süßwassers. Das ideale Bestimmungsbuch für den Mikroskopiker mit 1700 Abbildungen. – *Welcher Schmetterling ist das?* mit 475 Farbbildern der Falterarten, der Raupen, Puppen, Futterpflanzen hilft zum Bestimmen, Sammeln und Züchten einheimischer Falter. – *Welcher Hund ist das?* erläutert Aussehen, Charakter, Verwendung von 220 Hunderassen und Schlägen. Als Gegenstück dazu erscheint *Welche Katze ist das?* – Der Band *Welches Pferd ist das?* zeigt in 360 Abbildungen die Pferderassen und gibt Auskunft über Herkunft, Pflege, Verwendung. – *Welcher Zierfisch ist das?* Mehr als 500 Arten und Rassen werden beschrieben und in über 650 Farbfotos dargestellt.

Der Kosmos-Naturführer *Welcher Stern ist das?* ist überall bekannt als prak-

tischer Himmelsführer und Einführung in die Sternkunde. – Mineralien sammeln – ein herrliches Hobby! Der umfassende *Kosmos-Mineralienführer* enthält wohl alle dem Liebhaber und Sammler jemals begegnenden Mineralien. 560 Edelsteine und Gesteine sind in prächtigen Farben naturgetreu wiedergegeben. – *Welcher Stein ist das?* zeigt und beschreibt zahlreiche Mineralien, Edelsteine und Gesteine und enthält Angaben über Bewertung und Verwendung. – *Welche Versteinerung ist das?* ist bewährt als Helfer zum Sammeln, Bestimmen, Ordnen wichtiger Versteinerungen. – In *Der Kosmos-Steinführer* wird ausführlich über Minerale, Gesteine und Versteinerungen berichtet. Durch die Gegenüberstellung von Text und Bild wird eine genaue Bestimmung von mehr als 800 Objekten möglich.
„Kosmos-Naturführer" sind in jeder Buchhandlung vorrätig. Ausführliche Prospekte verlange man vom Verlag. – Die Mitglieder des KOSMOS (das sind alle Jahresbezieher der Kosmos-Monatshefte) erhalten die Kosmos-Naturführer zum ermäßigten Kosmos-Mitgliedspreis.
Die Kosmos-Monatshefte mit den Bänden der Kosmos-Bibliothek sowie die vielen anderen Bücher und Zeitschriften aus dem Kosmos-Verlag sind geschaffen für Menschen, die Natur und Heimat lieben. Kosmos-Veröffentlichungen sollen weiterhelfen, den Schönheiten und Rätseln nachzuspüren, denen wir in der Natur, in ihren Erscheinungen, in ihren Geschöpfen und Lebewesen begegnen. Deshalb hält der Kosmos für seine Mitglieder auch die vielerlei Geräte bereit, die dem Naturfreund bei seinen Beobachtungen nützlich sind: Fernglas und Kompaß, Pflanzenpresse, Planktonnetz und Geologenhammer, den Insektenkasten und die vollständige Ausrüstung für Mikro- und Chemielabor.
Kosmos-Probehefte, Kosmos-Programm und Prospekte stehen Interessenten jederzeit gern, kostenlos und unverbindlich zur Verfügung.

Bunte Kosmos-Taschenführer

Die preiswerten Bände sind Vorstufe und Ergänzung zu den millionenfach bewährten Kosmos-Naturführern.
Bunte Kosmos-Taschenführer verzichten bewußt auf einen umfangreichen Textteil. Sie zeigen in ausgesucht schönen und typischen Farbfotos Pflanzen, Tiere, Gesteine, deren Formen und Farben Freude machen und Wißbegier reizen.

In dieser Reihe sind u. a. erschienen:

Pilze in Wald und Flur
Dr. Hans Haas / Heinz Schrempp
Pilze begegnen uns, wenn wir Glück haben und die Augen offen halten, auf Schritt und Tritt. Wir müssen nur wissen, wo wir sie finden können. 112 Pilze werden in ausgesuchten Farbfotos vorgestellt. Dr. Hans Haas, ein hervorragender Pilzkenner, nennt Standorte und Sammelzeiten, gibt Ratschläge für den Pilzsammler (eßbar oder giftig?), erklärt Besonderheiten in Wuchs und Lebensweise.

Pilze, die nicht jeder kennt
Dr. Hans Haas / Heinz Schrempp
Pilze finden wir auf Schritt und Tritt: Im Wald, an Wegrändern, auf morschen Balken, auf feuchten Wiesen. Pilzsammler wissen eßbare und giftige Arten zu unterscheiden, sie kennen den Pfifferling, den Fliegenpilz, den Champignon und den Knollenblätterpilz. Im Riesenheer der Pilze gibt es aber auch viele Arten, die selten oder unauffällig oder leicht verwechselbar sind: Pilze, die nicht jeder kennt. Darunter sind hervorragende Speisepilze, aber auch sonderbare Gebilde, die nicht sofort als „Pilz“ zu erkennen sind.

Erhältlich in jeder Buchhandlung!

Bitte fordern Sie unsere farbige Informationsschrift P 018 an, die Sie über Kosmos Natur- und Taschenführer unterrichtet.

Kosmos-Verlag, Franckh'sche Verlagshandlung
Postfach 640, 7000 Stuttgart 1